金融资产的定价理论与数值计算

——附 C++ 程序

田文昭 著

北京大学出版社
PEKING UNIVERSITY PRESS

内 容 简 介

计算金融学(Computional Finance)是金融学与计算机科学的交叉学科.
本书较为全面地介绍了计算金融学的原理和方法,包括货币的时间价值、简单衍生证券定价(远期、期货和互换)、期权定价理论、基本的数值计算方法(蒙特卡罗法、二叉树法和有限差分法)、利率衍生证券定价、奇异期权定价等,并提供了大量实用定价模型和金融计算的 C++ 源程序(如果需要,请登录博客"http://blog.sina.com.cn/scifinance"留言).本书侧重介绍使用计算金融学的原理和方法求解金融问题,尤其是没有解析解的金融问题.

本书可作为金融研究、金融实务的专业用书,同时也可作为高等院校计算金融学的教学、科研用书,还可作为作者主持开发的"金融衍生证券定价系统"(软著登字第 0170820 号)的指导用书和《期权、期货和衍生证券》(Hull 著)的参考用书.

图书在版编目(CIP)数据

金融资产的定价理论与数值计算:附 C++程序/田文昭著. —北京:北京大学出版社,2010.4

(高等院校金融数学丛书)

ISBN 978-7-301-15990-3

Ⅰ.金… Ⅱ.田… Ⅲ.金融－数值计算－研究 Ⅳ.F830

中国版本图书馆 CIP 数据核字(2010)第 187706 号

书　　　名：金融资产的定价理论与数值计算——附 C++程序
著作责任者：田文昭　著
责 任 编 辑：曾琬婷　王　华
标 准 书 号：ISBN 978-7-301-15990-3/F · 2319
出 版 发 行：北京大学出版社
地　　　址：北京市海淀区成府路 205 号　100871
网　　　址：http://www.pup.cn　电子信箱：zpup@pup.pku.edu.cn
电　　　话：邮购部 62752015　发行部 62750672　理科编辑部 62752021　出版部 62754962
印 刷 者：北京宏伟双华印刷有限公司
经 销 者：新华书店

　　　　　　787mm×980mm　16 开本　18 印张　380 千字
　　　　　　2010 年 4 月第 1 版　2010 年 4 月第 1 次印刷

定　　价：36.00 元

未经许可,不得以任何方式复制或抄袭本书之部分或全部内容.
版权所有,侵权必究
举报电话：(010)62752024　电子信箱：fd@pup.pku.edu.cn

前 言

本书从酝酿到完稿,前后大致经历了四年左右的时间.在此期间,美国爆发了金融危机,中国股市从 6000 多点一路狂跌至 1600 多点.对于这场金融危机,目前已经有许多解读.有相当多的人认为,衍生证券是这场危机的始作俑者.那么,什么是衍生证券?

衍生证券是"火箭科学家",运用计算金融学(Computional Finance)原理和方法,通过对简单证券的合成、剥离而开发出来的新型金融工具.美国康奈尔大学教授黄明认为,衍生证券有简单与复杂之分.简单的衍生证券可以用诺贝尔经济学奖理论,甚至初中数学就可以解决;复杂的衍生证券则要用比诺贝尔经济学奖理论更加复杂,依靠几百几千行的计算机程序,才能解决.

衍生证券的基本功能是对冲风险,然而滥用衍生证券,将会造成巨额损失,甚至酿成金融危机.衍生证券的这种双刃剑功能,要求投资者在使用前要具备一定的知识.本书将向广大读者介绍这方面的知识.

本书以货币的时间价值、资产组合理论、资本资产定价模型和期权定价理论等为主线,向读者介绍如下内容及相应的 C++ 程序:

(1) 货币的时间价值与股票、债券、远期、期货和互换等基础金融资产的定价.

(2) 投资组合理论、资本资产定价模型和套利定价模型.在资产组合理论中,仅讨论在等式约束条件下的优化问题,一般性的二次规划问题,因涉及的内容较为复杂,将在作者的博客"http://blog.sina.com.cn/scifinance"中与大家探讨.

(3) 期权定价理论与相关内容是本书的核心.本书将用四章篇幅讨论这类问题,内容包括:Black-Scholes 期权定价理论、Black-Scholes 期权定价理论的拓展模型、蒙特卡罗方法、二叉树方法和有限差分法.

(4) 利率衍生证券是衍生证券家族中的一个重要分支.本书介绍三类利率衍生证券模型:Black-Scholes 期权定价理论的拓展模型、均衡模型、无套利模型,并且给出了重要模型的 C++ 程序.

(5) 奇异期权是非常复杂的衍生证券.奇异期权的种类很多,定价相当复杂,本书仅给出了几种典型的奇异期权定价及相应的 C++ 程序,以便读者了解复杂衍生证券定价和编程的大致思路和方法.

(6) 在写作本书期间爆发了金融危机,衍生证券受到许多指责,本书专用一章篇幅介绍了一些专家和学者对本次金融危机的解读以及与本次金融危机关系紧密的衍生证券和定价.

本书兼顾理论和实务,即本书在介绍金融理论的同时,还提供约 300 个 C++ 源程序.所有这些C++源程序都在Visual C++6.0版本上经过精心的验证和调试,可以直接应用于金融教学、金融科研和金融实务.如果需要的话,请登录博客"http://blog.sina.com.cn/scifinance"留言.

作者长期从事计算金融的科研、教学与实务工作,做过证券投资,主持开发过大型金融资产定价和投资决策系统.作者数年前到高校任教直至现在,在此期间发现,我国高校不仅在金融科研、教学方面与国际上存在着较大差距,而且观念上还远落后于国内金融实务界.因此,作者萌发了撰写一部反映金融发展趋势的书籍.在同仁的鼓励下,作者从2004年着手本书的写作和编程,前后花了四年左右的时间.感谢刘为民同志在本书的编程过程中给予的支持.另外,还要把诚挚的感谢送给本书的编辑,他们为本书的出版做了大量艰辛的工作.感谢所有对本书写作和出版给予过支持的同志.

计算金融学是一门交叉学科,在我国涉足这领域的人不多,金融危机或许使人们认识到它的重要性.本书是国内关于这一方面研究的极少图书之一,希望它的出版可在一定程度上缩短我国在金融科研、金融教学和金融实务等方面与国际上的差距.由于本人水平有限,本书肯定还存在一些不完善的地方,权且作为抛砖引玉,期待后续类似图书质量越来越高.

本书在使用过程中如果有什么问题,欢迎登录博客"http://blog.sina.com.cn/scifinance"留言,以便进一步提高本书的质量.

田文昭

2009.5.20

目　录

第1章　货币的时间价值及应用 (1)

　§1.1　单利计息与复利计息 (1)

　　1.1.1　累积函数 (1)

　　1.1.2　利率 (1)

　　1.1.3　单利计息与复利计息 (2)

　　1.1.4　贴现函数 (4)

　　1.1.5　复利的终值和现值 (5)

　　1.1.6　计息次数 (7)

　　1.1.7　连续复利 (9)

　§1.2　多期复利终值和现值 (9)

　　1.2.1　多期复利终值 (9)

　　1.2.2　多期复利现值 (11)

　　1.2.3　年金的终值和现值 (13)

　§1.3　固定收益证券定价 (13)

　　1.3.1　固定收益证券的基本特征和种类 (13)

　　1.3.2　固定收益证券定价 (14)

　　1.3.3　零息债券定价 (16)

　　1.3.4　债券的到期收益率 (17)

　　1.3.5　债券的赎回收益率 (19)

　　1.3.6　债券的久期 (22)

　　1.3.7　债券的凸性 (24)

　§1.4　普通股定价 (27)

　　1.4.1　普通股定价的基本模型——贴息贴现模型 (27)

　　1.4.2　贴息贴现模型的特殊形式 (29)

　§1.5　本章小结 (31)

第2章　远期、期货与互换 (32)

　§2.1　远期定价 (32)

　　2.1.1　无收益证券的远期 (33)

　　2.1.2　支付已知现金收益证券的远期 (34)

　　2.1.3　支付已知红利率证券的远期 (37)

　§2.2　期货定价 (39)

　　2.2.1　期货价格与远期价格之间的关系 (40)

  2.2.2 金融期货 ………………………………………………………… (40)
 §2.3 金融互换 …………………………………………………………… (46)
  2.3.1 利率互换 ………………………………………………………… (46)
  2.3.2 货币互换 ………………………………………………………… (48)
 §2.4 本章小结 …………………………………………………………… (51)

第3章 资产组合理论 …………………………………………………… (52)
 §3.1 资产组合的风险与收益 …………………………………………… (52)
  3.1.1 金融风险定义及种类 ……………………………………………… (52)
  3.1.2 单个证券风险与收益的度量 ……………………………………… (53)
  3.1.3 证券之间的关联性 ………………………………………………… (56)
  3.1.4 资产组合风险与收益的度量 ……………………………………… (57)
  3.1.5 资产组合与风险分散 ……………………………………………… (60)
 §3.2 均值-方差模型的相关概念 ………………………………………… (61)
  3.2.1 资产组合的可行集 ………………………………………………… (61)
  3.2.2 有效边界和有效组合 ……………………………………………… (61)
  3.2.3 最优资产组合的确定 ……………………………………………… (62)
 §3.3 标准均值-方差模型 ………………………………………………… (62)
  3.3.1 标准均值-方差模型的求解 ………………………………………… (63)
  3.3.2 全局最小方差 ……………………………………………………… (68)
  3.3.3 两基金分离定理 …………………………………………………… (70)
  3.3.4 有效证券组合 ……………………………………………………… (71)
 §3.4 存在无风险资产的均值-方差模型 ………………………………… (72)
  3.4.1 存在无风险资产的均值-方差模型的求解 ……………………… (72)
  3.4.2 无风险资产对最小方差组合的影响 ……………………………… (75)
  3.4.3 存在无风险资产的两基金分离定理 ……………………………… (76)
  3.4.4 预期收益率关系式 ………………………………………………… (79)
 §3.5 本章小结 …………………………………………………………… (80)

第4章 资本市场理论 …………………………………………………… (81)
 §4.1 资本资产定价模型 ………………………………………………… (81)
  4.1.1 标准资本资产定价模型的基本假设 ……………………………… (81)
  4.1.2 资本市场线 ………………………………………………………… (82)
  4.1.3 证券市场线 ………………………………………………………… (83)
  4.1.4 价格型资本资产定价模型 ………………………………………… (87)
 §4.2 套利定价模型 ……………………………………………………… (90)
  4.2.1 因素模型 …………………………………………………………… (90)
  4.2.2 套利原则 …………………………………………………………… (91)

　　　　4.2.3　套利组合 ……………………………………………………………………（92）
　　　　4.2.4　套利定价模型 ………………………………………………………………（92）
§4.3　本章小结 ……………………………………………………………………………（93）

第5章　期权定价理论 …………………………………………………………………（94）
§5.1　期权概述 ……………………………………………………………………………（94）
　　　5.1.1　期权的概念 …………………………………………………………………（94）
　　　5.1.2　影响期权价格的因素 ………………………………………………………（95）
　　　5.1.3　假设与符号 …………………………………………………………………（96）
　　　5.1.4　期权价格的上下限 …………………………………………………………（97）
　　　5.1.5　看跌期权-看涨期权的平价关系 …………………………………………（98）
　　　5.1.6　红利对于期权的影响 ………………………………………………………（99）
　　　5.1.7　提前行权 ……………………………………………………………………（99）
§5.2　股票价格的行为模型 ………………………………………………………………（100）
　　　5.2.1　维纳过程 ……………………………………………………………………（100）
　　　5.2.2　一般维纳过程 ………………………………………………………………（101）
　　　5.2.3　伊藤过程和伊藤引理 ………………………………………………………（101）
　　　5.2.4　不支付红利股票价格的行为过程 …………………………………………（102）
§5.3　Black-Scholes 期权定价理论 ……………………………………………………（103）
　　　5.3.1　Black-Scholes 偏微分方程 ………………………………………………（103）
　　　5.3.2　边界条件 ……………………………………………………………………（104）
　　　5.3.3　Black-Scholes 期权定价公式 ……………………………………………（105）
§5.4　红利的影响 …………………………………………………………………………（111）
　　　5.4.1　欧式期权定价 ………………………………………………………………（111）
　　　5.4.2　美式期权定价 ………………………………………………………………（115）
§5.5　风险对冲 ……………………………………………………………………………（118）
　　　5.5.1　Delta 对冲 …………………………………………………………………（119）
　　　5.5.2　Theta 对冲 …………………………………………………………………（119）
　　　5.5.3　Gamma 对冲 ………………………………………………………………（120）
　　　5.5.4　Vega 对冲 …………………………………………………………………（120）
　　　5.5.5　Rho 对冲 ……………………………………………………………………（120）
§5.6　隐含波动率 …………………………………………………………………………（123）
　　　5.6.1　二分法 ………………………………………………………………………（123）
　　　5.6.2　牛顿迭代法 …………………………………………………………………（125）
§5.7　本章小结 ……………………………………………………………………………（127）

第6章　期权定价的数值方法 …………………………………………………………（128）
§6.1　蒙特卡罗法 …………………………………………………………………………（128）

  6.1.1 蒙特卡罗法的基本原理 ………………………………………………(128)
  6.1.2 蒙特卡罗法的应用 …………………………………………………(129)
  6.1.3 对冲参数的计算 ……………………………………………………(135)
  6.1.4 蒙特卡罗法的有效性问题 …………………………………………(138)
§6.2 期权定价的二叉树法 ……………………………………………………(144)
  6.2.1 二叉树法的基本原理及计算步骤 …………………………………(144)
  6.2.2 无收益资产的期权定价 ……………………………………………(147)
  6.2.3 支付连续红利率条件下的美式期权定价 …………………………(152)
  6.2.4 支付已知红利率条件下的美式期权定价 …………………………(155)
  6.2.5 支付已知红利额条件下的美式期权定价 …………………………(159)
  6.2.6 股票指数期权、货币期权和期货期权定价的二叉树法 …………(163)
  6.2.7 对冲参数的估计 ……………………………………………………(170)
§6.3 有限差分法 ………………………………………………………………(176)
  6.3.1 有限差分法的基本思想 ……………………………………………(177)
  6.3.2 内含有限差分法和外推有限差分法 ………………………………(178)
  6.3.3 期权的外推有限差分法定价 ………………………………………(179)
  6.3.4 内含有限差分法 ……………………………………………………(188)
§6.4 本章小结 …………………………………………………………………(195)

第7章 利率衍生证券 …………………………………………………………(196)

§7.1 利率衍生证券概述 ………………………………………………………(196)
§7.2 利率衍生证券定价 ………………………………………………………(197)
  7.2.1 利率上限定价 ………………………………………………………(197)
  7.2.2 债券期权定价 ………………………………………………………(200)
§7.3 均衡模型及相关的期权定价模型 ………………………………………(207)
  7.3.1 Rendlmen-Bartter模型与债券期权定价 …………………………(208)
  7.3.2 Vasicek债券期权定价模型 ………………………………………(211)
§7.4 无套利模型 ………………………………………………………………(214)
  7.4.1 Ho-Li模型 …………………………………………………………(214)
  7.4.2 Hull-White模型 ……………………………………………………(215)
§7.5 本章小结 …………………………………………………………………(216)

第8章 奇异期权 ……………………………………………………………………(217)

§8.1 奇异期权的特点 …………………………………………………………(217)
§8.2 亚式期权 …………………………………………………………………(218)
  8.2.1 几何平均价格期权 …………………………………………………(218)
  8.2.2 算术平均价格期权 …………………………………………………(220)
§8.3 回望期权 …………………………………………………………………(222)

§8.4　Bermudan期权 …………………………………………………… (225)
　　§8.5　障碍期权 ………………………………………………………… (229)
　　§8.6　复合期权 ………………………………………………………… (232)
　　§8.7　资产交换期权 …………………………………………………… (236)
　　§8.8　本章小结 ………………………………………………………… (238)
第9章　金融危机中的衍生证券 ……………………………………………… (239)
　　§9.1　金融危机的成因分析 …………………………………………… (239)
　　§9.2　金融危机中的衍生证券及其定价 ……………………………… (241)
　　　　9.2.1　MBS——抵押贷款支持证券 ……………………………… (242)
　　　　9.2.2　CDO——抵押债务债券 …………………………………… (244)
　　　　9.2.3　CDS——信用违约互换 …………………………………… (245)
　　　　9.2.4　其他衍生证券 ………………………………………………… (247)
　　§9.3　案例分析 ………………………………………………………… (247)
　　§9.4　本章小结 ………………………………………………………… (256)
附录　C++语言与编程 ………………………………………………………… (258)
名词解释 ………………………………………………………………………… (272)
参考文献 ………………………………………………………………………… (275)

第 1 章　货币的时间价值及应用

货币的时间价值也称资金的时间价值,是指货币经历了一定时间的投资和再投资之后所增加的价值. 货币随着时间的延续而增值,不同的时间货币的价值是不一样的. 所以,不同时间的货币价值需要换算到相同的时间基础上才能进行比较. 货币的时间价值在金融领域有着非常广泛的应用,可以说整个金融学的核心——资产定价,都是以货币的时间价值为基础的. 因此,我们将以货币的时间价值作为本书的开篇.

§1.1　单利计息与复利计息

我们先引进两个最基本的概念:总量函数和利息.

设 $A(t)$ 为本金 $A(0)$ 经过时间 $t(t>0)$ 后的价值,则当 t 变动时,称 $A(t)$ 为**总量函数**. 总量函数 $A(t)$ 在时间 $[t_1,t_2]$ 内的改变量称为本金在时间 $[t_1,t_2]$ 内的**利息**,记为 I_{t_1,t_2},即

$$I_{t_1,t_2} = A(t_2) - A(t_1). \tag{1.1.1}$$

特别地,当 $t_1=n-1, t_2=n(n\in \mathbf{N})$ 时,记

$$I_n = A(n) - A(n-1), \tag{1.1.2}$$

并称 I_n 为第 n 个时间段的利息.

1.1.1　累积函数

在货币的价值增值过程中,本金只是一种名义值,而真正起作用的是单位本金在整个过程中价值的增值. 为了揭示这个规律,我们引入累积函数的概念.

定义 1.1.1　设单位本金在 $t(t>0)$ 时刻的价值是 $a(t)$,则当 t 变动时,称 $a(t)$ 为**累积函数**.

累积函数 $a(t)$ 有如下性质:
(1) $a(0)=1$;
(2) $a(t)$ 为递增函数.

注　若 $a(t)$ 出现下降的趋势,将产生负的利息,这在实际上是没有意义的. 另外,累积函数为常数表示无利息.

1.1.2　利率

为了反映货币价值的相对变化,引入利率的概念.

定义 1.1.2　总量函数 $A(t)$ 的增量与本金的比值称为在计息期 $[t_1,t_2]$ 内的**利率**,记为

r_{t_1,t_2}，即

$$r_{t_1,t_2} = \frac{A(t_2) - A(t_1)}{A(t_1)}. \tag{1.1.3}$$

特别地，当 $t_1 = n-1, t_2 = n(n \in \mathbf{N})$ 时，记

$$r_n = \frac{A(n) - A(n-1)}{A(n-1)} = \frac{I_n}{A(n-1)}. \tag{1.1.4}$$

结论 1.1.1 某个计息期 $[t_1, t_2]$ 内的利率为单位本金在该计息期内利息与本金的比值，即

$$r_{t_1,t_2} = \frac{a(t_2) - a(t_1)}{a(t_1)}. \tag{1.1.5}$$

证明 假设本金为 $A(0)$，则

$$A(t_1) = A(0)a(t_1), \quad A(t_2) = A(0)a(t_2).$$

所以，由式(1.1.3)有

$$r_{t_1,t_2} = \frac{A(t_2) - A(t_1)}{A(t_1)} = \frac{a(t_2) - a(t_1)}{a(t_1)}.$$

1.1.3 单利计息与复利计息

由结论 1.1.1，利息和利率的计算实质上是对累积函数进行的计算，按照累积函数的不同形式，有不同的计算方法. 下面介绍两种常见的利息计算方法.

1. 单利计息

单利计息的基本思想是：只要本金在一定期限内有利息，不管时间多长，所产生的利息均不加入本金重新计息.

定义 1.1.3 如果单位本金经历了任意一个单位计息期的投资所产生的利息为常数，则称对应的计息方式为**单利计息**，而对应的利息和利率分别称为**单利**和**单利率**.

结论 1.1.2 在单利计息下，有

$$a(t) = 1 + rt, \tag{1.1.6}$$

式中，r 是单位本金在经过了一个单位计息期后产生的利息，通常称之为**单利率**.

证明 在单利计息下，单位本金在第一个计息期末价值为 $1+r$，在第二计息期末价值为 $1+2r$，依此类推，累积函数为

$$a(t) = 1 + rt.$$

分析：式(1.1.6)包含最简单的"+（加）"、"−（减）"、" * （乘）"运算，这些运算都是 C++ 的最基本运算，使用 C++ 中的相关运算符很容易实现.

程序 1.1.1 单利计息下的累积函数值.

```
#include<iostream.h>

double simple_interest_discrete (const double &times,    // 计息期数；
```

```
                    const double &r)            // 利率;
{
    double a_t = 1.0;
    a_t = (1.0 + r* times);
    return a_t;
}
```

2. 复利计息

复利计息的基本思想是：在投资期间的每个时期，过去的本金和利息之和都将用于下一时期的再投资. 这就是"利滚利"的含义. 例如，面值为 1000 元，年利率是 10%，期限是三年的债券，第一年年底的价值是 $1000×1.10=(1100)$ 元，第二年年底的价值是 $1000×1.10×1.10=(1210)$ 元，第三年年底的价值是 $1000×1.10×1.10×1.10=(1331)$ 元.

定义 1.1.4 如果单位本金经过任何一个单位计息期所产生的利率为常数，则称对应的计息方式为**复利计息**，而对应的利息和利率分别称为**复利**和**复利率**.

结论 1.1.3 在复利计息下，有
$$a(t) = (1+r)^t, \quad t \in \mathbf{N}, \tag{1.1.7}$$
其中，r 是一个单位计息期内的利率，即复利率.

证明 由累积函数的定义有
$$a(t) = \prod_{n=1}^{t}(1+r_n), \quad t \in \mathbf{N}.$$
再由定义 1.1.4 知，在复利计息下，各个计息期间内的利率相同，即
$$r_n = r, \quad n = 1, 2, \cdots, t.$$
所以，累积函数为
$$a(t) = (1+r)^t, \quad t \in \mathbf{N}.$$
显然，上式对 $t=0$ 同样成立，故结论 1.1.3 成立.

分析：式(1.1.7)中包含了"+(加)"和指数运算，指数运算不是 C++ 的基本运算，需另外编写函数或者调用 C++ 系统函数来实现. 我们采用调用 C++ 系统函数的方法，即：(1) 在程序的开头部分用指令"include"嵌入头文件"math.h"；(2) 在函数体中直接书写函数"pow(a,b)"完成相应的运算.

程序 1.1.2 复利计息下的累积函数值.

```
#include<math.h>
#include<iostream.h>
double compound_interest_discrete (const double &times,   // 计息期数;
                    const double &r)   // 利率;
{
```

```
    double a_t = 1.0;
    a_t = pow(1.0 + r, times);
    return a_t;
}
```

例 1.1.1 假设有单位本金,计息期是 5 年,年利率是 5%,每年计息两次,试比较单利计息和复利计息的实际收益.

解 在本例中,$r=0.05$,$t=10$. 将它们代入式(1.1.6)和式(1.1.7),有结果:

在单利计息下,$a(t)=1+rt=1+0.05×10$;

在复利计息下,$a(t)=(1+r)^t=(1+0.05)^{10}$.

```
// 程序调用:
void main()
{
    double r = 0.05;
    double times = 10;
    cout<<"单利计息:";
    cout<<simple_interest_discrete(times,r)<<endl;
    cout<<"复利计息:";
    cout<<compound_interest_discrete(times,r)<<endl;
}
```

输出结果:

    单利计息:1.5

    复利计息:1.62889

所以在单利计息下的实际收益为 $1.5-1=0.5$;在复利计息下的实际收益为 $1.62889-1=0.62889$. 显然,较之单利计息,复利计息更合算. 复利计息在金融资产定价中有着广泛的应用,以后如无特殊说明,本书所指的均为复利计息.

1.1.4 贴现函数

前面介绍的累积函数是用来计算单位本金在一段时期结束时刻的价值的,下面我们将讨论这个过程的反过程.

定义 1.1.5 若 t 时刻的单位资金在 0 时刻的价值记为 $a^{-1}(t)$,则当 t 变动时,称 $a^{-1}(t)$ 为**贴现函数**.

由该定义 1.5 可知,在单利计息下,有

$$a^{-1}(t) = (1+rt)^{-1} \quad (t \geqslant 0), \tag{1.1.8}$$

其中 r 为单利率;在复利计息下,有

$$a^{-1}(t) = (1+r)^{-t} \quad (t \geqslant 0), \tag{1.1.9}$$

其中 r 为复利率. 这说明, 贴现与累积是相互对称的计算货币时间价值的方法. 在贴现时使用的利率通常称为**贴现率**.

分析: 式(1.1.8)和式(1.1.9)中均包含"+(加)"、"*(乘)"和指数运算, 处理方法与程序 1.1.2 相同.

程序 1.1.3 贴现函数.

```cpp
#include <math.h>
#include <iostream.h>
void discount_function_discrete (double &times,    // 计息期数;
                                 double &r,        // 贴现率;
                                 double &at_1,     // 单利贴现函数;
                                 double &at_2)     // 复利贴现函数;
{
    at_1 = pow(1.0 + r*times, -1);
    at_2 = 1/pow(1.0 + r, times);
}
```

例 1.1.2 假设贴现率为 5%, 试求未来 10 年末单位资金的贴现函数值.

解 在本例中, 贴现率 $r=0.05$, 时间 $t=10$. 将它们代入式(1.1.8)和(1.1.9), 有

在单利计息下, $a^{-1}(t)=(1+rt)^{-1}=(1+0.05\times 10)^{-1}$;

在复利计息下, $a^{-1}(t)=(1+r)^{-t}=(1+0.05)^{-10}$.

```cpp
// 程序调用;
void main()
{
    double r = 0.05;
    double times = 10;
    double at_1, at_2;
    discount_function_discrete ( times, r, at_1, at_2);
    cout<<"单利贴现函数值:"<<at_1<<endl;
    cout<<"复利贴现函数值:"<<at_2<<endl;
}
```

输出结果:
> 单利贴现函数值: 0.666667
> 复利贴现函数值: 0.613913

1.1.5 复利的终值和现值

在金融领域, 人们最为关心的是在复利计息下一定数量的资金在投资开始和结束时的

价值.这两个值分别是复利的终值和现值.它们的具体定义如下:

定义1.1.6 称本金A与复利累积函数的乘积$A(1+r)^t$为在第t个计息期末的**复利终值**,简称**终值**(FV),其中r为利率.

分析:根据定义1.1.6,复利终值包含"+(加)"、"*(乘)"和指数运算,处理方法与程序1.1.3相同.

程序1.1.4 复利终值.

```cpp
#include <math.h>
#include <iostream.h>
double compound_interest_fv_discrete (const double &times,     // 计息期数;
                                      const double &amounts,   // 本金;
                                      const double &r)         // 利率;
{
    double FV = 1.0;
    FV = amounts * pow(1.0 + r, times);
    return FV;
}
```

例1.1.3 某人购入面值100元的复利债券一张,年利率是8%,期限是10年,试计算10年末的终值.

解 在本例中,$r=0.08, t=10, A=100$.根据复利终值定义,有
$$FV = A(1+r)^t = 100 \times (1+0.08)^{10}.$$

```cpp
// 程序调用;
void main()
{
    double r = 0.08;
    double times = 10;
    double amounts = 100;
    cout<<"复利终值:";
    cout<< compound_interest_fv_discrete(times, amounts, r)<<endl;
}
```

输出结果:
    复利终值:215.89

定义1.1.7 称第t期资金量A与复利贴现函数的乘积$A(1+r)^{-t}$为**复利现值**,简称**现值**(PV),其中r为贴现率.

分析：根据定义 1.1.7，复利现值包含"＋(加)"、"＊(乘)"和指数运算，处理方法与程序 1.1.3 相同.

程序 1.1.5 复利现值.

```
#include <math.h>
#include <iostream.h>
double compound_interest_pv_discrete (const double &times,    // 计息期数；
                                      const double &amounts,  // 资金量；
                                      const double &r)        // 贴现率；
{
    double PV = 0.0;
    PV = amounts * pow(1/(1.0 + r), times);
    return PV;
}
```

例 1.1.4 某人计划 5 年后得到 3000 元钱，已知年利率为 8％，按复利计息，问：该人现在应该存入多少钱？

解 由复利现值的定义有

$$PV = A(1+r)^{-t} = \frac{3000}{(1+0.08)^5}.$$

```
// 程序调用；
void main()
{
    double r = 0.08;
    double times = 5;
    double amounts = 3000;

    cout<<"复利现值：";
    cout<< compound_interest_pv_discrete(times,amounts,r)<<endl;
}
```

输出结果：
  复利现值：2041.75

1.1.6 计息次数

复利计息不一定总是一年一次，有可能是季度、月或日一次.当利息在一年内要复利计息几次时，相应的年利率又叫做名义利率.

定义 1.1.8 若在单位计息期内利息依照利率 $r^{(m)}/m(m\in \mathbf{N})$ 换算 m 次,则 $r^{(m)}$ 称为 m 换算名义利率.

结论 1.1.4 相同单位计息期内的利率 r(相对于名义利率,又称之为实际利率)与 m 换算名义利率 $r^{(m)}$ 有如下关系:
$$1+r=\left(1+\frac{r^{(m)}}{m}\right)^m,$$
即
$$r=\left(1+\frac{r^{(m)}}{m}\right)^m-1. \tag{1.1.10}$$

分析:式(1.1.10)包含"+(加)"、"-(减)"、"/(除)"和指数运算,处理方法与程序 1.1.3 相同.

程序 1.1.6 实际利率.

```cpp
#include<math.h>
#include<iostream.h>
double actual_rate_discrete (const double &interest_times,    //计息期数;
                             const double &r)   //名义利率;
{
    double actual_rate = 0.0;   //实际利率;
    actual_rate = pow(1.0 + r/interest_times, interest_times) - 1;
    return actual_rate;
}
```

例 1.1.5 现有两种 5 年期的投资方案:

方案 1:年名义利率是 8%,每半年付息一次;

方案 2:年名义利率是 8%,每季度付息一次.

试问:应该选择哪一种投资方案?

解 通过比较两方案实际利率的大小就可以确定选择那一种方案. 根据式(1.1.10),实际利率为 $r=\left(1+\frac{r^{(m)}}{m}\right)^m-1$,所以两方案的实际利率分别为

方案 1:$r=\left(1+\frac{r^{(m)}}{m}\right)^m-1=\left(1+\frac{0.08}{2}\right)^2-1$;

方案 2:$r=\left(1+\frac{r^{(m)}}{m}\right)^m-1=\left(1+\frac{0.08}{4}\right)^4-1$.

```cpp
//程序调用;
void main()
{
```

```
    double r = 0.08;
    double interest_times_1 = 2;
    double interest_times_2 = 4;

    cout<<"实际利率 1:";
    cout<< 100 * actual_rate_discrete (interest_times_1,r) <<endl;
                    // 乘以 100,换算成百分比形式;
    cout<<"实际利率 2:";
    cout<< 100 * actual_rate_discrete (interest_times_2,r) <<endl;
                    // 乘以 100,换算成百分比形式;
}
```

输出结果:

　　实际利率 1:8.16

　　实际利率 2:8.24

显然,比较两者的实际利率后,应该选择方案 2.

1.1.7 连续复利

假设本金 A 以年名义利率 r 投资 n 年,若每年复利计息 1 次,则其终值为

$$A(1+r)^n; \tag{1.1.11}$$

若每年计息 m 次,则终值为

$$A(1+r/m)^{mn}. \tag{1.1.12}$$

当 m 趋于无穷大时,就称这种利率为**连续复利率**. 类似地,可定义连续贴现率.

在连续复利的情况下,本金量 A 以年名义利率 r 投资 n 年后,将达到终值 Ae^{rn};在连续贴现的情况下,第 n 年的资金量 A 以年名义贴现率 r 贴现的现值为 Ae^{-rn}. 因此,对于一笔以年名义利率 r 连续复利 n 年的资金来说,其终值是乘上 e^{rn};对于一笔以年名义贴现率 r 连续贴现 n 年的资金,其现值是乘上 e^{-rn}.

§1.2 多期复利终值和现值

前面所讨论的实际上是单期现金流的复利终值和现值(现金流是指在某一段时间内现金流入和流出的数量),但在金融领域,一项投资活动经常会在不同时刻发生多次现金流动. 这就是本节将要介绍的多期现金流的复利终值和现值.

1.2.1 多期复利终值

先看一个例子:假设某人期初存入银行 1000 元,第一年末存入银行 2000 元,如果存款利率是 5%,按复利计息,那么两年后他将得到多少收入? 第一年底,资金量为 $1000\times(1+$

5%）=1050元，加上再次存入的2000元，共计3050元. 这3050元再存一年，资金量为3050×(1+5%)=3202.5元，于是两年后得到的收入为3202.5－3000=202.5元. 这个问题就是一个多期复利终值问题.

定义 1.2.1 称 $\sum_{t=1}^{n} C_t (1+r)^t$ 为期数是 n，第 t 期现金流是 C_t（$C_t \in \mathbf{R}$），利率是 r 的**多期复利终值**，记为 FV_n.

在定义 1.2.1 中，当 $C_t \geqslant 0$ 时为现金流入，当 $C_t < 0$ 时为现金流出.

分析：由定义 1.2.1，多期复利终值包含"+（加）"、"*（乘）"、指数运算和累计求和运算. 累计求和运算我们头一次遇到，处理这类问题的方法是：(1) 在程序的开头部分用指令"include"嵌入向量容器"vector"；(2) 函数的输入参数列表中用"const vector ⟨double⟩ & cflow_times"，"const vector ⟨double⟩ & cflow_amounts"替代相应的参数；(3) 在函数主体中用 for 语句实现累计求和运算.

程序 1.2.1 多期复利终值.

```
# include <math.h>
# include <vector>
# include <iostream.h>
using namespace std;
double more_cash_flow_fv_discrete (const vector <double> &cflow_times,    // 现金流发生时间；
                                   const vector <double> &cflow_amounts, // 每期现金流；
                                   const double &r)                       // 利率；
{
    double FV = 0.0;
    for (int t = 0; t<cflow_times.size(); t++)
    {
        FV += cflow_amounts[cflow_times.size() - t] *
                          pow(1.0 + r, cflow_times[t-1]);
    }
    return FV;
}
```

例 1.2.1 假设某人计划在一年后存入银行 100 元，两年后存入银行 200 元，三年后存入银行 300 元，四年后存入银行 400 元. 如果存款年利率是 10%，那么五年后的多期复利终值是多少？

解 在本例中，$C_1=100, C_2=200, C_3=300, C_4=400, r=0.1, t=5$. 根据多期复利终值定义，有

$$FV_n = \sum_{t=1}^{5} C_t (1+r)^t = 100 \times (1+0.1)^3 + 200 \times (1+0.1)^2 + 300 \times (1+0.1) + 400.$$

```
// 程序调用；
void main()
{
    double r = 0.1;
    vector<double>cflow_amounts;
        cflow_amounts.push_back(0.0);
        cflow_amounts.push_back(100.0);
        cflow_amounts.push_back(200.0);
        cflow_amounts.push_back(300.0);
        cflow_amounts.push_back(400.0);
    vector<double>cflow_times;
        cflow_times.push_back(0);
        cflow_times.push_back(1);
        cflow_times.push_back(2);
        cflow_times.push_back(3);
        cflow_times.push_back(4);
    cout<<"多期复利终值：";
    cout<<more_cash_flow_fv_discrete( cflow_times, cflow_amounts,r)<<endl;
}
```

输出结果：

多期复利终值：1105.1

1.2.2 多期复利现值

多期现金流复利现值是与多期复利终值相对应的概念，它的定义如下：

定义 1.2.2 称 $\sum_{t=1}^{n} C_t (1+r)^{-t}$ 为期数是 n，第 t 期现金流是 $C_t(C_t \in \mathbf{R})$，贴现率是 r 的**多期复利现值**，记为 PV_n。

分析：多期复利现值包含的运算与多期复利终值相同，故处理方法与程序 1.2.1 类似。

程序 1.2.2 多期复利现值.

```
# include <math.h>
# include <vector>
# include <iostream.h>
using namespace std;
```

```
double more_cash_flow_pv_discrete (const vector〈double〉&cflow_times,
                                                    // 现金流发生时间；
                                   const vector〈double〉&cflow_amounts,
                                                    // 每期现金流；
                                   const double &r) // 贴现率；
{
    double PV = 0.0;
    for (int t = 0; t< cflow_times.size(); t++)
    {
        PV += cflow_amounts[t]/ pow(1.0 + r, cflow_times[t]);
    }
    return PV;
}
```

例 1.2.2 设贴现率为 10%，计算图 1.2.1 所示的现金流的现值．

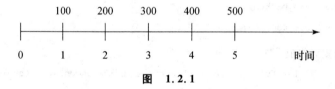

图 1.2.1

解 由定义 1.2.2，有结果：

$$PV_n = \sum_{t=1}^{n} C_t(1+r)^{-t}$$
$$= 100 \times (1+0.1)^{-1} + 200 \times (1+0.1)^{-2} + \cdots + 500 \times (1+0.1)^{-5}.$$

```
// 程序调用；
void main()
{
    double r = 0.1;
    vector〈double〉cflow_amounts;
        cflow_amounts.push_back(100.0);
        cflow_amounts.push_back(200.0);
        cflow_amounts.push_back(300.0);
        cflow_amounts.push_back(400.0);
        cflow_amounts.push_back(500.0);

    vector〈double〉cflow_times;
```

```
        cflow_times.push_back(1);
        cflow_times.push_back(2);
        cflow_times.push_back(3);
        cflow_times.push_back(4);
        cflow_times.push_back(5);
        cout<<"多期复利现值:";
        cout<<more_cash_flow_pv_discrete( cflow_times, cflow_amounts,r)<<endl;
}
```

输出结果:

  多期复利现值:1065.26

1.2.3 年金的终值和现值

年金是一种特殊形式的多期现金流,是指在任何单位计息期产生的等额的现金流. 年金分为先付年金和后付年金. **先付年金**是指在任何单位计息期开始时发生等额的现金流,**后付年金**是指在任何单位计息期终了时发生等额的现金流.

  年金的现值和终值的计算非常简单,只需在用主函数 main 调用程序 2.1.1 和程序 2.1.2 时,令语句"cflow_amounts.push_back(*)"中所有" * "代表的数值相等即可.

§1.3 固定收益证券定价

  固定收益证券也称**债券**,是指要求借款人按照预先规定的时间和方式偿还本金和利息的债务合同. 固定收益证券未来的现金流是符合合同规定的,但是这些现金流并不一定是固定不变的.

1.3.1 固定收益证券的基本特征和种类

  固定收益证券的基本特征包括:发行人、到期日、本金和票面利率,其中发行人大致有中央政府及机构、地方政府、公司等. 到期日是指固定收益证券所代表的债务合同中规定的终止时间. 在到期日,借款人应该按照合同规定偿还全部利息和本金. 本金也称面值,是指借款人承诺在到期日之前支付给债券持有人的金额. 债券本金的偿还方式有到期一次偿还和在债券持续期内分期偿还. 票面利率是指借款人定期支付的利息占本金的百分比. 票面利率一般指年利率,如果利息在一年内支付多次,则实际利率可由式(1.1.10)换算得出.

  债券的种类如下表所示:

债券种类	按发行人	按到期日	按票面利率	按嵌入期权
	国债	短期债券	零息债券	可赎回债券
	政府债券	中期债券	固定利率债券	可转换债券
	市政债券	长期债券	浮动利率债券	
	公司债券		累息债券	
			递增债券	
			推迟利息债券	

以下仅对按照票面利率分类的债券进行说明：

零息债券：在债券存续期内不支付利息的债券。该债券以低于面值的价格发行,到期日按面值偿还本金。

固定利率债券：票面利率固定的债券。

浮动利率债券：票面利率不固定,随着某种参考利率而浮动的债券。

累息债券：当期不支付利息,而将应付利息推迟到到期日和本金一起支付的债券。

递增债券：在规定的时期内单次或多次增加票面利率,其中前者称为单次递增债券,后者称为多次递增债券。

推迟利息债券：推迟最初的利息支付至规定的期限,然后按照一般债券的利息支付方式进行支付的债券。

1.3.2 固定收益证券定价

任何一种固定收益证券的价格都是由未来预期的现金流决定的,因此可以根据多期复利现值对其进行定价。

由多期现金流复利现值的计算公式,有结果：

$$P = \sum_{t=1}^{T} \frac{C_t}{(1+r)^t}, \tag{1.3.1}$$

式中各字母的含义如下：

P：债券价格；

T：债券期限,也是总的计息期数；

C_t：债券的每期现金流,由每期利息和到期值两部分组成：当 $t<T$ 时, $C_t=C$（每期支付的利息）；当 $t=T$ 时, $C_t=C+M$（利息 C 加上面值 M）；

r：贴现率。

分析：式(1.3.1)包含的运算与多期复利终值和现值相同,故处理方法与程序 1.2.1 类似。

程序 1.3.1 固定收益证券定价。

```
# include <math.h>
# include <vector>
```

```
#include <iostream.h>
using namespace std;
double bond_price_discrete(const vector<double> &times,      // 计息期数;
                           const vector<double> &cashflows,  // 利息或利息加面值;
                           const double &r)                  // 贴现率;
{
    double price = 0.0;
    for (int i = 0; i< times.size(); i++)
    {
        price += cashflows[i] / pow(1.0+r, times[i]);
    }
    return price;
}
```

例 1.3.1 假设有一种面值为 \$100,票面利率是 10%,当时的市场年利率是 9%,期限为 3 年,每年支付一次利息的债券,试计算该债券的价格.

解 在本例中,$M=100, C=100\times10\%=10, r=0.09, T=3$. 由式(1.3.1),有

$$P = \sum_{t=1}^{T} \frac{C_t}{(1+r)^t} = \frac{10}{(1+0.09)} + \frac{10}{(1+0.09)^2} + \frac{10+100}{(1+0.09)^3}.$$

```
// 程序调用;
void main()
{
    double r = 0.09;
    vector<double>cflows;
    cflows.push_back(10);
    cflows.push_back(10);
    cflows.push_back(110);
    vector<double>times;
    times.push_back(1);
    times.push_back(2);
    times.push_back(3);
    double B = bond_price_discrete( times,cflows,r);
    cout<<"债券价格:"<<B<<endl;
}
```

输出结果:

债券价格:102.531

1.3.3 零息债券定价

零息债券指的是在其存续期内不支付利息的债券,因此在债券到期之前的任何时刻零息债券都无现金流入,而在债券到期日流入的现金流仅为债券的票面价值.

零息债券的定价公式为

$$P = \frac{M}{(1+r)^T}, \qquad (1.3.2)$$

式中各字母的含义是:

P:债券价格;

r:贴现率;

T:债券期限;

M:债券面值.

分析:式(1.3.2)就是复利现值的计算公式,处理方法与复利现值相同.

程序 1.3.2 零息债券定价.

```
# include <math.h>
# include <iostream.h>
double coupon_bond_price(const double &times,      // 计息期数;
                         const double &face_value, // 债券面值;
                         const double &r)          // 贴现率;
{
    double bondprice = 0.0;
    bondprice = face_value/ pow(1.0 + r, times);
    return bondprice;
}
```

例 1.3.2 考虑一个期限是 8 年,面值是 \$1000,市场年利率是 8%,每半年付息一次的零息债券,试计算其价格.

解 在本例,$M=1000, T=16, r=\dfrac{8\%}{2}=4\%$,则债券价格为

$$P = \frac{M}{(1+r)^T} = \frac{1000}{(1+0.04)^{16}}$$

```
// 程序调用;
void main()
{
    double r = 0.04;
```

```
    double face_value = 1000;
    double times = 16;
    cout<<"债券价格：";
    cout<<coupon_bond_price( times,face_value, r)<<endl;;
}
```

输出结果：

　　债券价格：533.908

以上给出了固定利率债券和零息债券价格的计算公式及相应的程序,浮动利率债券、累息债券、递增债券、推迟利息债券等的定价公式及相应的程序类似,这里就不再讨论了.

1.3.4　债券的到期收益率

在固定收益证券定价时,一般是在已知收益率和每期现金流的条件下求债券的价格.然而,在有些时候,还需要在已知债券市场价格和每期现金流的条件下,求债券的收益率.这个收益率就是债券的到期收益率,它是使得债券未来现金流现值等于债券市场价格的贴现率.

到期收益率不仅考虑了当前的利息收入,而且还考虑了投资者通过持有债券至期满将实现的资本利得或损失.

债券到期收益率的计算公式如下：

$$P = \sum_{t=1}^{T} \frac{C_t}{(1+y)^t}, \tag{1.3.3}$$

式中各字母的含义如下：

P：债券价格；

y：到期收益率；

C_t：各期现金流. 当 $t<T$ 时, $C_t=C$（每期支付的利息）；当 $t=T$ 时, $C_t=C+M$（利息 C 加上面值 M）；

T：债券期限.

分析：由于无法给出到期收益率 y 的解析式,故需要借助试错法. 在使用试错法求解到期收益率 y 时,需要一次次地将 y 值带入该式,观察所计算出来的债券价格是否与给出的债券价格相等. 如果输入的 y 值恰好使债券价格等于给出的债券价格,则该 y 值就是要求的到期收益率. 根据上述思路,到期收益率的计算步骤大致如下：(1) 计算债券价格；(2) 计算收益率；(3) 用主函数(main)同时调用上述两个函数,并观察输出债券价格和到期收益率 y；(4) 根据输出的债券价格确定 y 值.

程序 1.3.3　债券的到期收益率.

```
#include<math.h>
#include<iostream.h>
```

```cpp
#include <vector>
using namespace std;
// 债券价格;
double bonds_price_discrete(const vector<double> &times,       // 计息期数;
                            const vector<double> &cashflows,   // 利息或利息加面值;
                            const double &y)                    // 到期收益率;
{
    double p = 0;
    for (int i = 0; i<times.size(); i++)
    {
        p += cashflows[i]/(pow((1+y),times[i]));
    }
    return p;
}

// 到期收益率;
double bonds_yield_to_maturity_discrete(const vector<double> &times, // 计息期数;
                                        const vector<double> &cashflows,
                                                                     // 利息或利息加面值;
                                        const double &bondprice)     // 债券价格;
{
    const double ACCURACY = 1e-5;
    const int MAX_ITERATIONS = 200;
    double bot = 0, top = 1.0;
    while (bonds_price_discrete(times, cashflows, top) > bondprice)
        {top = top*2;};
    double y = 0.5 * (top+bot);
    for (int i = 0; i<MAX_ITERATIONS; i++)
    {
        double diff = bonds_price_discrete(times, cashflows, y) - bondprice;
        if (fabs(diff)<ACCURACY) return y;
        if (diff>0.0)  {bot = y;}
        else
        {top = y;};
        y = 0.5 * (top+bot);
    }
    return y;
}
```

例 1.3.3 假设某 5 年期债券的面值是 100 元, 年票面利率是 5%, 每半年付息一次. 现在该债券的价格是 110 元, 试求该债券的到期收益率.

解 在本例中, $P=110$ 元, $M=100$ 元, $C=100\times 5\%/2=2.5$ 元, $T=10$, 则根据式 (1.3.3) 有

$$P=\frac{2.5}{1+y}+\frac{2.5}{(1+y)^2}+\cdots+\frac{102.5}{(1+y)^{10}}.$$

不断地调整 y 直至计算出来的债券价格 $P=110$ 元为止, 这时的 y 就是到期收益率.

```
// 程序调用;
void main ()
{
    vector<double> cflows;
    cflows.push_back(2.5);   cflows.push_back(2.5);
    cflows.push_back(2.5);   cflows.push_back(2.5);
    cflows.push_back(2.5);   cflows.push_back(2.5);
    cflows.push_back(2.5);   cflows.push_back(2.5);
    cflows.push_back(2.5);   cflows.push_back(102.5);
    vector<double> times;
    times.push_back(1);      times.push_back(2);
    times.push_back(3);      times.push_back(4);
    times.push_back(5);      times.push_back(6);
    times.push_back(7);      times.push_back(8);
    times.push_back(9);      times.push_back(10);
    double y = 0.0142;    // 改变 y 值,直到计算的债券价格等于 110 为止;
    double bondprice = 110;
    double B = bonds_price_discrete(times, cflows, r);
    cout<<"债券价格:"<<B<<endl;
    cout<<"到期收益率:"<<2 * bonds_yield_to_maturity_discrete
                                    (times, cflows, B) <<endl;
                      // 乘以 2 表示年到期收益率;
}
```

输出结果:

　　债券价格: 110.002(近似等于 110)
　　到期收益率: 0.0284

1.3.5 债券的赎回收益率

很多债券附有发行者能够在到期日之前回购全部或者部分债券的条款. 这种发行者在

到期日前回收债券的权利称为赎回权(call option). 拥有赎回权的债券称为可赎回债券(callable bond). 发行者执行这个权利,称发行者赎回了债券. 发行者赎回债券支付的价格称为赎回价格(call price).

一般情况下,赎回债券不只有一个赎回价格,而是有一个赎回计划. 在这个赎回计划中,根据发行者执行赎回权的不同时间规定不同的赎回价格. 赎回计划一般将首个赎回日的赎回价格设定高于面值,然后随着时间的推移将赎回价格降低到面值.

当债券可被赎回时,投资者可以计算截止到假设赎回日的收益率,而使赎回日现金流的现值等于债券全价的收益率就是赎回收益率,即赎回收益率 y 满足

$$P = \sum_{t=1}^{n''} \frac{C}{(1+y)^t} + \frac{CP}{(1+y)^{n''}} = \sum_{t=1}^{n''} \frac{C_t}{(1+y)^t}, \qquad (1.3.4)$$

式中各字母的含义如下:

P:债券的市场价格.

n'':赎回日前的利息支付期数.

C_t:各期现金流. 当 $t < n''$ 时,$C_t = C$(每期支付的利息);当 $t = n''$ 时,$C_t = C + CP$(利息 C 加上赎回价格 CP).

分析:式(1.3.4)与式(1.3.3)实际上是一样的,可参照程序1.3.3的思路编写程序.

程序1.3.4 赎回收益率.

```
#include <math.h>
#include <vector>
#include <iostream>
using namespace std;
// 可赎回债券定价;
double bonds_price_discrete(const vector<double> &times,//计息期数;
                            const vector<double> &cashflows,
                                                     //利息或利息加赎回价格;
                            const double &y)         //赎回收益率;
{
    double p = 0;
    for (int i = 0;i<times.size();i++)
    {
        p + = cashflows[i]/(pow((1+y),times[i]));
    }
    return p;
}
double callable_bonds_yield_to_maturity_discrete(const vector<double> &times,
```

//计息期数;
const vector<double> &cashflows,
//利息式利息加赎回价格;
const double &bondprice)
//债券价格;
{
    const double ACCURACY = 1e-5;
    const int MAX_ITERATIONS = 200;
    double bot = 0, top = 1.0;
    while (bonds_price_discrete(times, cashflows, top) > bondprice)
    {top = top * 2;};
    double y = 0.5 * (top + bot);
    for (int i = 0; i<MAX_ITERATIONS; i++)
    {
        double diff = bonds_price_discrete(times, cashflows, y) - bondprice;
        if (fabs(diff)<ACCURACY) return y;
        if (diff>0.0)   {bot = y;}
        else   {top = y;};
        y = 0.5 * (top + bot);
    }
    return y;
}

例1.3.4 考虑一种面值是 \$1000,有效期 18 年,市场价格是 \$700,年票面利率是 6%,每半年付息一次的可赎回债券. 假设这个债券最早可以在 5 年后以 \$1030 的价格赎回,试求该债券的赎回收益率.

解 在本例中,$P=700, C_t=C=30, CP=1030, n''=10$,则有

$$P = \sum_{i=1}^{n''} \frac{C}{(1+y)^i} + \frac{CP}{(1+y)^{n''}} = \sum_{i=1}^{n''} \frac{C_t}{(1+y)^i}$$

$$= \frac{30}{(1+y)^1} + \frac{30}{(1+y)^2} + \cdots + \frac{1060}{(1+y)^{10}}.$$

要求计算的就是上式中的 y. 采用试错的方法不断输入 y,直到计算出来的债券价格 $P=700$ 为止,此时的收益率 y 就是赎回收益率.

// 程序调用;
void main()
{
    vector<double> cflows;
    cflows.push_back(30);   cflows.push_back(30);

```
        cflows.push_back(30);    cflows.push_back(30);
        cflows.push_back(30);    cflows.push_back(30);
        cflows.push_back(30);    cflows.push_back(30);
        cflows.push_back(30);    cflows.push_back(1060);
    vector<double> times;
        times.push_back(1);      times.push_back(2);
        times.push_back(3);      times.push_back(4);
        times.push_back(5);      times.push_back(6);
        times.push_back(7);      times.push_back(8);
        times.push_back(9);      times.push_back(10);
    double y = 0.076;    // 改变 r 值,直到计算的债券价格等于 700 为止
    double B = bonds_price_discrete( times,cflows,y);
    cout<<"债券价格:"<<B<<endl;
    cout<<"赎回收益率:"
        <<2 * callable_bonds_yield_to_maturity_discrete(times, cflows, B) << endl;
}
```

输出结果:

    债券价格:700.11

    赎回收益率:0.152

注 一般来说,可赎回债券都有不同的赎回时间和赎回价格.这时,投资者应该根据不同赎回日和赎回价格计算不同的赎回收益率.

1.3.6 债券的久期

债券的久期(Duration)概念最早是由 Macaulay 于 1938 年提出的,所以又称 Macaulay 久期,简记为 D. Macaulay 久期是用来评估债券的平均还款期限,它的计算公式为:

$$D = \sum_{t=1}^{T} t \frac{C_t}{(1+y)^t} \bigg/ \sum_{t=1}^{T} \frac{C_t}{(1+y)^t} \tag{1.3.5}$$

式中各字母的含义如下:

C_t:各期现金流.当 $t<T$ 时,$C_t=C$(每期支付的利息);当 $t=T$ 时,$C_t=C+M$(利息 C 加上面值 M).

t:现金流支付的时间.

y:贴现率.

T:债券的有效期.在债券发行之前,有效期就等于债券期限;在债券发行之后,有效期小于期限.

分析:式(1.3.5)分子和分母都与累计求和问题有关,故可参照多期复利终值或者多期

复利现值编写程序.

程序 1.3.5 债券久期.

```cpp
#include <math.h>
#include <vector>
#include <iostream.h>
using namespace std;
// 债券久期;
double bonds_duration_discrete (const vector<double> &cashflow_times,   //计息期数;
                                const vector<double> &cashflows,        //利息或利息加面值;
                                const double &y)                        //贴现率;
{
    double bond_price = 0.0;
    double D = 0.0;
    for (int i = 0;i<cashflow_times.size();i++)
    {
        D += cashflow_times[i] * cashflows[i]/pow(1 + y, cashflow_times[i]);
        bond_price += cashflows[i]/ pow(1 + y, cashflow_times[i]);
    }
    return D / bond_price;
}
```

例 1.3.5 考虑一个面值是 100 元,期限是 5 年,年利率是 10%,贴现率是 9%,每半年付息一次的债券,试求该债券的久期.

解 在本例中,$M=100$ 元,$C=5$ 元,$r=0.09$,$T=10$,则有

$$D = \sum_{t=1}^{T} t \frac{C_t}{(1+y)^t} \bigg/ \sum_{t=1}^{T} \frac{C_t}{(1+y)^t}$$

$$= \frac{1 \times \frac{5}{(1+0.09)} + 2 \times \frac{5}{(1+0.09)^2} + \cdots + 10 \times \frac{105}{(1+0.09)^{10}}}{\frac{5}{(1+0.09)} + \frac{5}{(1+0.09)^2} + \cdots + \frac{105}{(1+0.09)^{10}}}.$$

```cpp
// 程序调用;
void main()
{
    vector<double> cflows;
    cflows.push_back(5);   cflows.push_back(5);
    cflows.push_back(5);   cflows.push_back(5);
    cflows.push_back(5);   cflows.push_back(5);
```

```
    cflows.push_back(5);     cflows.push_back(5);
    cflows.push_back(5);     cflows.push_back(105);
    vector<double> times;
    times.push_back(1);      times.push_back(2);
    times.push_back(3);      times.push_back(4);
    times.push_back(5);      times.push_back(6);
    times.push_back(7);      times.push_back(8);
    times.push_back(9);      times.push_back(10);
    double y = 0.09;
    double B = bonds_price_discrete(times, cflows, y);
    cout<<"债券久期："
        <<bonds_duration_discrete(times, cflows, y) << endl;
}
```

输出结果：

债券久期：7.75418

计算久期的目的之一是要找出久期、到期收益率和债券价格之间的关系. 经过适当的数学推导, 我们有结果

$$\frac{\Delta P}{P} = -\frac{D}{1+y}\Delta y, \quad (1.3.6)$$

式中 P 是债券价格, D 是债券的久期, y 是到期收益率.

定义 $D^* = \dfrac{D}{1+y}$ 为修正久期, 则有

$$\frac{\Delta P}{P} = -D^*\Delta y. \quad (1.3.7)$$

式 (1.3.7) 的左边是价格变化的百分比, 右边是负的修正久期与到期收益率变化之乘积, 所以知道修正久期和到期收益率的变化, 就很容易求出债券价格的变化率.

1.3.7 债券的凸性

实际上, 债券价格的变化率和到期收益率变化之间的关系并不是式 (1.3.7) 的线性关系, 而是非线性关系. 所以, 只用久期反映收益率变化与价格变化率之间关系是与事实不符的. 为此, 我们引入债券凸性的概念.

债券的凸性定义为债券价格 P 对收益率 y 的二阶导数再除以价格 P, 即

$$C = \frac{1}{P} \cdot \frac{\partial^2 P}{\partial y^2}. \quad (1.3.8)$$

由债券的定价公式和债券凸性的定义, 可推导出在离散状态下债券的凸性为

$$C = \frac{1}{P(1+y)^2} \sum_{t=1}^{T} t(t+1) \frac{C_t}{(1+y)^t}, \qquad (1.3.9)$$

式中各符号的含义前面已定义过,这里不再重述.

分析:式(1.3.9)包含 C++的基本运算和累计求和问题,故可参照相关程序的思路编写程序.

程序 1.3.6 债券凸性.

```
#include<vector>
#include<math.h>
#include<iostream.h>

using namespace std;
// 债券价格;
double bonds_price_discrete(const vector<double> &times,      //计息期数;
            const vector<double> &cashflows,    //利息或利息加面值;
            const double &y)                     //贴现率;
{
    double p = 0;
    for (int i = 0; i<times.size(); i++)
    {
    p+ = cashflows[i]/(pow((1+y),times[i]));
    }
    return p;
}
// 债券凸性;
double bond_convexity_discrete (const vector<double> &times,    //计息期数;
                const vector<double> &cashflows,//利息或利息加面值;
                const double &y)                 //贴现率;
{
    double Cx = 0;
    double D = 0.0;
    for (int t = 0; t< times.size(); t++)
    {
       Cx+ = cashflows [t] * times[t] *( times[t]+1)/(pow(1+y, times[t]));
    }
    double B = bonds_price_discrete(times, cashflows,y);
    return Cx/(pow(1+y,2))/B;
}
```

例 1.3.6 某债券的面值是 \$100,期限是 3 年,每年付息 1 次,年利率是 10%,到期收益率为 9%,试求该债券的凸性.

解 在本例中 $M=100, T=3, C=10, y=0.09$. 因此,有

$$P = \sum_{t=1}^{T} \frac{C_t}{(1+y)^t} = \frac{10}{(1+0.09)^1} + \frac{10}{(1+0.09)^2} + \frac{110}{(1+0.09)^3},$$

$$C = \frac{1}{P(1+y)^2} \sum_{t=1}^{T} t(t+1) \frac{C_t}{(1+y)^t}$$

$$= \frac{1}{P(1+0.09)^2} \left[\frac{(1+1) \times 10}{1+0.09} + \frac{2(2+1) \times 10}{(1+0.09)^2} + \frac{3(3+1) \times 110}{(1+0.09)^3} \right].$$

```
// 程序调用;
void main()
{
    vector<double> cflows;
        cflows.push_back(10);
        cflows.push_back(10);
        cflows.push_back(110);
    vector<double> times;
        times.push_back(1);
        times.push_back(2);
        times.push_back(3);
    double y = 0.09;
        cout<<"债券凸性:"<<bond_convexity_discrete (times,cflows,y)<< endl;
}
```

输出结果:

　　债券凸性：8.93248

如果一年内支付 m 次利息,则凸性年度值为

$$凸性年度值 = 每年 m 期内的凸性 / m^2. \tag{1.3.10}$$

考虑了凸性后,债券价格变化与收益率变化之间的关系可以表示为

$$\frac{\mathrm{d}P}{P} = -D' \mathrm{d}y + \frac{1}{2} C (\mathrm{d}y)^2. \tag{1.3.11}$$

当收益率变化不大时,收益率变化与价格变化之间的关系可近似表示为

$$\frac{\Delta P}{P} = -D' \Delta y + \frac{1}{2} C (\Delta y)^2. \tag{1.3.12}$$

因此,根据修正久期和凸性,再已知收益率变化,就很容易给出债券价格的变化率.

§1.4 普通股定价

股票是股份公司发行的证明股东所持股份的凭证. 股票代表了股东对股份公司的所有权,股东凭借股票可以获得公司的股息和红利,参加股东大会并行使自己的权利,同时也承担相应的责任与风险. 股票分为优先股和普通股. 优先股的股息率是固定的,其持有者的股东权利受到一定限制,但在公司盈利和剩余资产的分配上比普通股股东享有优先权. 普通股的投资收益(股息和分红)根据发行公司的经营业绩来确定,公司的经营业绩好,普通股的收益就高;公司的经营业绩差,普通股的收益就低. 普通股的持有者享有股东的基本权利和义务. 普通股的定价是人们研究的重点,也是本节要讨论的内容.

1.4.1 普通股定价的基本模型——贴息贴现模型

普通股的价值取决于其未来收益的现金流的现值. 然而,由于普通股未来现金流是不确定的,所以需要选用适当的贴现率将未来现金流贴现为现值. 在选用贴现率时,不仅要考虑货币的时间价值,还要能够反映实现未来现金流的风险. 基于这种思路的定价模型就是普通股定价的**贴息贴现模型**(Dividend discount model),即

$$V = \frac{D_1}{1+r} + \frac{D_2}{(1+r)^2} + \frac{D_3}{(1+r)^3} + \cdots + \frac{D_t}{(1+r)^t} + \cdots = \sum_{t=1}^{\infty} \frac{D_t}{(1+r)^t}, \quad (1.4.1)$$

式中各字母的含义是:

V:股票价格;

r:贴现率;

D_t:每期的股息;

t:与股息对应的期数.

分析:式(1.4.1)实际上就是一个期数为无穷大的多期复利现值的计算问题,故可参照程序 1.2.1 编写程序. 注意:究竟选择多少派息期数,视具体情况而定.

程序 1.4.1 股息贴现模型.

```
# include <math.h>
# include <iostream.h>
# include <vector>
using namespace std;
double dividend_discount_model (const vector <double> &dividend_times,    //计息期数;
                                const vector <double> &dividend_amounts,  //股息;
                                const double &r)                          //贴现率;
{
```

```
    double value = 0.0;
    for (int t = 0; t< dividend_times.size(); t++)
    {
        value += dividend_amounts[t]/ pow(1.0 + r, dividend_times[t]);
    }
    return value;
}
```

例 1.4.1 假设贴现率是 5%,每期的股息如图 1.4.1 所示,试计算该股票的价格.

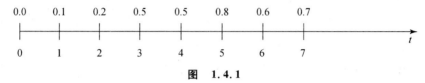

图 1.4.1

解 在本例中,$D_1=0.1, D_2=0.2, \cdots, D_7=0.7, r=0.05$,则根据式(1.4.1),有

$$V = \frac{D_1}{1+r} + \frac{D_2}{(1+r)^2} + \frac{D_3}{(1+r)^3} + \cdots + \frac{D_t}{(1+r)^t} + \cdots$$

$$= \frac{0.1}{1+0.05} + \frac{0.2}{(1+0.05)^2} + \cdots + \frac{0.7}{(1+0.05)^7} + \cdots.$$

注 在下面计算股票价格时,取计息期数为 7.

```
// 程序调用;
void main()
{
    double r = 0.05;
    vector<double>dividend_amounts;
        dividend_amounts.push_back(0.1); dividend_amounts.push_back(0.2);
        dividend_amounts.push_back(0.5); dividend_amounts.push_back(0.5);
        dividend_amounts.push_back(0.8); dividend_amounts.push_back(0.6);
        dividend_amounts.push_back(0.7);
    vector<double>dividend_times;
        dividend_times.push_back(1);    dividend_times.push_back(2);
        dividend_times.push_back(3);    dividend_times.push_back(4);
        dividend_times.push_back(5);    dividend_times.push_back(6);
        dividend_times.push_back(7);
    cout<<"股票价格:";
    cout<< dividend_discount_model
                    (dividend_times, dividend_amounts, r)<<endl;
}
```

输出结果:
　　股票价格:2.69194

1.4.2 贴息贴现模型的特殊形式

为了解决股票估价中存在的计息期数和每期现金流的不确定问题,人们在贴息贴现模型的基础上提出了各种估价模型,如零增长模型、不变增长模型、H 模型、三阶段增长模型和多元增长模型等.在这里,我们仅介绍不变增长模型和 H 模型及其实现程序.

1. 不变增长模型

不变增长模型是贴息贴现模型的一种特殊形式,这个模型也称戈登模型(Gordon Model).它是建立在以下三个假设基础上的:

(1) 股息的支付在时间上是永久性的;
(2) 股息增长率 g 是一个常数;
(3) 贴现率 r 大于股息增长率 g.

根据上述三个假设,再由式(1.4.1),有

$$\begin{aligned} V &= \frac{D_1}{1+r} + \frac{D_2}{(1+r)^2} + \frac{D_3}{(1+r)^3} + \cdots + \frac{D_t}{1+r} + \cdots = \sum_{t=1}^{\infty} \frac{D_t}{(1+r)^t} \\ &= \frac{D_0(1+g)}{1+r} + \frac{D_0(1+g)^2}{(1+r)^2} + \cdots = D_0 \left[\frac{1+g}{1+r} + \frac{(1+g)^2}{(1+r)^2} + \cdots \right] \\ &= D_0 \left[\frac{(1+g)/(1+r)}{1-(1+g)/(1+r)} \right] = \frac{D_0(1+g)}{r-g} = \frac{D_1}{r-g}, \end{aligned} \quad (1.4.2)$$

式中 D_0 为初期股息.

式(1.4.2)的程序设计非常简单,这里不再讨论了.

例 1.4.2 某只蓝筹股初期的股息是 1 元,经过预测,该蓝筹股未来的股息增长率将永久保持在 6% 的水平.假定考虑风险之后的贴现率是 10%,试求该蓝筹股的价格.

解 在本例中,$D_0=1, g=0.06, r=0.1$,则该蓝筹股的价格为

$$V = \frac{D_0(1+g)}{r-g} = \frac{1\times(1+0.06)}{0.1-0.06} = \frac{1.06}{0.04} = 26.5.$$

如果该股票当前的市场价格是 40 元,则说明该股票处于被高估的价位.投资者可以考虑抛出该股票.

2. H 模型

H 模型的基本假设如下:

(1) 股息的初始增长率为 g_0,随后以线性的方式递减;
(2) 在 $2H$ 期后,股息增长率为一常数 g,H 为某正整数;
(3) 在股息递减过程中的中点 H 上,股息的增长率 g_H 恰好是初始增长率 g_0 和常数增

长率 g 的平均数,如图 1.4.2 所示.

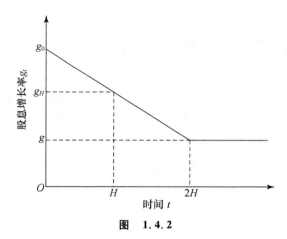

图 1.4.2

在上述假设条件下,Fuller 和 Hisa(1984)证明了以下结论:

$$V = \frac{D_0}{(r-g)}[(1+g) + H(g_0 - g)], \tag{1.4.3}$$

式中 V 为股票价格,D_0 为初期股息,r 为贴现率.

分析:式(1.4.3)仅包含 C++ 的基本运算,直接使用 C++ 中的相关算符即可实现.

程序 1.4.2 H 模型.

```
#include<iostream.h>
double H_model (const double &D0,
                const double &g0,
                const double &g,
                const double &r,
                const double &H)
{
    double value = 0.0;
    value = D0 * ((1 + g) + H * (g0 - g))/(r - g);
    return value;
}
```

例 1.4.3 假设某股票初期支付的股息是 \$1/每股,在今后的两年的股息增长率是 6%,股息增长率从第 2 年开始递减,从第 6 年开始每年保持 3% 的增长速度,另外贴现率是 8%.试求该股票的价格 V.

解 在本例中,$D_0 = 1$,$g_0 = 0.06$,$g = 0.03$,$r = 0.08$,股息增长率开始递减时刻 $t_1 = 2$,股息增长率保持不变时刻 $t_2 = 6$.由 H 模型,有结果

$$H = \frac{1}{2}(t_2 - t_1) = \frac{1}{2}(6-2),$$

$$V = \frac{D_0}{(r-g)}[(1+g) + H(g_0 - g)]$$

$$= \frac{1}{(0.08-0.03)}[(1+0.03) + H(0.06-0.03)].$$

```
// 程序调用;
void main()
{
    double D0 = 1;
    double g0 = 0.06;
    double g = 0.03;
    double r = 0.08;
    double H = 4.0;
    cout<<"股票价格:"<<H_model(D0,ga,gn,r,H)<<endl;
}
```

输出结果:
    股票价格: 21.8

  除了上述模型之外,普通股定价模型还有零增长模型、三阶段增长模型和多元增长模型等. 由于这些模型都是以贴息贴现模型为基础的,我们在这里就不做介绍了. 感兴趣的读者可参照相关书籍.

§1.5 本章小结

  在本章,我们从货币的时间价值出发,先后介绍了单利计息、复利计息、多期复利终值和现值、年金的现值和终值等基本概念及其 C++ 程序设计. 在此基础上,介绍了货币时间价值在两个主要方面的应用:固定收益证券定价和普通股定价. 固定收益证券是未来现金流在事先约定好的证券,而普通股的未来现金流则需要根据发行公司的未来发展进行预测. 固定收益证券定价只要考虑合同约定的因素即可,而普通股定价则要将未来收益预测和影响未来收益的风险一并来考虑. 因此,尽管两者的定价原理都是基于多期复利现值,但是由于股票的现金流难以预测,故定价难度很大. 人们一般都是根据一定假设来判断未来现金流. 由此,提出了一系列简化模型,有代表性的是不变增长模型、H 模型、三阶段增长模型和多元增长模型等. 本章只介绍了不变增长模型、H 模型及其相应的程序设计,供读者参考.

第 2 章 远期、期货与互换

在本章,我们将介绍三种较为简单的衍生证券定价:远期、期货和互换. 我们先介绍远期的定价和算法,再分别介绍期货和互换两种衍生证券的定价和算法. 本章的预备知识是连续复利计息.

§2.1 远期定价

远期是一种在将来某一确定的时间,按照事先约定好的价格买卖某种标的资产的合约. 远期中约定的未来买卖标的资产的价格称为**交割价格**,购买标的资产的一方称为远期的**多头**(long position),出售标的资产的一方称为远期的**空头**(short position). 如果信息是对称的,而且多、空头双方对未来的预期相同,那么双方所选择的交割价格应使远期的价值在合约签订时等于零,这个使远期合约价值为零的交割价格称为**远期价格**. 远期价格是一个理论价格,与远期合约签订时所确定的交割价格并不一定相等. 当两者不相等时就会出现套利机会. 在远期合约签订之后,不论现货市场的价格如何变动,多、空头双方都有义务在合约规定的交割时间按照交割价格买卖指定的标的资产. 多头方拥有在到期日按照约定的价格买入标的资产的权利,因此它的成本是不变的,收益却随着现货价格的上涨而上涨,随着现货价格的下降而下降. 相反,空头方拥有在到期日按照约定的价格卖出标的资产的权利,其收益是固定的,但是成本却随着标的资产价格的变动而变动.

远期的定价是对无收益证券远期、支付已知现金收益证券远期、支付已知红利率证券远期的定价. 为了便于讨论,我们定义如下字母的含义:

T:远期到期时间;

t:当前时刻;

$T-t$:权力期间;

c:远期标的资产在 t 时刻的价格;

S_T:远期标的资产在 T 时刻的价格;

K:远期的交割价格;

f:t 时刻,远期多头价值;

F:t 时刻的远期价格;

r:无风险利率.

并认为以下几条假设成立:

(1) 没有交易费用和税收;

(2) 市场参与者可以相同的无风险利率借入和贷出资金；

(3) 远期合约没有违约风险；

(4) 允许现货卖空行为；

(5) 当套利出现时,市场参与者将进行套利,从而使套利机会消失.

2.1.1 无收益证券的远期

无收益证券的远期是非常容易定价的一种远期,下面我们使用无套利法对其进行定价. 考虑如下两个资产组合：

组合 A：一个价值为 f 的远期多头加上一笔数额为 $Ke^{-r(T-t)}$ 的现金；

组合 B：价值为 S 的单位标的证券.

在组合 A 中,假设现金以无风险利率 r 投资,在远期到期日 T,现金数额将达到 K,这笔资金正好用于购买该标的资产. 因此,在到期日 T,两组合都应该包含一单位标的资产. 可以知道,在任何一一时间 t,两组合的价值也应该是相等的,否则投资者就可以通过购买相对便宜的组合,出售相对昂贵的组合来获得无风险收益. 所以,有结果：

$$f + Ke^{-r(T-t)} = S,$$

整理后,远期的价值为

$$f = S - Ke^{-r(T-t)}. \tag{2.1.1}$$

当一个新的远期生效时,远期价格等于合约规定的交割价格 K,且使该合约的本身价值为零,所以,远期价格 F 就是式(2.1.1)中令 $f=0$ 的 K 值,即

$$F = Se^{r(T-t)}. \tag{2.1.2}$$

分析：式(2.1.1)和式(2.1.2)包含"-（减）"、"*（乘）"和指数运算. 前两个运算是 C++ 中的基本运算,直接使用 C++ 中的相关算符即可实现,指数运算不是 C++ 的基本运算,需调用 C++ 系统函数实现.

程序 2.1.1 远期的价值和价格.

```
#include <math.h>
#include <iostream.h>

// 远期价值；
double futures_value (const double &S,    // 标的资产价格；
                      const double &K,    // 交割价格；
                      const double &r,    // 无风险利率；
                      const double &time_to_maturity)  // 权利期间；
{
    return S-K * exp(-r * time_to_maturity);
}
```

```cpp
// 远期价格;
double futures_price (const double &S,      // 标的资产价格;
                      const double &r,      // 无风险利率;
                      const double &time_to_maturity)  // 权利期间;
{
    return S * exp(r * time_to_maturity);
}
```

例 2.1.1 考虑一个 6 个月的远期多头情况,标的资产是 1 年期贴现债券,远期的交割价格为 \$950. 假设 6 个月期的无风险利率(连续复利)为 6%,债券的现价是 \$930. 试求远期的价值及当合约生效时远期的价格.

解 这里 $T-t=0.5, r=0.06, K=950, S=930$. 根据公式(2.1.1)可知,远期的价值为
$$f = S - Ke^{-r(T-t)} = 930 - 950e^{-0.5 \times 0.06}.$$
再由公式(2.1.3)可知,当合约到期生效后,远期的价格为
$$F = Se^{r(T-t)} = 930 \times e^{0.5 \times 0.06}.$$

```cpp
// 程序调用;
void main()
{
    double S = 930;
    double K = 950;
    double r = 0.06;
    double time_to_maturity = 0.5;

    cout<<"远期的价值: "<<futures_value( S,K,r,time_to_maturity)<<endl;
    cout<<"远期的价格: "<<futures_price(S,r,time_to_maturity)<<endl;
}
```

输出结果:
  远期的价值: 8.07674
  远期的价格: 958.323

2.1.2 支付已知现金收益证券的远期

这类远期的标的资产为投资者提供了可以完全预测的现金收益. 例如,有固定利息的附息债券和固定股利的优先股. 若远期在有效期内可获得现金收益的现值为 I,贴现率为无风险收益 r,标的资产现价为 S,则在无套利条件下,远期价格 F 为
$$F = (S-I)e^{r(T-t)}, \tag{2.1.3}$$
我们使用无套利法讨论这类远期的定价. 考虑如下两个资产组合:
组合 A:一个价值为 f 的远期多头加上一笔数额为 $Ke^{-r(T-t)}$ 的现金;

组合 B：价值为 S 的单位标的资产加上以无风险利率 r 借入的金额 I.

由于标的资产的收益可以用来偿还贷款，因此在 T 时刻，组合 B 与单位标的资产具有相同的价值. 组合 A 在 T 时刻也具有相同的价值. 因此，在 T 时刻这两个组合具有相同的价值，在任意时刻 t 两者的价值也应该相等，即

$$f + Ke^{-r(T-t)} = S - I$$

或

$$f = S - I - Ke^{-r(T-t)}. \qquad (2.1.4)$$

远期的价格 F 是使 $f=0$ 的 K 值，故有结果

$$F = (S - I)e^{r(T-t)}. \qquad (2.1.5)$$

分析：式(2.1.4)和式(2.1.5)比式(2.1.1)和式(2.1.2)多了一项已知现金收益的现值 I. 一般来讲，I 经常是多期现金流，需要使用向量容器 "vector" 来解决. 具体办法是：(1) 在文件的开头用指令 "include" 嵌入向量容器 "vector"；(2) 在函数的输入参数列表中用已知现金收益发生额 "const vector〈double〉& dividend" 和现金收益发生时间 "const vector〈double〉& times" 两项替换相应的参数；(3) 在函数体中用 for 语句实现多期现金流的累加和贴现.

程序 2.1.2 支付已知现金收益证券的远期的价值和价格.

```
#include <math.h>
#include<vector>
#include<iostream.h>

using namespace std;
// 已知现金收益的现值;
double pv_dividend (const vector<double> &dividend,// 已知现金收益;
                   const vector<double> &times, // 现金收益发生时间;
                   const vector<double> &r) // 贴现率;
{
    double sum = 0.0;
    for(int i = 0;i<times.size();i++)
    {
        sum += dividend[i] * exp(-r[i] * times[i]);
    }
    return sum;
}
// 远期价值;
double futures_value_payed_cash_dividend (const vector<double> &dividend,
                                          // 已知现金收益;
                                          const vector<double> &times,
```

```
                                    // 现金收益发生时间;
                    const vector<double> &r,
                                    // 贴现率;
                    const double &S,    // 标的资产价格;
                    const double &K,    // 交割价格;
                    const double &r_finally,
                                    // 无风险利率;
                    const double &time_to_maturity)
                                    // 权利期间;
{
    double I = pv_dividend(dividend,times,r);
    return S-I-K * exp(-r_finally * time_to_maturity);
}

// 远期价格;
double futures_price_payed_cash_dividend (const vector<double> &dividend,
                                    //已知现金收益;
                    const vector<double> &times,
                                    //已知现金收益发生时间;
                    const vector<double> &r, //贴现率;
                    const double &S,    // 标的资产价格;
                    const double &r_finally, //无风险利率;
                    const double &time_to_maturity)
                                    //权利期间;
{
    double I = pv_dividend(dividend,times,r);
    return (S-I) * exp(r_finally * time_to_maturity);
}
```

例 2.1.2 考虑一种 5 年期债券,价格为 $900. 假设这种债券的 1 年期远期的交割价格为 $910. 在 6 个月后和 12 个月后,预计都将收到 $60 的利息. 第二个付息日正好在远期交割日之前. 已知 6 个月和 12 个月的无风险利率分别是 9% 和 10%. 试计算该种远期的价值和价格.

解 这里 $S=900, K=910, r_1=0.09, r_2=0.1, I_1=60\mathrm{e}^{-0.09\times 0.5}, I_2=60\mathrm{e}^{-0.1\times 1}, r=0.1, T-t=1.$ 由公式 (2.1.4) 可知,远期的价值为
$$f = S - I - K\mathrm{e}^{-r(T-t)} = 900 - I - 910\mathrm{e}^{-0.1\times 1},$$
其中
$$I = I_1 + I_2 = 60\mathrm{e}^{-0.09\times 0.5} + 60\mathrm{e}^{-0.1\times 1}.$$
再由公式 (2.1.5),得远期的价格为

$$F = (S-I)e^{r(T-t)} = (910-I) \times e^{0.1 \times 1}.$$

// 程序调用;
```
void main()
{
    double S = 900;
    double K = 910;
    double time_to_maturity = 1;

    vector〈double〉times;
      times.push_back(0.5);
      times.push_back(1);

    vector〈double〉dividend;
      dividend.push_back(60);
      dividend.push_back(60);

    vector〈double〉r;
      r.push_back(0.09);
      r.push_back(0.10);

    double r_finally = 0.10;

    cout<<"远期的价格:"<<futures_price_payed_cash_dividend
            (dividend,times,r,S,r_finally,time_to_maturity)<<endl;
    cout<<"远期的价值:"<<futures_value_payed_cash_dividend
            (dividend,times,r,S,K,r_finally,time_to_maturity)<<endl;
}
```

输出结果:

  远期的价格: 871.261

  远期的价值: -35.0521

2.1.3 支付已知红利率证券的远期

  这类远期的标的资产支付已知的红利率,即证券价格百分比的收益率是已知的. 为了给出这类远期定价,我们构造二个组合,组合 A 保持不变,组合 B 改为

  组合 B: $e^{-q(T-t)}$ 数量的标的资产并且所有收入均再投资于该标的资产.

  组合 B 中的标的资产数量随着红利率 q 的增加而不断增加,在远期到期时刻 T,正好拥有 1 单位该标的资产. 在时刻 T,组合 A 与组合 B 的价值相等,在任意时刻 t 两者的价值也应该相等,即

$$f + Ke^{-r(T-t)} = Se^{-q(T-t)}.$$

整理后得
$$f = Se^{-q(T-t)} - Ke^{-r(T-t)}. \tag{2.1.6}$$
远期的价格 F 是使 $f=0$ 的 K 值,根据上式有结果
$$F = Se^{(r-q)(T-t)}. \tag{2.1.7}$$

分析:式(2.1.6)和式(2.1.7)包含"−(减)"、"*(乘)"和指数运算,故可参照相关程序来实现.

程序 2.1.3 支付已知红利率证券的远期的价值和价格.

```
# include <math.h>
# include <iostream.h>
// 远期价值;
double futures_value_payed_cash_dividend (const double &S,    // 标的资产价格;
                                          const double &K,    // 交割价格;
                                          const double &r,    // 无风险利率;
                                          const double &q,    // 红利率;
                                          const double &time_to_maturity)
{                                                             // 权利期间;
    return S * exp(-q * time_to_maturity)-K * exp(-r * time_to_maturity);
}

// 远期价格;
double futures_price_payed_cash_dividend (const double &S,    // 标的资产价格;
                                          const double &r,    // 无风险利率;
                                          const double &q,    // 红利率;
                                          const double &time_to_maturity)
{                                                             // 权利期间;
    return S * exp((r - q) * time_to_maturity);
}
```

例 2.1.3 考虑一个 6 个月远期,标的资产提供年利率为 4% 的连续红利收益率. 设无风险年利率(连续复利)为 10%,股价为 \$25,交割价格为 \$27. 试求该远期的价值和价格.

解 这里 $S=25, K=27, r=0.1, q=0.04, T-t=0.5$. 由式(2.1.6)和式(2.1.7),远期的价值为
$$f = Se^{-q(T-t)} - Ke^{-r(T-t)} = 25e^{-0.04 \times 0.5} - 27e^{-0.1 \times 0.5},$$
远期的价格为
$$F = Se^{(r-q)(T-t)} = 25e^{(0.1-0.04) \times 0.5}.$$

```
// 程序调用;
void main()
```

```
{
    double S = 25;
    double K = 27;
    double r = 0.1;
    double q = 0.04;
    double time_to_maturity = 0.5;
    cout<<"远期的价值:"
        <<futures_value_payed_cash_dividend(S,K,r,q,time_to_maturity)<<endl;
    cout<<"远期的价格:"
        <<futures_price_payed_cash_dividend(S,K,r,q,time_to_maturity)<<endl;
}
```

输出结果:

  远期的价值: -1.17823
  远期的价格: 25.7614

§2.2 期货定价

  期货是指由期货交易所统一制订,规定在将来某一特定的时间和地点交割一定数量和质量的实物商品或金融商品的标准化合约.期货是一种特殊的远期,它与远期的主要区别如下:

  (1) 期货是高度标准化的合约,对交割月份、交割品种、交割数量和特征都有统一的规定,而远期的条款则比较灵活,可以由交易双方根据需要协商;

  (2) 期货只在交易所中交易,而远期一般在场外市场交易;

  (3) 远期中的交易双方直接进行交易,存在着违约风险,而期货交易中的所有交易者都以交易所或结算公司为交易的另一方,一般没有违约风险;

  (4) 多数远期以双方履约而结束,而期货则存在着多种选择,交易方可以平仓,可以现金交割,还可以实物交割.

  期货高度标准化的特点使得它能够为大量交易者广泛交易而无需对合约的条款进行协商,所以较之远期市场,期货市场更加活跃.

  早期的期货都是以实物商品为标的物,如农产品、能源、金属等,这类期货称为商品期货.以金融产品作为标的物(资产)的期货称为金融期货,例如国债期货、股票期货、股票指数期货、外汇期货等.相对于商品期货,金融期货出现较晚.20世纪70年代以后,金融期货开始出现.在短短的三十多年时间里,金融期货发展迅速.目前,金融期货已经在期货交易中占据主导地位.

  期货不仅能够作为风险对冲工具,而且交易比远期更加便利.因为在交易所市场可以方便地找到交易对方,且无需担心对方的信用问题.但是期货的保证金制度和逐日盯市制度使得期货交易的成本高于远期.

2.2.1 期货价格与远期价格之间的关系

期货价格与远期价格之间的关系主要表现在以下几个方面:

(1) 当无风险利率为常数,而且对所有到期日都不变时,交割日相同的远期和期货的价格相同.

(2) 当利率波动时,远期和期货的理论价格不一样.这存在着两种情况:当标的资产价格与利率高度正相关时,期货价格要高于远期价格;当标的资产价格与利率高度负相关时,远期价格要高于期货价格.

(3) 当期货与远期的有效期较短时,两者的理论价格一般差异不大.然而,随着有效期的增加,两者价格的差异逐渐显现.

(4) 受到税收、交易费用、保险金等因素的影响,远期价格与期货价格通常不一样.

期货与远期尽管存在以上关系,但是在大多数情况下,假定远期价格和期货价格相等是合理的.因此,远期定价仍然适用于期货定价.

2.2.2 金融期货

金融期货是指协议双方约定在将来某个交易日按照约定的条件(包括价格、交割地点、交割方式)买入或者卖出一定标准数量某种金融资产的协议.按照标的资产来划分,金融期货又可分为外汇期货、股指期货和利率期货等.

1. 外汇期货

外汇期货是以汇率为标的资产的期货.我们用 S 表示以美元表示的 1 单位外汇的即期价格,K 是期货的交割价格,r_f 是外汇的无风险利率(外汇持有者能够获得货币发行国的无风险利率),则外汇期货的价值和价格可通过构造下面两个组合给出:

组合 A:一个价值为 f 的期货多头加上金额为 $Ke^{-r(T-t)}$ 的现金;

组合 B:一笔金额为 $e^{-r_f(T-t)}$ 的外汇.

上述两个组合在到期日 T 都将等于 1 单位的外汇,所以在任意时刻 t 两者的价值应该相等,即

$$f + Ke^{-r(T-t)} = Se^{-r_f(T-t)}$$

或

$$f = Se^{-r_f(T-t)} - Ke^{-r(T-t)}. \tag{2.2.1}$$

期货的价格 F 就是使得上式中 $f=0$ 时的 K 值,因而有

$$F = Se^{(r-r_f)(T-t)}. \tag{2.2.2}$$

分析:式(2.2.1)和式(2.2.2)包含"−(减)"、"∗(乘)"和指数运算,故可参照相关程序

来实现.

程序 2.2.1 外汇期货定价.

```
#include <math.h>
#include <iostream.h>

// 外汇期货价值;
double futures_value_for_foreign_exchange (const double &S,   // 标的资产价格;
                                           const double &r,   // 本国利率;
                                           const double &K,   // 交割价格;
                                           const double &rf,  // 外汇无风险利率;
                                           const double &time_to_maturity)
                                                              // 权利期间;
{
    return S * exp(-rf * time_to_maturity) - K * exp(-r * time_to_maturity);
}

// 外汇期货价格;
double futures_price_for_foreign_exchange (const double &S,   // 标的资产价格;
                                           const double &r,   // 本国利率;
                                           const double &rf,  // 外汇无风险利率;
                                           const double &time_to_maturity)
                                                              // 权利期间;
{
    return S * exp((r - rf) * time_to_maturity);
}
```

例 2.2.1 考虑一外汇期货,其标的资产价格是 \$100,交割价格是 \$99,本国无风险年利率是 10%,外汇的无风险年利率是 0.2%,到期时间是 6 个月.试计算该外汇期货的价格.

解 这里 $S=100, K=99, r=0.1, r_f=0.002, T-t=0.5$. 由式(2.2.1)和(2.2.2),外汇期货的价值为

$$f = Se^{-r_f(T-t)} - Ke^{-r(T-t)} = 100e^{-0.002\times 0.5} - 99e^{-0.1\times 0.5},$$

外汇期货的价格为

$$F = Se^{(r-r_f)(T-t)} = 100e^{(0.1-0.002)\times 0.5}.$$

```
// 程序调用;
void main()
{
    double S = 100;
    double K = 99;
    double r = 0.10;
```

```
    double rf = 0.002;
    double time_to_maturity = 0.5;
    cout<<"外汇期货价值: "
        <<futures_value_for_foreign_exchange(S,r,K,rf,time_to_maturity)<< endl;
    cout<<"外汇期货价格: "
        <<futures_price_for_foreign_exchange(S,r,rf,time_to_maturity)<< endl;
}
```

输出结果:

外汇期货价值: 5.72834

外汇期货价格: 105.022

2. 股指期货

股指期货是以某种股票价格指数为标的资产的期货合约. 股票价格指数可以看成是支付已知红利率的证券(这里证券是构成指数的股票组合),证券所付红利率就是该组合持有者所得到的红利率. 假设红利率是连续支付的,则股指期货的价格为

$$F = Se^{(r-q)(T-t)}, \qquad (2.2.3)$$

式中各字母的含义如下:

F: 股指期货的价格;

S: 指数现值;

q: 已知红利率;

r: 无风险利率;

$T-t$: 权利期间.

分析: 式(2.2.3)包含"*(乘)"和指数运算,故可参照相关程序来实现.

程序 2.2.2 股指期货价格.

```
#include<math.h>
#include<iostream.h>
double futures_price_for_stock_index (const double &S,   // 标的资产价格;
                                       const double &r,   // 利率;
                                       const double &q,   // 红利收益率;
                                       const double &time_to_maturity)
                                                          // 权利期间;
{
    return S * exp((r-q) * time_to_maturity);
}
```

例 2.2.2 考虑一个3个月期的股指期货. 假设用来计算指数的股票的红利率为每年3%,指数现值是400,连续复利的无风险利率是每年8%,试计算股指期货的理论价格.

解 这里 $S=400, r=0.08, q=0.03, T-t=0.25$。由 $F=Se^{(r-q)(T-t)}$，有
$$F = Se^{(r-q)(T-t)} = 400 \times e^{0.05 \times 0.25} = 405.03.$$

```
// 程序调用;
void main()
{
    double S = 400;
    double r = 0.08;
    double q = 0.03;
    double time_to_maturity = 0.25;
    cout<<"股指期货的价格："
        << futures_price_for_stock_index (S,r,q,time_to_maturity)<< endl;
}
```

输出结果：

股指期货的价格：405.03

3. 利率期货

利率期货是依赖于利率水平变化的期货. 最普遍的利率期货有中长期国债期货、短期国债期货和欧洲美元期货. 考虑到欧洲美元期货定价与短期国债期货定价类似, 所以这里仅讨论前两者的定价问题.

1) 中长期国债期货

中长期国债期货的标的资产是中长期国债. 中长期国债期货可以看成是其标的资产支付已知现金收益的期货, 故根据式(2.1.5), 中长期国债期货的价格为

$$F = (S-I)e^{r(T-t)}, \tag{2.2.4}$$

式中各字母的含义与式(2.1.5)相同.

分析：式(2.2.4)包含"-(减)"、"*(乘)"和指数运算. 如果在编写的程序中不包括已知现金收益现值的计算, 即将已知现金收益现值作为函数的输入参数, 实现起来十分简单.

程序 2.2.3 中长期国债期货定价.

```
#include <math.h>
#include <iostream.h>
using namespace std;
double futures_price_for_longterm_bond (const double &S,   // 标的资产价格；
                                        const double &I,   // 已知现金收益的现值；
                                        const double &r,   // 无风险利率；
                                        const double &time_to_maturity)
                                                           // 权利期间；
```

```
    return (S-I) * exp(r * time_to_maturity);
}
```

例 2.2.3 考虑一个中长期债券期货,标的资产价格是 $121.98,期货在有效期内的利息现值是 $5.803,无风险年利率是 10%,距离到期日时间是 2 年.试求该期货的价格.

解 这里 $S=121.98, I=5.803, r=0.1, T-t=2$. 由公式(2.2.4),有
$$F = (S-I)e^{r(T-t)} = (121.98 - 5.803) \times e^{0.1 \times 2}.$$

```
// 程序调用;
void main()
{
    double S = 121.98;
    double I = 5.803;
    double r = 0.1;
    double time_to_maturity = 2;
    cout<<"中长期国债期货的价格:"
        <<futures_price_for_longterm_bond(S,I,r,time_to_maturity)<< endl;
}
```

输出结果:
   中长期国债期货的价格:141.899

2) 短期国债期货

短期国债期货是以短期国债作为标的资产的期货.短期国债也称贴现债券,在其存在期间一般不支付利息,在到期日投资者收到债券的面值.短期国债期货涉及的概念较多(例如即期利率、远期利率等),但这些不是我们讨论的重点,我们关心的仅是短期国债期货的定价问题.假定现在是 0 时刻,期货的到期期限是 T 年,作为标的资产的短期国债的面值是 V_0,到期期限为 T'(T' 与 T 之间相差 90 天),无风险连续复利率分别为 r 和 r'.根据上述假设,短期国债面值 V_0 的现值是
$$V' = V_0 e^{-r'T'}.$$
短期国债不支付利息,所以根据式(2.1.2),该短期国债期货的价格为
$$F = V_0 e^{-r'T'} e^{rT}.$$
整理后,有结果
$$F = V_0 e^{rT - r'T'}. \tag{2.2.5}$$
若定义
$$\hat{r} = \frac{r'T' - rT}{T' - T},$$

则有
$$F = V_0 e^{-\hat{r}(T'-T)}, \tag{2.2.6}$$

式中 $\hat{r}$ 称做远期利率.

分析: 式(2.2.6)数学形式较为简单,程序实现起来也不难,但是在编写程序时比较麻烦. 原因之一是函数的输入参数较多,且将什么作为输入参数需要事先分析清楚.

程序 2.2.4 短期国债期货价格.

```
#include <math.h>
#include <iostream.h>
double futures_price_for_discount_instrument (const double &V,
                                // 短期国债面值;
                                const double &r1,
                                // 无风险利率1;
                                const double &r2,
                                // 无风险利率2;
                                const double &time_to_maturity1,
                                // 期货到期日;
                                const double &time_to_maturity2,
                                // 短期国债到期日;
                                const double &time_to_maturity)
                                // 短期国债到期日与期货到期日之差
{
    double r = (r1 * time_to_maturity1 - r2 * time_to_maturity2)/time_to_maturity;
    return  V * exp( - r * time_to_maturity/365);
}
```

例 2.2.4 假设 140 天期的年利率是 8%,230 天期的年利率是 8.25%,两者都使用连续复利,试求 140 天期、面值是 \$100 的短期国债期货的价格.

解 在这里,$T' = 230, r' = 0.0825, T = 140, r = 0.08, V = 100$,故有
$$\hat{r} = \frac{r'T' - rT}{T' - T} = \frac{0.0825 \times 230 - 0.08 \times 140}{230 - 140},$$
$$F = V e^{-\hat{r}(T'-T)} = 100 e^{-\hat{r}[(230-140)/365]}.$$

```
// 程序调用;
void main()
{
    double V = 100;
    double r1 = 0.0825;
    double time_to_maturity1 = 230;
```

```
    double r2 = 0.08;
    double time_to_maturity2 = 140;
    double time_to_maturity = 90;
    cout<<"短期国债期货的价格："
        <<(futures_price_for_discount_instrument(V,r1,r2,time_to_maturity1,
                    time_to_maturity2,time_to_maturity)<< endl;
}
```

输出结果：

短期国债期货的价格：97.8924

至此,我们在远期定价的基础上给出了几种常见期货的定价. 由于在大多数情况下假定远期价格和期货价格相等是合理的. 因此, 远期定价的理论和方法仍然适用于期货, 远期定价的程序同样也适用于期货定价.

§2.3 金融互换

金融互换(financial swaps)是两个或者两个以上当事人按照商定的条件在约定的时间交换一系列现金流的合约. 最常见的金融互换是利率互换和货币互换.

2.3.1 利率互换

利率互换是双方同意在未来的一定时间内根据同种货币约定的名义本金交换利息的合约. 其中, 一方的现金流根据浮动利率计息, 另一方的现金流根据固定利率计息. 利率互换定价有两种方法: 一种是将利率互换看成是债券多头与债券空头的组合; 另一种是将利率互换看成是一系列远期的组合. 我们仅讨论第一种利率互换的定价方法.

考虑一家公司与一家金融机构之间的互换. 我们可以把这种互换看成是金融机构出售给该公司一定数额的浮动利率债券, 同时从该公司购买同等数额的固定利率债券的行为. 假设现在是 0 时刻, 金融机构在未来的 $t_i(1 < i < n)$ 时刻收取的固定收入为 k, 同时以浮动利率支付.

在没有违约的条件下, 利率互换可以理解为一种债券多头与另一种债券空头的组合, 故利率互换的价值 V 为

$$V = B_1 - B_2, \qquad (2.3.1)$$

式中 B_1 是在互换中固定利率债券的价值, B_2 是在互换中浮动利率债券的价值. B_1 可由连续复利下债券的定价公式求得. 假设固定利率债券的利息支付时间为 $t_i(1 < i < T, T$ 为债券的到期时间), 对应的贴现率是 r_i, 则 B_1 的价值为

$$B_1 = \sum_{i=1}^{T} k e^{-r_i t_i} + Q e^{-r_T T} = \sum_{i=1}^{T} k' e^{-r_i t_i}, \qquad (2.3.2)$$

式中 k 为支付的固定利息，Q 为名义本金，k' 为包括利息与名义本金在内的现金流，当 $i<T$ 时，$k'=k$；当 $i=T$ 时，$k'=k+Q$.

为了计算 B_2，注意到债券在付息后等于其面值 Q. 假定下一次互换现金流的时间为 t^* 时刻，在 t^* 时刻支付的浮动利息是 k^*. 在支付利息之后的一刹那 $B_2=Q+k^*$. 所以，浮动利率债券可看做是在 t^* 时刻提供单一现金流的金融资产，对这一现金流用贴现率 r^* 进行贴现，即可得出浮动利率债券的现值为

$$B_2 = Qe^{-r^* t^*} + k^* e^{-r^* t^*} = (Q+k^*)e^{-r^* t^*}. \qquad (2.3.3)$$

分析：式(2.3.1)是式(2.3.2)和式(2.3.3)运算的综合，包含"+（加）"、"-（减）"、"*（乘）"、累计求和与指数运算. 但是，有了前面的编程基础，该式实现起来并不难. 注意：该式输入参数较多，故究竟选择哪些为输入参数需要事先考虑清楚.

程序 2.3.1 债券组合互换.

```cpp
#include <math.h>
#include <vector>
#include <iostream.h>
using namespace std;
double swap_pricing_bonds_portfolio (const vector<double> &times,
                                     // 固定利率债券现金流发生时间；
                                     const vector<double> &cashflows,
                                     // 固定利率债券利息或利息加面值；
                                     const vector<double> &r,
                                     // 固定利率债券贴现率；
                                     const double &Q, // 浮动利率债券面值加浮动利息；
                                     const double &floating_rate,
                                     // 浮定利率债券贴现率；
                                     const double &time)
                                     // 浮动利率发生的时间；
{
    double B1 = 0.0;
    double B2 = 0.0;
    for (int t = 0.25; t<times.size(); t++)
    {
        B1 += cashflows[t]/exp(r[t] * times[t]);
    }
    B2 = Q/exp(floating_rate * time);
    return B2 - B1;
}
```

例 2.3.1 假设按照某利率互换条款，一家金融机构同意支付 6 个月期 LIBOR（伦敦同业拆借利率），收取每年 8%（半年复利）的利息，名义本金为 1 亿美元. 该互换还有 1.25 年时间到期. 按照连续复利计算的 3 个月、6 个月和 15 个月的相关贴现率分别是 10.0%,10.5% 和 11.0%. 上一支付日所对应的 LIBOR 为 10.2%（半年复利）. 试计算该互换的价值.

解 在这里，$k=4, k^*=0.5\times 0.102\times 100=5.1, Q=100, r_1=0.1, r_2=0.105, r_3=0.11$，则有

$$B_1 = \sum_{i=1}^{T} k e^{-r_i t_i} + Q e^{-r_T T} = 4e^{-0.25\times 0.1} + 4e^{-0.75\times 0.105} + 104e^{-1.25\times 0.11},$$

$$B_2 = Q e^{-r^* t^*} + k^* e^{-r^* t^*} = (Q+k^*) e^{-r^* t^*} = (100+5.1) e^{-0.1\times 0.25},$$

该互换的价值 $V=B_1-B_2$.

```
// 程序调用;
void main()
{
    vector<double>times;
        times.push_back(0.25);
        times.push_back(0.75);
        times.push_back(1.25);
    vector<double>cashflows;
        cashflows.push_back(4);
        cashflows.push_back(4);
        cashflows.push_back(104);
    vector<double> r;
        r.push_back(0.1);
        r.push_back(0.105);
        r.push_back(0.11);
    double Q = 105.1;
    double floating_rate = 0.1;
    double time = 0.25;
    cout<<"利率互换的价值："<<swap_pricing_bonds_portfolio
                        (times, cashflows, r, Q, floating_rate, time)<<endl;
}
```

输出结果：
    利率互换的价值：4.26718

2.3.2 货币互换

货币互换是将一种货币的本金和固定利息与另一种货币的等价本金和固定利息进行交

换的合约. 与利率互换类似,在没有违约风险时,货币互换可以分解为两种债券的组合.

如果我们定义 V_{swap} 为收入美元并支付外币的货币互换价值,则有

$$V_{swap} = B_D - S_0 B_F, \tag{2.3.4}$$

式中 B_F 为互换中外汇现金流所对应的债券,并以外币计量的价值,B_D 为互换中本国货币的现金流所对应的债券,并以美元计量的债券,S_0 为即期利率(1 单位外币对应的美元数量).

类似地,收入外币并同时支付美元的货币互换价值为

$$V_{swap} = S_0 B_F - B_D. \tag{2.3.5}$$

分析:式(2.3.4)或者式(2.3.5)形式非常简单,但是每个字母背后都包含累计求和运算,故编写程序还是较为复杂的.

程序 2.3.2 货币互换.

```cpp
#include<math.h>
#include<vector>
#include<iostream.h>

using namespace std;
double currency_swap_pricing (const double &S,         // 即期汇率;
                              const vector<double> &times,
                                                       // 本币-外币债券现金流发生时间;
                              const vector<double> &cflows1,  // 外币现金流;
                              const vector<double> &cflows2,  // 本币现金流;
                              const double &y1,        // 本币贴现率;
                              const double &y2)        // 外币贴现率;
{
    double Bf = 0.0;
    double Bd = 0.0;
    for(int i = 0;i< times.size();i++)
    {
        Bf += cflows1[i] * exp(-y1 * times[i]);
        Bd += cflows2[i] * exp(-y2 * times[i]);
    }
    return S * Bf - Bd;
}
```

例 2.3.2 假设日元和美元的利率期限结构都是平直的(平直指收益率与期限之间的关系是水平的,即无论期限如何变化,其收益率都是不变的). 日元年利率为 4%,美元年利率为 9%(都用连续复利表示). 一家金融机构进行货币互换,它每年以日元收取年利率为 5% 的利息,以美元支付年利率为 8% 的利息,以两种货币表示的本金分别为 120000 万日元和 1000

万美元,互换将持续 3 年,现在的汇率为 1 美元＝110 日元,试求支付美元收取日元的互换价值 V_{swap}.

解 在这里, $y_1=0.04, y_2=0.09, r_1=0.05, r_2=0.08, Q_1=1200, Q_2=10, t_1=1, t_2=2, t_3=3, S_0=1/110$. 所以,有

$$\begin{aligned}
B_F &= \sum_{i=1}^{3} r_1 Q_1 e^{-y_1 t_i} + Q_1 e^{-y_1 t_3} \\
&= r_1 Q_1 e^{-y_1 t_1} + r_1 Q_1 e^{-y_1 t_2} + r_1 Q_1 e^{-y_1 t_3} + Q_1 e^{-y_1 t_3} \\
&= 0.05 \times 1200(e^{-0.04} + e^{-0.04 \times 2} + e^{-0.04 \times 3}) + 1200 e^{-0.04 \times 3} \\
&= 60 \times (e^{-0.04} + e^{-0.04 \times 2}) + 1260 e^{-0.04 \times 3}
\end{aligned}$$

$$\begin{aligned}
B_D &= \sum_{i=1}^{3} r_2 Q_2 e^{-y_2 t_i} + Q_2 e^{-y_2 t_3} \\
&= r_2 Q_2 (e^{-y_2 t_1} + e^{-y_2 t_2} + e^{-y_2 t_3}) + Q_2 e^{-y_2 t_3} \\
&= 0.8 \times (e^{-0.09} + e^{-0.09 \times 2} + e^{-0.09 \times 3}) + 10 e^{-0.09 \times 3} \\
&= 0.8(e^{-0.09} + e^{-0.09 \times 2}) + 10.8 e^{-0.09 \times 3}
\end{aligned}$$

$$V_{swap} = S_0 B_F - B_D.$$

```cpp
// 程序调用;
void main()
{
    double S = 1/110.0;
    vector<double> times;
        times.push_back(1);
        times.push_back(2);
        times.push_back(3);
    vector<double> cflows1;
        cflows1.push_back(60.0);
        cflows1.push_back(60.0);
        cflows1.push_back(1260.0);
    vector<double> cflows2;
        cflows2.push_back(0.8);
        cflows2.push_back(0.8);
        cflows2.push_back(10.8);
    double y1 = 0.04;
    double y2 = 0.09;
    cout<<"互换价值 = "
        <<currency_swap_pricing( S,times,cflows1,cflows2,y1,y2 )<<endl;
```

}

输出结果:

互换价值 = 1.543

换算后,互换价值是 154.3 万美元. 如果这个金融机构一直支付日元而收取美元,互换的价值就变成了 -154.3 万美元.

§2.4 本章小结

在本章,我们介绍了远期、期货和互换三种金融资产的定价. 其中,远期定价是最为基本,因此我们花了较大的篇幅介绍远期的概念和定价. 期货价格与远期价格之间有着紧密的联系. 在大多数情况下,认为远期价格和期货价格相等是合理的,所以远期定价的结论和计算程序仍然适用于期货定价. 互换定价有两种思路:一是将互换价值看成是两债券的价值之差;二是将互换分解成一系列远期,然后分别利用相关知识定价. 本节仅介绍了前一种定价方法,至于互换定价的远期方法,读者可参阅相关的书籍.

第 3 章 资产组合理论

资产组合理论是金融发展史上第一个获得诺贝尔经济学奖的金融理论.这个理论是由美国金融学家马克维茨(1952 年)最早提出的.它通过将影响投资决策的众多因素简化为风险和收益两个重要因素,求解了在风险一定的条件下预期收益率最大化问题,或者在预期收益率一定的条件下风险最小化问题.在同时满足上述两条件下,投资者就可以根据自己的风险偏好选择适合自己的资产组合.在本章,我们从介绍资产组合理论相关知识出发,分别介绍标准均值-方差模型和存在无风险资产的均值-方差模型,并给出相应的程序.

§3.1 资产组合的风险与收益

3.1.1 金融风险定义及种类

金融风险是指金融变量的各种可能值偏离其期望值的可能性及幅度.金融风险不仅包含损失的一面,还包含盈利的一面.一般来说,金融风险大的资产其收益率比风险小的资产的收益率高,故有收益与风险相当的说法.

金融风险一般可分为市场风险(market risk)、流动性风险(liquid risk)、信用风险(credit risk)、运营风险(operational risk)和法律风险(legal risk)等.

市场风险是指由于金融资产价格(包括利率、汇率、股票价格、债券价格、衍生证券价格等)波动所引起的未来损失的可能性.

信用风险又称违约风险,是指交易对象不能或者不愿履行合同约定条款而带来损失的可能性.信用风险还包括由于债务人信用评级降低,致使其债务的市场价格下降而造成的损失.所以,信用风险的大小主要取决于交易对象的财务状况和风险状况.

流动性风险是指对所持金融资产进行变现以及对金融交易的余额进行清算时所产生的风险.金融资产变现和金融交易清算的难易程度,称为流动性.变现和金融清算容易称流动性高;反之,则称流动性低.

运营风险是指由于金融机构的交易系统不完善、管理失误、控制失误、诈骗或者其他一些人为因素而导致的潜在损失.

法律风险是指在金融交易中因合同不健全、法律解释的差异以及交易对象是否具备正当的法律行为能力等法律方面的因素所形成的风险.

在资产组合理论中,一般将风险分为系统风险和非系统风险.系统风险是指由影响整个金融市场的风险因素所引起的、不能通过分散投资相互抵消或者削弱的风险.非系统风险是指一种与特定公司或者行业相关的风险,是可以通过分散投资抵消或者削弱的风险.

3.1.2 单个证券风险与收益的度量

度量风险与收益的方法很多,在资产组合理论中用期望度量收益,用标准差或者方差度量风险.

1. 两种计算收益率的数学表达式

对于单个证券,其收益率的实际值为

$$R_t = \frac{P_t - P_{t-1} + D_t}{P_{t-1}}, \tag{3.1.1}$$

或者可以表示为

$$R_t = \ln\left(\frac{P_t + D_t}{P_{t-1}}\right), \tag{3.1.2}$$

式中各符号的含义如下:

R_t:第 t 期的收益率;

P_t:第 t 期的证券价格;

P_{t-1}:第 $t-1$ 期的证券价格;

D_t:第 t 期的红利或者利息收入.

在上述两公式中,前者是单利收益率,后者是复利收益率,两者的数值相差一个高阶无穷小,即

$$\begin{aligned} R_t &= \ln\left(\frac{P_t + D_t}{P_{t-1}}\right) = \ln\left(1 + \frac{P_t - P_{t-1} + D_t}{P_{t-1}}\right) \\ &= \frac{P_t - P_{t-1} + D_t}{P_{t-1}} + o\left(\frac{P_t - P_{t-1} + D_t}{P_{t-1}}\right) \approx \frac{P_t - P_{t-1} + D_t}{P_{t-1}}, \end{aligned}$$

其中 $o(\cdot)$ 表示高阶无穷小量.

2. 证券收益和风险的度量

一般来说,证券的收益是不能预先知道的.投资者只能估计各种可能发生的结果以及每一种结果发生的概率,所以证券的收益通常用收益率的期望值 $E(R)$ 表示:

$$E(R) = \sum_{i=1}^{n} R_i p_i, \tag{3.1.3}$$

其中 $R_i(i=1,2,\cdots,n)$ 表示有可能出现的收益率,p_i 表示获得收益率 R_i 的概率.它反映了投资者对未来收益水平的总体预期,称为预期收益率.显然,未来实际收益率与预期收益率是有偏差的.

如果投资者以预期收益率为依据进行决策,就有实现不了预期收益率的可能.这种未来实际收益率与预期收益率的偏离,就是收益率的方差或标准差,即

$$\sigma^2 = \sum_{i=1}^{n}(R_i - \mathrm{E}(R))^2 p_i \quad \text{或} \quad \sigma = \sqrt{\sum_{i=1}^{n}(R_i - \mathrm{E}(R))^2 p_i}. \tag{3.1.4}$$

一般来说,方差或标准差越大,风险也就越大.因此,有时,我们直接把方差或者标准差叫做风险.

3. 预期收益率和方差的估计

假设收益率分布不变,则实际收益率为来自同一分布的抽样样本,故可以用样本均值和样本方差来估计预期收益率和方差.

我们假设有一组收益率的时间序列数据 $R_t(t=1,2,\cdots,n)$,则预期收益率和方差分别由下面两式估计:

$$\bar{R} \approx \frac{1}{n}\sum_{t=1}^{n} R_t, \tag{3.1.5}$$

$$\sigma^2 \approx \frac{1}{n-1}\sum_{t=1}^{n}(R_t - \bar{R})^2. \tag{3.1.6}$$

一般来说,认为收益率分布长时间保持不变是不合理的,所以在实际估计预期收益率和方差的时候,要做适当的调整.例如,将算术平均值改为加权平均值,让离现在较近时间的权重大,离现在较远时间的权重小.

分析:式(3.1.5)和式(3.1.6)包含"－(减)、"/(除)"与累计求和运算,故可参照相关程序来实现.注意:在函数体中使用 for 语句实现循环计算的时候,循环次数多少要根据具体情况而定.

程序 3.1.1 样本均值和方差.

```cpp
double average(const vector<double> &data_amounts,
               const vector<double> &data_times)
{
    vector<double>yield(data_times.size());
    int i;
    double sum = 0.0;
    for (i = 1;i<data_times.size();i++)
    {
        yield[i] = ( data_amounts[i] - data_amounts[i-1])/data_amounts[i-1];
        sum += yield[i];
    }
    double average = sum/(data_times.size()-1);
    return average;
}
```

```
double variance(const vector<double> &data_amount,
                const vector<double> &data_times)
{
    vector<double>yield(data_times.size());
    int i;
    double sum_1 = 0.0;
    double sum_2 = 0.0;
    for (i = 1;i<data_times.size();i++)
    {
        yield[i] = (data_amount[i] - data_amount[i-1])/data_amount[i-1];
        sum_1 + = yield[i];
    }
    double average = sum_1/(data_times.size() - 1);
    for (i = 1;i<data_times.size();i++)
    {
        yield[i] = (data_amount[i] - data_amount[i-1])/data_amount[i-1];
        sum_2 + = (yield[i] - average) * (yield[i] - average);
    }
    double var = sum_2/(data_times.size() - 2);
    return var;
}
```

例 3.1.1 假设有一组股票价格时间序列数据:

价格	6.24	6.25	6.47	6.76	7.01	6.76	6.47	6.45	6.56	7.22
时间	0	1	2	3	4	5	6	7	8	9

试求该股票的预期收益率的期望和方差.

解 我们用 $P_0, P_1, \cdots, P_9$ 表示这组价格数据,则股票的实际收益率分别为:

$$R_1 = \frac{P_1 - P_0}{P_0} = \frac{6.25 - 6.24}{6.24},$$

$$R_2 = \frac{P_2 - P_1}{P_1} = \frac{6.47 - 6.25}{6.25},$$

$$\cdots\cdots\cdots$$

$$R_9 = \frac{7.22 - 6.56}{6.56}.$$

该股票的预期收益率期望和方差分别为

$$\bar{R} \approx \frac{1}{n}\sum_{t=1}^{n}R_t = \frac{1}{9}(R_1 + R_2 + \cdots + R_9) = \frac{1}{9}(R_1 + R_2 + \cdots + R_9),$$

$$\sigma^2 \approx \frac{1}{n-1}\sum_{t=1}^{n}(R_t-\bar{R})^2 = \frac{1}{8}\left[(R_1-\bar{R})^2+(R_2-\bar{R})^2+\cdots+(R_9-\bar{R})^2\right].$$

```cpp
// 程序调用；
void main()
{
    vector<double>data_amounts;
        data_amounts.push_back(6.24);    // data_amounts[0] = 6.24
        data_amounts.push_back(6.25);
        data_amounts.push_back(6.47);
        data_amounts.push_back(6.76);
        data_amounts.push_back(7.01);
        data_amounts.push_back(6.76);
        data_amounts.push_back(6.47);
        data_amounts.push_back(6.45);
        data_amounts.push_back(6.56);
        data_amounts.push_back(7.22);
    vector<double>data_times;
        data_times.push_back(0);
        data_times.push_back(1);
        data_times.push_back(2);
        data_times.push_back(3);
        data_times.push_back(4);
        data_times.push_back(5);
        data_times.push_back(6);
        data_times.push_back(7);
        data_times.push_back(8);
        data_times.push_back(9);
    cout<<"期望："<< average(data_amounts, data_times)<<endl;
    cout<<"方差："<< variance(data_amounts, data_times)<<endl;
}
```

输出结果：

期望：0.0171797

方差：0.0019371

3.1.3 证券之间的关联性

一般来说，证券之间普遍存在着一定的关联性．一种证券价格的变化经常引起另外一种证券价格的变化,因而这种关联性证券组合的风险和收益的计算要比单个证券复杂得多.

1. 证券之间关联性的度量——协方差和相关系数

资产组合理论在描述证券之间的关联性时使用了统计学中的协方差和相关系数的知识. 证券 A 和证券 B 的协方差为

$$\text{cov}(R_A, R_B) = \sum_{i=1}^{m}\sum_{j=1}^{n}(R_{Ai} - E(R_A))(R_{Bi} - E(R_B))P_{ij}, \tag{3.1.7}$$

协方差度量了两个证券之间的协同变化. 然而,应该注意的是,协方差的大小并不能直接反应证券之间的关联关系.

为了度量关联程度,需对上面的协方差进行标准化. 这种经过标准化后的协方差就是两个证券之间的相关系数 ρ_{AB},即

$$\rho_{AB} = \frac{\text{cov}(R_A, R_B)}{\sigma_A \sigma_B}, \tag{3.1.8}$$

式中 σ_A 为证券 A 价格的标准差,σ_B 为证券 B 价格的标准差.

2. 证券之间的协方差和相关系数的估计

假设两种证券之间的相关系数保持不变,则可由历史数据估算协方差和相关系数. 由统计学的知识,证券 A 和证券 B 之间收益率协方差和相关系数可由样本协方差和样本相关系数估计,即

$$\text{cov}(R_A, R_B) \approx \frac{1}{n-1}\sum_{i=1}^{n}(R_{Ai} - \bar{R}_A)(R_{Bi} - \bar{R}_B), \tag{3.1.9}$$

$$\rho_{AB} = \frac{\text{cov}(R_A, R_B)}{\sigma_A \sigma_B}, \tag{3.1.10}$$

式中 R_{Ai} 和 R_{Bi} 分别为证券 A 和证券 B 的收益率在时间 i 的实际值(样本值). 相关系数 ρ_{AB} 的取值范围在 -1 和 $+1$ 之间,至于相关系数对资产组合风险到底有什么影响,后面将专门进行介绍.

3.1.4 资产组合风险与收益的度量

1. 两证券组合收益的度量

假设有 A 和 B 两个证券,对它们的投资比例分别为 w_A 和 w_B,$w_A + w_B = 1$,期末两证券的收益率分别是 R_A 和 R_B,则该资产组合的收益率为

$$R_p = w_A R_A + w_B R_B \tag{3.1.11}$$

式中 w_A 和 w_B 可以大于零,也可以小于零. 例如,当 w_A 小于零时,则表示组合的投资者卖空了该证券 A,并将所得收益连同原有资金买入证券 B.

R_{At} 和 R_{Bt} 是随机变量,它们的预期收益率是 $E(R_A)$ 和 $E(R_B)$,则资产组合的预期收益率为

$$\mathrm{E}(R_p) = w_\mathrm{A}\mathrm{E}(R_\mathrm{A}) + w_\mathrm{B}\mathrm{E}(R_\mathrm{B}). \tag{3.1.12}$$

2. 两证券组合风险的度量

两证券组合收益率的方差除了与证券 A 和证券 B 的期望收益率和收益率方差有关之外,还与两证券之间收益率的协方差 $\mathrm{cov}(R_\mathrm{A},R_\mathrm{B})$ 或相关系数 ρ_AB 有关,即

$$\sigma_p^2 = w_\mathrm{A}^2\sigma_\mathrm{A}^2 + w_\mathrm{B}^2\sigma_\mathrm{B}^2 + 2w_\mathrm{A}w_\mathrm{B}\mathrm{cov}(R_\mathrm{A},R_\mathrm{B}), \tag{3.1.13}$$

$$\sigma_p^2 = w_\mathrm{A}^2\sigma_\mathrm{A}^2 + w_\mathrm{B}^2\sigma_\mathrm{B}^2 + 2w_\mathrm{A}w_\mathrm{B}\rho_\mathrm{AB}\sigma_\mathrm{A}\sigma_\mathrm{B}. \tag{3.1.14}$$

我们由式(3.1.11)和(3.1.12)可知,选择不同的权数就可得到不同的资产组合,从而得到不同的期望收益率和方差.

由式(3.1.12),在其他量不变的情况下,相关系数 ρ_AB 不同,资产组合的风险也不同. 具体分为三种情况:

情况 1:证券 A 和证券 B 是完全正相关的,即 $\rho_\mathrm{AB}=1$. 这时有如下结果:

$$\mathrm{E}(R_p) = w_\mathrm{A}\mathrm{E}(R_\mathrm{A}) + w_\mathrm{B}\mathrm{E}(R_\mathrm{B}),$$

$$\sigma_p^2 = w_\mathrm{A}^2\sigma_\mathrm{A}^2 + w_\mathrm{B}^2\sigma_\mathrm{B}^2 + 2w_\mathrm{A}w_\mathrm{B}\sigma_\mathrm{A}\sigma_\mathrm{B} = (w_\mathrm{A}\sigma_\mathrm{A} + w_\mathrm{B}\sigma_\mathrm{B})^2.$$

情况 2:证券 A 和证券 B 是完全负相关的,即 $\rho_\mathrm{AB}=-1$. 这时有如下结果:

$$\mathrm{E}(R_p) = w_\mathrm{A}\mathrm{E}(R_\mathrm{A}) + w_\mathrm{B}\mathrm{E}(R_\mathrm{B}),$$

$$\sigma_p^2 = w_\mathrm{A}^2\sigma_\mathrm{A}^2 + w_\mathrm{B}^2\sigma_\mathrm{B}^2 - 2w_\mathrm{A}w_\mathrm{B}\sigma_\mathrm{A}\sigma_\mathrm{B} = (w_\mathrm{A}\sigma_\mathrm{A} - w_\mathrm{B}\sigma_\mathrm{B})^2.$$

情况 3:证券 A 和证券 B 是不完全相关的,即 $-1<\rho_\mathrm{AB}<1$. 这时式(3.1.13)不能简化.

3. 多证券组合的风险和收益的度量

假设有 N 个证券,它们的预期收益率和方差已知,则这 N 个证券组合的预期收益率为

$$\mathrm{E}(R_p) = \sum_{i=1}^{N} w_i \mathrm{E}(R_i), \tag{3.1.15}$$

方差为

$$\sigma_p^2 = \begin{bmatrix} w_1 & w_2 & \cdots & w_n \end{bmatrix} \begin{bmatrix} \sigma_{11} & \sigma_{12} & \cdots & \sigma_{1n} \\ \sigma_{21} & \sigma_{22} & \cdots & \sigma_{2n} \\ \vdots & \vdots & & \vdots \\ \sigma_{n1} & \sigma_{n2} & \cdots & \sigma_{nn} \end{bmatrix} \begin{bmatrix} w_1 \\ w_2 \\ \vdots \\ w_n \end{bmatrix}, \tag{3.1.16}$$

式中,w_i 为投资在第 i 个证券上的投资比例,σ_{ij} 是第 i 个证券与第 j 个证券之间的协方差. 式 3.1.16 还可写成如下简单形式:

$$\sigma_p^2 = \boldsymbol{w}^\mathrm{T}\boldsymbol{V}\boldsymbol{w}, \tag{3.1.17}$$

其中

$$\boldsymbol{w} = \begin{bmatrix} w_1 \\ w_2 \\ \vdots \\ w_n \end{bmatrix}, \quad \boldsymbol{V} = \begin{bmatrix} \sigma_{11} & \sigma_{12} & \cdots & \sigma_{1n} \\ \sigma_{21} & \sigma_{22} & \cdots & \sigma_{2n} \\ \vdots & \vdots & & \vdots \\ \sigma_{n1} & \sigma_{n2} & \cdots & \sigma_{nn} \end{bmatrix},$$

它们分别称为**权重向量**和**协方差矩阵**.

分析:式(3.1.17)是一个矩阵运算,数学形式虽然简单,但处理起来很复杂.解决这类的办法是使用现成的矩阵类库.现成的矩阵类库很多,这里选用"newmat"矩阵类库.使用的方法是:(1) 将矩阵类库"newmat"中包含的相关函数程序存放在一个文件夹中;(2) 在程序的开头部分用指令"include"嵌入头文件"newmat.h";(3) 在函数体中按照该矩阵类库的规则编写程序.

程序 3.1.2 组合方差.

```
# include "lib\newmat.h"    // newmat 库函数
# include <iostream>
using namespace std;
double investment_portfolio_variance (const Matrix &V, const  Matrix &w)
{
    Matrix temp = w.t() * V * w;
    return temp.element(0,0);
}
```

例 3.1.2 某资产组合的权重向量为 $w^T = [0.05 \quad 0.1]^T$,协方差矩阵为 $V = \begin{bmatrix} 1 & 0 \\ 0 & 1 \end{bmatrix}$,试求该资产组合的方差.

解 在本例中,权重向量和协方差矩阵已知,因此利用式(3.1.16),资产组合的方差为:

$$\sigma_p^2 = w^T V w$$

$$= \begin{bmatrix} w_1 & w_2 & \cdots & w_n \end{bmatrix} \begin{bmatrix} \sigma_{11} & \sigma_{12} & \cdots & \sigma_{1n} \\ \sigma_{21} & \sigma_{22} & \cdots & \sigma_{2n} \\ \vdots & \vdots & \vdots & \vdots \\ \sigma_{n1} & \sigma_{n2} & \cdots & \sigma_{nn} \end{bmatrix} \begin{bmatrix} w_1 \\ w_2 \\ \vdots \\ w_n \end{bmatrix}$$

$$= \begin{bmatrix} 0.05 & 0.1 \end{bmatrix} \begin{bmatrix} 1 & 0 \\ 0 & 1 \end{bmatrix} \begin{bmatrix} 0.05 \\ 0.1 \end{bmatrix}.$$

```
// 程序调用;
void main()
{
    Matrix e(2,1);    // 权重矩阵;
    e.element(0,0) = 0.05;
    e.element(1,0) = 0.1;

    Matrix V(2,2);    // 协方差矩阵;
```

```
        V.element(0,0) = 1.0;
        V.element(1,0) = 0.0;
        V.element(0,1) = 0.0;
        V.element(1,1) = 1.0;
        cout<<"方差："<<investment_portfolio_variance(V,w)<<endl;
}
```

输出结果：

  方差：0.0125

3.1.5 资产组合与风险分散

由式(3.1.16)可知,资产组合的风险不仅取决于每个证券自身的风险,还取决于证券之间的关联性(用协方差或者相关系数表示).

在两只证券构成的资产组合中,资产组合的风险为
$$\sigma_p^2 = w_1^2\sigma_1^2 + w_2^2\sigma_2^2 + 2w_1w_2\rho_{12}\sigma_1\sigma_2,$$
其中相关系数 ρ_{12} 的取值在 -1 和 $+1$ 之间.当 $-1 \leqslant \rho_{12} < 0$ 时,通过组合投资可以降低风险;当 $0 \leqslant \rho_{12} \leqslant 1$ 时,通过资产组合不能分散风险.因此,要分散风险,必须保证组合中的证券负相关.

通过选择负相关证券可以分散的风险是非系统风险.从理论上讲,当资产组合中包含了足够多的相关系数为负的证券时,非系统风险可以消除掉.如图 3.1.1 所示,坐标的横轴表示资产组合中资产的数目,纵轴表示资产组合风险.资产组合的总风险等于系统风险加上非系统风险.当资产组合中负相关性资产达到一定数量之后,非系统风险趋近于零,剩下的仅仅是系统风险.

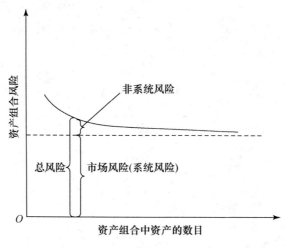

图 3.1.1

§3.2 均值-方差模型的相关概念

均值-方差模型包括标准均值-方差模型及其拓展模型. 这些模型是本章以后几节将要介绍的主要内容. 本节仅介绍均值-方差模型中将要用到的一些概念, 包括资产组合的可行集、资产组合的有效集、最优资产组合等.

3.2.1 资产组合的可行集

选择每个证券的投资比例, 就确定了一个资产组合, 在预期收益率 $E(R_p)$ 与方差 σ_p 构成的坐标平面 $E(R_p)$-σ_p 上就确定了一个点. 因此, 每个资产组合对应着 $E(R_p)$-σ_p 坐标平面上的一个点; 反之, $E(R_p)$-σ_p 坐标平面上的一个点对应着某个特定的资产组合. 如果投资者选择了所有可能的投资比例, 则这些众多的资产组合点将在 $E(R_p)$-σ_p 坐标平面上构成一个区域. 这个区域称为资产组合的**可行集**或**可行域**. 简而言之, 可行集是实际投资中所有可能的集合. 也就是说, 所有可能的组合将位于可行集的边界和内部.

一般来说, 可行集的形状像伞形, 如图 3.2.1 中曲线所包围的区域 $ANBH$. 实际上, 由于各种证券特性的千差万别, 可行集的位置可能比图 3.2.1 更左、更右、更高、更低, 但是它们的基本形状大致如此.

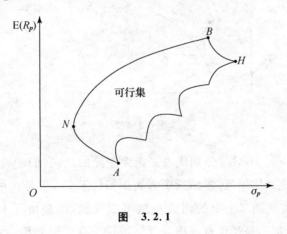

图 3.2.1

3.2.2 有效边界和有效组合

1. 有效边界的定义

对于一个理性的投资者, 他们都是厌恶风险而偏好收益的. 在一定的收益下, 他们将选择风险最小的资产组合; 在一定的风险下, 他们将选择收益最大的资产组合. 同时满足这两个条件的资产组合的集合就是**有效集**, 又称**有效边界**. 位于有效边界上的资产组合为**有效**

组合.

2. 有效集的位置

有效集是可行集的一个子集.它是图 3.2.1 中介于 N,B 两点之间的可行集的上方边界上.这是因为,在图 3.2.1 中,如果过 N 点画一垂直线,则可行集都在这条线的右边.N 点所代表的组合称为全局最小方差组合.这条垂线离开 N 点向右移动,满足风险一定、收益最大的只能是 N、H 两点上方边界上的组合.同样,过 A 点做平行于横轴的直线并向上平行移动,满足收益一定,风险最小的只能是 A、B 两点左边边界上的组合.同时满足上述两条件的组合只能是介于 N、B 两点之间的可行集的上方边界.

3.2.3 最优资产组合的确定

在确定了有效集的形状之后,投资者就可以根据自己的无差异曲线选择效用最大化的资产组合.这个最优资产组合位于无差异曲线与有效集的相切点.

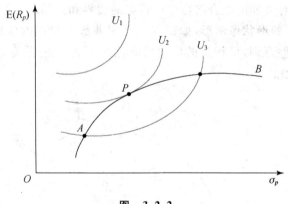

图 3.2.2

如图 3.2.2 所示,U_1,U_2,U_3 分别代表三条无差异曲线,它们的特点是下凸,其中 U_1 的效用水平最高,U_2 次之,U_3 最低.虽然投资者更加偏好于 U_1,但是在可行集中找不到这样的组合,因而是不可能实现的.U_3 上的组合虽然可以找到,但是由于 U_3 所代表的效用低于 U_2,所以 U_3 上的组合都不是最优资产组合.U_2 正好与有效边界相切,代表了可以实现的最高投资效用,因此 P 点所代表的组合就是最优资产组合.

§3.3 标准均值-方差模型

标准均值-方差模型是标准的资产组合理论模型,也就是马克维茨最初构建的模型.它讨论的是理性投资者如何在投资收益和风险两者之间进行权衡,以获得最优回报问题.这个问题是一个二次规划问题,分为等式约束和非等式约束两种. 在本节,我们仅讨论等式约束下的资产组合优化问题.

3.3.1 标准均值-方差模型的求解

在介绍资产组合理论之前,我们先引入下面概念.

定义 3.3.1 如果一个资产组合对确定的预期收益率有最小的方差,则称该资产组合为**最小方差资产组合**.

假设有 n 种风险资产,其收益率组成的向量记为 $\boldsymbol{R}(R_1, R_2, \cdots, R_n)^{\mathrm{T}}$,预期收益率矩阵为 $\mathrm{E}(R) = [\mathrm{E}(R_1), \mathrm{E}(R_2), \cdots, \mathrm{E}(R_n)]^{\mathrm{T}}$,每种风险资产的权重向量是 $\boldsymbol{w} = [w_1, w_2, \cdots, w_n]^{\mathrm{T}}$,协方差矩阵记为 $\boldsymbol{V} = [\sigma_{ij}]_{n \times n}$,特别记向量 $\boldsymbol{1} = [1, 1, \cdots, 1]^{\mathrm{T}}$,并假定协方差矩阵 $\boldsymbol{V} = [\sigma_{ij}]_{n \times n}$ 是非退化矩阵,$\mathrm{E}(\boldsymbol{R}) \neq k\boldsymbol{1}$($k$ 为任一常数). 相应地,该资产组合的收益率记为 $\mathrm{E}(R_p) = \boldsymbol{w}^{\mathrm{T}} \mathrm{E}(\boldsymbol{R})$,风险记为 $\sigma_p^2 = \boldsymbol{w}^{\mathrm{T}} \boldsymbol{V} \boldsymbol{w}$.

投资者的行为是:在一定的预期收益率 μ 下,选择资产组合使其风险最小. 这其实就是要求解如下形式的问题(称为标准均值-方差模型):

$$\min \quad \frac{1}{2}\sigma_p^2 = \frac{1}{2}\boldsymbol{w}^{\mathrm{T}}\boldsymbol{V}\boldsymbol{w}, \tag{3.3.1}$$

$$\text{s.t.} \quad \boldsymbol{1}^{\mathrm{T}}\boldsymbol{w} = 1,$$

$$\mathrm{E}(R_p) = \mathrm{E}(\boldsymbol{R})^{\mathrm{T}}\boldsymbol{w} \geqslant \mu.$$

这个问题可以分成等式约束问题和不等式约束问题. 在这里,我们只讨论等式约束问题的求解. 不等式约束下的最小方差资产组合问题求解相当困难,我们不在这里讨论,感兴趣的读者可登陆博客"http://blog.sina.com.cn/scifinance"一起来讨论.

等式约束下的最小方差资产组合问题为

$$\min \quad \frac{1}{2}\sigma_p^2 = \frac{1}{2}\boldsymbol{w}^{\mathrm{T}}\boldsymbol{V}\boldsymbol{w}, \tag{3.3.2}$$

$$\text{s.t.} \quad \boldsymbol{1}^{\mathrm{T}}\boldsymbol{w} = 1,$$

$$\mathrm{E}(R_p) = \mathrm{E}(\boldsymbol{R})^{\mathrm{T}}\boldsymbol{w} = \mu.$$

它可以用拉格朗日乘数法求解. 令

$$L = \frac{1}{2}\boldsymbol{w}^{\mathrm{T}}\boldsymbol{V}\boldsymbol{w} + \lambda_1(1 - \boldsymbol{w}^{\mathrm{T}}\boldsymbol{1}) + \lambda_2(\mu - \boldsymbol{w}^{\mathrm{T}}\mathrm{E}(\boldsymbol{R})), \tag{3.3.3}$$

则最优的一阶条件为

$$\begin{cases} L_w = \boldsymbol{V}\boldsymbol{w} - \lambda_2 \mathrm{E}(\boldsymbol{R}) - \lambda_1 \boldsymbol{1} = 0, \\ L_{\lambda_1} = 1 - \boldsymbol{1}^{\mathrm{T}}\boldsymbol{w} = 0, \\ L_{\lambda_2} = \mu - \mathrm{E}(\boldsymbol{R})^{\mathrm{T}}\boldsymbol{w} = \mu - \mathrm{E}(R_p) = 0. \end{cases} \tag{3.3.4}$$

因此,我们有最优解

$$w^* = V^{-1}(\lambda_1 \mathbf{1} + \lambda_2 E(\mathbf{R})). \tag{3.3.5}$$

由方程组(3.3.4)和式(3.3.5),有

$$1 = \lambda_1 \mathbf{1}^T V^{-1} \mathbf{1} + \lambda_2 \mathbf{1}^T V^{-1} E(\mathbf{R}) = \lambda_1 a + \lambda_2 b,$$
$$\mu = \lambda_1 E(\mathbf{R})^T V^{-1} \mathbf{1} + \lambda_2 E(\mathbf{R})^T V^{-1} E(\mathbf{R}) = \lambda_1 b + \lambda_2 c, \tag{3.3.6}$$

其中

$$a = \mathbf{1}^T V^{-1} \mathbf{1}, \quad b = \mathbf{1}^T V^{-1} E(\mathbf{R}), \quad c = E(\mathbf{R})^T V^{-1} E(\mathbf{R}).$$

显然,$a>0, c>0$. 由于已知 V 非退化及 $E(\mathbf{R}) \neq k\mathbf{1}$,应用柯西-许瓦兹(Cauchy-Schwarz)不等式,可以证明 $\Delta = ac - b^2$,从而方程(3.3.6)有解(如果 $E(\mathbf{R}) = k\mathbf{1}$,则 $\Delta = 0$,此时除 $\mu = k$ 外,方程无解). 解方程(3.3.6)得

$$\lambda_1 = (c - \mu b)/\Delta, \quad \lambda_2 = (\mu a - b)/\Delta. \tag{3.3.7}$$

将式(3.3.7)代入式(3.3.5),可得最小方差资产组合权重为

$$\begin{aligned}
w^* &= V^{-1}\left[\frac{(c-\mu b)\mathbf{1}}{\Delta} + \frac{(\mu a - b)E(\mathbf{R})}{\Delta}\right] \\
&= \frac{V^{-1}(c-\mu b)\mathbf{1}}{\Delta} + \frac{V^{-1}(\mu a - b)E(\mathbf{R})}{\Delta} \\
&= \frac{V^{-1}[c\mathbf{1} - bE(\mathbf{R})]}{\Delta} + \mu \frac{V^{-1}[aE(\mathbf{R}) - b\mathbf{1}]}{\Delta}.
\end{aligned} \tag{3.3.8}$$

将式(3.3.5)代入(3.3.2),并利用式(3.3.7),可得到最小方差资产组合的方差

$$\begin{aligned}
\sigma_p^2 &= w^T V w = w^T V(\lambda_1 V^{-1}\mathbf{1} + \lambda_2 V^{-1} E(\mathbf{R})) \\
&= \lambda_1 V^T \mathbf{1} + \lambda_2 V^T E(\mathbf{R}) = \lambda_1 + \lambda_2 \mu \\
&= (a\mu^2 - 2b\mu + c)/\Delta.
\end{aligned} \tag{3.3.9}$$

根据式(3.3.9)可知,最小方差资产组合在坐标平面 $E(R_p)$-σ_p^2 上表现为一条抛物线(见图 3.3.1);在标准差-均值坐标平面上是一条双曲线(见图 3.3.2).

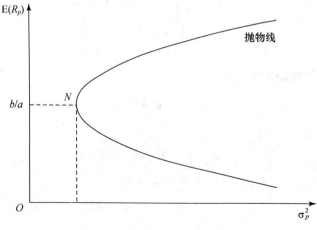

图 3.3.1

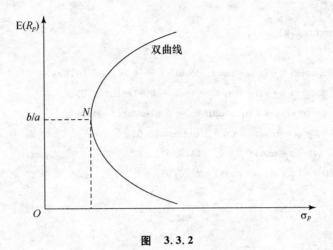

图 3.3.2

至此,我们得到描述最小方差资产组合的两个重要的量:

$$w^* = \frac{\mathbf{V}^{-1}[c\mathbf{1}-b\mathrm{E}(\mathbf{R})]}{\Delta} + \mu \frac{\mathbf{V}^{-1}[a\mathrm{E}(\mathbf{R})-b\mathbf{1}]}{\Delta},$$

$$\sigma_p^2 = (a\mu^2 - 2b\mu + c)/\Delta.$$

分析:式(3.3.8)用来计算最小方差组合的权重,式中包含 C++ 的基本运算:"+(加)"、"/(除)"和矩阵运算. 其中,矩阵运算包括:矩阵求逆、矩阵相乘、矩阵相加、矩阵相减. 该式的难点是矩阵运算,故解决办法与程序 3.1.2 类似.

程序 3.3.1 最小方差资产组合权重.

```cpp
# include "lib\newmat.h"
# include <iostream>
using namespace std;
ReturnMatrix weight_calculate_portfolio_given_mean_unconstrained (const Matrix &V,
                                                                   // 协方差矩阵;
                                                    const Matrix &e,
                                                                   // 收益率矩阵;
                                                    const double &u)
                                                                   // 预期收益率;
{
    int no_assets = e.Nrows();           // 收益率矩阵行数;
    Matrix ones = Matrix(no_assets,1);   // no_assets 行 1 列矩阵;
    Matrix Vinv = V.i();                 // 协方差矩阵求逆;
    for (int i = 0; i<no_assets; ++i)
```

```
    {
        ones.element(i,0) = 1;
    }
    Matrix A = ones.t() * Vinv * ones; double a = A.element(0,0);
    Matrix B = ones.t() * Vinv * e; double b = B.element(0,0);
    Matrix C = e.t() * Vinv * e; double c = C.element(0,0);
    Matrix D = A * C - B * B; double d = D.element(0,0);
    Matrix g = Vinv * (c * ones - b * e) * (1.0/d);
    Matrix h = Vinv * (a * e - b * ones) * (1.0/d);
    Matrix w = g + h * u;
    w.Release();
    return w;
}
```

分析：式(3.3.9)用来计算最小方差组合的方差,式中包含 C++ 基本运算和矩阵运算,解决的办法与程序 3.1.2 类似.

程序 3.3.2 最小方差.

```
ReturnMatrix var_calculate_portfolio_variance (const Matrix &V, // 协方差矩阵;
                                                const Matrix &e, // 收益率矩阵;
                                                const double &u) // 预期收益率;
{
    int no_assets = e.Nrows();           // 收益率矩阵行数;
    Matrix ones = Matrix(no_assets,1);   // no_assets 行,1 列单位矩阵;
    for (int i = 0; i<no_assets; ++i)
    {
        ones.element(i,0) = 1;
    }
    Matrix Vinv1 = V.i();                // 矩阵 V 的逆矩阵;
    Matrix A = ones.t() * Vinv1 * ones; double a = A.element(0,0);
    Matrix B = ones.t() * Vinv1 * e; double b = B.element(0,0);
    Matrix C = e.t() * Vinv1 * e; double c = C.element(0,0);
    Matrix D = A * C - B * B; double d = D.element(0,0);
    Matrix Var = (a * u * u - 2 * b * u + c) * D.i(); double var = Var.element(0,0);
    Var.Release();
    return Var;
}
```

例 3.3.1 考虑一个资产组合,其预期收益率矩阵为 $\mathrm{E}(\boldsymbol{R})=[0.05\ \ 0.1]^{\mathrm{T}}$,协方差矩阵是 $\boldsymbol{V}=\begin{bmatrix}1&0\\0&1\end{bmatrix}$,预期收益率 $\mu=0.075$.试求最小方差资产组合的权重和方差.

解 我们先计算下面各参数:

$$a = \mathbf{1}^{\mathrm{T}}\boldsymbol{V}^{-1}\mathbf{1} = \begin{bmatrix}1 & 1\end{bmatrix}\begin{bmatrix}1&0\\0&1\end{bmatrix}\begin{bmatrix}1\\1\end{bmatrix},$$

$$b = \mathbf{1}^{\mathrm{T}}\boldsymbol{V}^{-1}\mathrm{E}(\boldsymbol{R}) = \begin{bmatrix}1 & 1\end{bmatrix}\begin{bmatrix}1&0\\0&1\end{bmatrix}\begin{bmatrix}0.2\\0.5\end{bmatrix},$$

$$c = \mathrm{E}(\boldsymbol{R})^{\mathrm{T}}\boldsymbol{V}^{-1}\mathrm{E}(\boldsymbol{R}) = \begin{bmatrix}0.2 & 0.5\end{bmatrix}\begin{bmatrix}1&0\\0&1\end{bmatrix}\begin{bmatrix}0.2\\0.5\end{bmatrix}.$$

将 a,b 和 c 代入 $\Delta=ac-b^2$,可得出 Δ 值,然后代入式子

$$w^* = \frac{\boldsymbol{V}^{-1}[c\mathbf{1}-b\mathrm{E}(\boldsymbol{R})]}{\Delta} + \mu\frac{\boldsymbol{V}^{-1}[a\mathrm{E}(\boldsymbol{R})-b\mathbf{1}]}{\Delta}$$

可得出最优权重.

再将上述参数代入 $\sigma_p^2=(a\mu^2-2b\mu+c)/\Delta$,可得出最小方差.

```
// 程序调用;
void main()
{
    Matrix e(2,1);
     e.element(0,0) = 0.05;
     e.element(1,0) = 0.1;

    Matrix V(2,2);
     V.element(0,0) = 1.0;
     V.element(1,0) = 0.0;
     V.element(0,1) = 0.0;
     V.element(1,1) = 1.0;

    double u = 0.075;
    Matrix w = weight_calculate_portfolio_given_mean_unconstrained(e,V, u) ;

     cout<<"w1:"<<w.element(0,0)<<endl;
     cout<<"w2:"<<w.element(1,0)<<endl;
}
```

输出结果:
   w1: 0.5
   w2: 0.5

在主函数中调用 var_calculate_portfolio_variance(V，e，u) 可计算出最小方差值，计算结果为 0.5.

3.3.2 全局最小方差

全局最小方差组合对应着图 3.3.1 或者图 3.3.2 中的最左边的 N 点. 为了求全局最小方差资产组合的解，我们令

$$\frac{\mathrm{d}\sigma_p^2}{\mathrm{d}\mu} = \frac{2a\mu - 2b}{\Delta} = 0.$$

解得 $\mu = b/a$，则全局最小方差为

$$\sigma_p^2 = 1/a. \tag{3.3.10}$$

将 $\mu = b/a$ 代入式(3.3.7)，得

$$\lambda_1 = 1/a, \quad \lambda_2 = 0.$$

所以全局最小方差资产组合的解是

$$\boldsymbol{w}_g = \frac{\boldsymbol{V}^{-1}\boldsymbol{1}}{a} = \frac{\boldsymbol{V}^{-1}\boldsymbol{1}}{\boldsymbol{1}^\mathrm{T}\boldsymbol{V}^{-1}\boldsymbol{1}}. \tag{3.3.11}$$

假设 $b \neq 0$，定义

$$\boldsymbol{w}_d = \frac{\boldsymbol{V}^{-1}\mathrm{E}(\boldsymbol{R})}{b} = \frac{\boldsymbol{V}^{-1}\mathrm{E}(\boldsymbol{R})}{\boldsymbol{1}^\mathrm{T}\boldsymbol{V}^{-1}\mathrm{E}(\boldsymbol{R})}. \tag{3.3.12}$$

w_d 为可分散的资产组合(指通过投资多种风险资产可降低非系统风险的资产组合)权重. 此时，式(3.3.5)可化为

$$\boldsymbol{w}^* = (\lambda_1 a)\boldsymbol{w}_g + (\lambda_2 b)\boldsymbol{w}_d, \tag{3.3.13}$$

且

$$\lambda_1 a + \lambda_2 b = a\frac{c - \mu b}{\Delta} + b\frac{\mu a - b}{\Delta} = \frac{ac - b^2}{\Delta} = 1. \tag{3.3.14}$$

分析：式(3.3.11)和式(3.3.12)分别用来计算全局最小方差组合权重和可分散组合的权重. 两式中均涉及矩阵运算，解决的办法与程序 3.1.2 类似.

程序 3.3.3 全局最小方差组合权重和可分散组合权重.

```
#include "lib\newmat.h"     // newmat 矩阵类库头函数
#include <iostream>
using namespace std;
// 计算 wg;
ReturnMatrix mv_calculate_portfolio_weightg( const Matrix &V)    // 协方差矩阵;
{
    int no_assets = V.Nrows();                      // 协方差矩阵的行;
    Matrix ones = Matrix(no_assets,1);              // no_assets 行,1 列矩阵;
```

```
    for (int i = 0;i<no_assets;++i)
    {
        ones.element(i,0) = 1;
    }
    Matrix Vinv = V.i();                    // 矩阵 V 的逆矩阵；
    Matrix A = Vinv * ones; double a = A.element(0,0);
    Matrix B = ones.t() * Vinv * ones; double b = B.element(0,0);
    Matrix Binb = B.i(); double binb = Binb.element(0,0);
    Matrix C = A * Binb; double c = C.element(0,0);
    C.Release();
    return C;
}
// 计算 wd；
ReturnMatrix mv_calculate_portfolio_weightd( const Matrix &V, // 协方差矩阵的行；
                                             const Matrix &e) // 收益率矩阵；
{
    int no_assets = V.Nrows();              // 协方差矩阵的行；
    Matrix ones = Matrix(no_assets,1);      // no_assets 行,1 列矩阵；
    for (int i = 0;i<no_assets;++i)
    {
        ones.element(i,0) = 1;
    }
    Matrix Vinv = V.i();                    //矩阵 V 的矩阵；
    Matrix A = Vinv * e; double a = A.element(0,0);
    Matrix B = ones.t() * Vinv * e; double b = B.element(0,0);
    Matrix Binb = B.i(); double binb = Binb.element(0,0);
    Matrix C = A * Binb; double c = C.element(0,0);
    C.Release();
    return C;
}
```

例 3.3.2 考虑一个资产组合,其预期收益率矩阵为 $E(R) = [0.2 \quad 0.5]^T$,协方差矩阵是 $V = \begin{bmatrix} 1 & 0 \\ 0 & 1 \end{bmatrix}$. 试求全局最小方差组合和可分散资产组合的权重.

解 根据式(3.3.11)和(3.3.12),有

$$w_g = \frac{V^{-1}\mathbf{1}}{\mathbf{1}^T V^{-1}\mathbf{1}} = \frac{\begin{bmatrix}1 & 0\\0 & 1\end{bmatrix}\begin{bmatrix}1\\1\end{bmatrix}}{[1 \quad 1]\begin{bmatrix}1 & 0\\0 & 1\end{bmatrix}\begin{bmatrix}1\\1\end{bmatrix}}, \quad w_d = \frac{V^{-1}E(R)}{\mathbf{1}^T V^{-1} E(R)} = \frac{\begin{bmatrix}1 & 0\\0 & 1\end{bmatrix}\begin{bmatrix}0.2\\0.5\end{bmatrix}}{[1 \quad 1]\begin{bmatrix}1 & 0\\0 & 1\end{bmatrix}\begin{bmatrix}0.2\\0.5\end{bmatrix}}$$

```
// 程序调用:
void main()
{
    Matrix V(2,2);
        V.element(0,0) = 1.0;
        V.element(1,0) = 0.0;
        V.element(0,1) = 0.0;
        V.element(1,1) = 1.0;
    Matrix e(2,1);
        e.element(0,0) = 0.2;
        e.element(1,0) = 0.5;
    Matrix wg = mv_calculate_portfolio_weightg(V) ;
    Matrix wd = mv_calculate_portfolio_weightd(V,e) ;
    cout<<"wg1: "<<wg.element(0,0)<<endl;
    cout<<"wg2: "<<wg.element(1,0)<<endl;
    cout<<"wd1´: "<<wd.element(0,0)<<endl;
    cout<<"wd2´: "<<wd.element(1,0)<<endl;
}
```

输出结果:

    wg1: 0.5
    wg2: 0.5
    wd1: 0.0286
    wd2´: 0.714

故有 $w_g = [0.5 \quad 0.5]^T$, $w_d = [0.0286 \quad 0.714]^T$.

3.3.3 两基金分离定理

总结以上结论,我们有下面著名的两基金分离定理.

定理 3.3.1(两基金分离定理) 任一最小方差资产组合 w^* 都可以唯一地表示成全局最小方差资产组合 w_g 和可分散资产组合 w_d 的资产组合:

$$w^* = A w_g + (1-A) w_d, \qquad (3.3.15)$$

其中 $A = (ac - \mu ab)/\Delta$,且 w^* 的收益率方差满足关系式

$$\sigma_p^2 = (a\mu^2 - 2b\mu + c)/\Delta.$$

由式(3.3.15),所有最小方差资产组合都可由两不同资产组合 w_g 和 w_d 所生成. w_g 和 w_d 通常称为共同基金.所以,该定理称为两基金分离定理.在这种情况下,所有通过均值和

方差选择资产组合的投资者,都能够通过持有由 w_g 和 w_d 组成的资产组合得到满足,而不顾及投资者各自的偏好. 所以,通过这两个共同基金即可购买所有原始资产,而投资者也能够购买这两个共同基金.

任意两个不同的最小方差资产组合都可以替代 w_g 和 w_d,而且具有相同的基金分离作用. 例如,w_u 和 w_v 是两个最小方差组合,则由式(3.3.15),有
$$w_u = (1-u)w_g + uw_d, \quad w_v = (1-v)w_g + vw_d,$$
从而
$$w^* = \frac{\lambda_1 a + v - 1}{v - u}w_u + \frac{1 - u - \lambda_1 a}{v - u}w_v. \tag{3.3.16}$$
容易验证,$w_u + w_v = 1$,所以可以用 w_u 和 w_v 取代 w_g 和 w_d.

性质 3.3.1 设 $w_u \equiv (1-u)w_g + uw_d, w_v \equiv (1-v)w_g + vw_d$ 表示任意两个最小方差资产组合,则其协方差为 $1/a + uv\Delta/(ab^2)$;特别地,全局最小方差资产组合与任何资产或资产组合的协方差都为 $1/a$.

证明 对最小方差组合,协方差的可行域是 $(-\infty, +\infty)$. 记 $E(R_u) = w_u^T E(\boldsymbol{R}), E(R_v) = w_v^T E(\boldsymbol{R})$,则
$$\begin{aligned}\text{cov}(R_u, R_v) &= (1-u)(1-v)\sigma_g^2 + uv\sigma_d^2 + [u(1-v) + v(1-u)]\sigma_{gd}\\&= \frac{(1-u)(1-v)}{a} + \frac{uvc}{b^2} + \frac{u+v-2uv}{a} = \frac{1}{a} + \frac{uv\Delta}{ab^2}.\end{aligned}$$
全局最小方差资产组合与任意资产或者资产组合的协方差为
$$\text{cov}(R_g, R_p) = w_g^T \boldsymbol{V} w_p = \frac{\boldsymbol{1}^T \boldsymbol{V}^{-1} \boldsymbol{V} w_p}{a} = \frac{1}{a}.$$
协方差 $\text{cov}(R_u, R_v)$ 和协方差 $\text{cov}(R_g, R_p)$ 的计算程序由读者自己完成.

3.3.4 有效证券组合

在图 3.3.1 和图 3.3.2 中,全局最小方差组合点 N 右边的双曲线或者抛物线分为上、下两条. 这样,对于每个方差大于全局最小方差的资产组合,可以找到两条最小方差组合与之对应. 其中一条均值大于 b/a,另一条均值小于 b/a. 显然,均值小于 b/a 的是无效的,因为投资者是理性投资者.

定义 3.3.2 如果一个资产组合对确定的方差有最大期望收益率,同时对确定收益有最小的方差,则称该资产组合为**均值-方差有效资产组合**.

在图 3.2.1 中,介于 N, B 两点之间左上方边界上的可行集满足定义 3.3.2,所以这两点之间所有边界点的集合就是有效集. 有效集中的资产组合就是有效资产组合.

有效资产组合对应点所构成的集合是凸集. 所谓凸集是集合中元素对凸组合运算是封闭的,也就是说有效资产组合的凸组合仍然是有效组合,而凸组合是指:设资产组合 w_i($i = 1, 2, \cdots, n$)是 n 个证券组合,实数 $a_i \geq 0$($i = 1, 2, \cdots, n$),且 $\sum_{i=1}^{n} a_i = 1$,则称 $\sum_{i=1}^{n} a_i w_i$ 为资产组

合 $w_i(i=1,2,\cdots,n)$ 的凸组合.

§3.4　存在无风险资产的均值-方差模型

3.4.1　存在无风险资产的均值-方差模型的求解

设投资者在市场上可以获得 $n+1$ 种资产,其中有 n 种风险资产,1 种无风险资产. 无风险资产的投资权重可以为正,也可以为负. 权重为正,表示储蓄;权重为负,表示购买风险资产.

在这种情况下,资产组合问题发生了如下变化:(1) 没有预算约束 $\mathbf{1}^T w=1$;(2) 预期收益率必须超过无风险收益率 r,即超额收益率为 $(E(\mathbf{R})-r\mathbf{1})^T w \geqslant \mu-r$. 这时,最小方差资产组合问题可以表示为以下优化问题:

$$\begin{aligned} \min \quad & \frac{1}{2}\sigma_p^2 = \frac{1}{2}w^T V w, \\ \text{s.t.} \quad & (E(\mathbf{R})-r\mathbf{1})^T w \geqslant \mu-r. \end{aligned} \tag{3.4.1}$$

称之为存在无风险资产的均值-方差模型. 等约束条件下的存在无风险资产均值-方差模型可以表示为

$$\begin{aligned} \min \quad & \frac{1}{2}\sigma_p^2 = \frac{1}{2}w^T V w, \\ \text{s.t.} \quad & (E(\mathbf{R})-r\mathbf{1})^T w = \mu-r. \end{aligned} \tag{3.4.2}$$

同样,我们利用拉格朗日乘数法求解问题(3.4.2). 令

$$L = \frac{1}{2}w^T V w + \lambda[\mu-r-(E(\mathbf{R})-r\mathbf{1})^T w], \tag{3.4.3}$$

则最优的一阶条件为

$$L_w = V w - \lambda(E(\mathbf{R})-r\mathbf{1}) = 0, \tag{3.4.4}$$

解得

$$w^* = \lambda V^{-1}(E(\mathbf{R})-r\mathbf{1}). \tag{3.4.5}$$

又因为无风险资产的权重为

$$w_0^* = 1 - \mathbf{1}^T w^*, \tag{3.4.6}$$

所以,无风险资产收益为

$$r w_0^* = r - r\mathbf{1}^T w^*.$$

注意到 $\mu=E(\mathbf{R})^T w, a=\mathbf{1}^T V^{-1}\mathbf{1}, b=\mathbf{1}^T V^{-1}E(\mathbf{R}), c=E(\mathbf{R})^T V^{-1}E(\mathbf{R})$ 和 $\Delta=ac-b^2$,将式(3.4.5)代入(3.4.2),有

$$\begin{aligned} \mu-r &= \lambda(E(\mathbf{R})-r\mathbf{1})^T V^{-1}(E(\mathbf{R})-r\mathbf{1}) \\ &= \lambda(c-2rb+r^2 a). \end{aligned}$$

整理后,有
$$\lambda = \frac{\mu - r}{(c - 2rb + r^2 a)}. \tag{3.4.7}$$

将式(3.4.7)代入式(3.4.5),有
$$w^* = \frac{\mu - r}{(c - 2rb + r^2 a)} V^{-1}(E(\boldsymbol{R}) - r\boldsymbol{1}). \tag{3.4.8}$$

由式(3.4.2),(3.4.7)和(3.4.8),得最小方差资产组合的方差为
$$\sigma_p^2 = w^{\mathrm{T}} V w = w^{\mathrm{T}} \lambda (E(\boldsymbol{R}) - r\boldsymbol{1}) = \lambda (w^{\mathrm{T}} E(\boldsymbol{R}) - r w^{\mathrm{T}} \boldsymbol{1}) \tag{3.4.9}$$
$$= \lambda (\mu - r) = (\mu - r)^2 (c - 2rb + r^2 a)^{-1}.$$

至此,得到在存在无风险资产条件下的最小方差资产组合的两个重要量:
$$w^* = \frac{\mu - r}{(c - 2rb + r^2 a)} V^{-1}(E(\boldsymbol{R}) - r\boldsymbol{1}),$$
$$\sigma_p^2 = (\mu - r)^2 (c - 2rb + r^2 a)^{-1}.$$

分析:式(3.4.9)用来计算存在无风险资产条件下的最小方差组合的方差.该式涉及矩阵运算,解决的办法与程序 3.1.2 类似.

程序 3.4.1 存在无风险资产的最小方差资产组合的方差.

```
#include "lib\newmat.h"    // 矩阵库头文件;
#include <iostream>

using namespace std;
ReturnMatrix  var_calculate_portfolio_variance (const Matrix &V, // 协方差矩阵;
                                                const Matrix &e, // 收益率矩阵;
                                                const double &u, // 预期收益率;
                                                const double &r) // 无风险利率;
{
    int no_assets = e.Nrows();           // 收益率矩阵的行数;
    Matrix ones = Matrix(no_assets,1);   //行数为 no_assets,列数为 1 的单位矩阵;
    for (int i = 0;i<no_assets; + + i)
    {
        ones.element(i,0) = 1;
    }
    Matrix Vinv1 = V.i();                // 矩阵求逆;
    Matrix A = ones.t() * Vinv1 * ones; double a = A.element(0,0);
    Matrix B = ones.t() * Vinv1 * e; double b = B.element(0,0);
    Matrix C = e.t() * Vinv1 * e; double c = C.element(0,0);
    Matrix Vinv2 = C-2 * r * B + r * r * A; double vinv2 = Vinv2.element(0,0);
    Matrix var = (u-r) * (u-r) * Vinv2.i(); double var = Var.element(0,0);
```

```
    Var.Release();
    return var;
}
```

例 3.4.1 考虑一个资产组合,其预期收益率矩阵为 $E(\boldsymbol{R}) = \begin{bmatrix} 0.2 & 0.5 \end{bmatrix}^T$,协方差矩阵是 $\boldsymbol{V} = \begin{bmatrix} 1 & 0 \\ 0 & 1 \end{bmatrix}$,无风险利率为 0.1,预期收益率是 0.2. 试求该资产组合的最小方差.

解 由式(3.4.9),有
$$\sigma_p^2 = \boldsymbol{w}^T \boldsymbol{V} \boldsymbol{w} = (\mu - r)^2 (c - 2rb + r^2 a)^{-1}$$
其中 μ, r 已知,a, b 和 c 可根据定义求出:
$$a = \boldsymbol{1}^T \boldsymbol{V}^{-1} \boldsymbol{1} = \begin{bmatrix} 1 & 1 \end{bmatrix} \begin{bmatrix} 1 & 0 \\ 0 & 1 \end{bmatrix} \begin{bmatrix} 1 \\ 1 \end{bmatrix},$$
$$b = \boldsymbol{1}^T \boldsymbol{V}^{-1} E(\boldsymbol{R}) = \begin{bmatrix} 1 & 1 \end{bmatrix} \begin{bmatrix} 1 & 0 \\ 0 & 1 \end{bmatrix} \begin{bmatrix} 0.2 \\ 0.5 \end{bmatrix},$$
$$c = E(\boldsymbol{R})^T \boldsymbol{V}^{-1} E(\boldsymbol{R}) = \begin{bmatrix} 0.2 & 0.5 \end{bmatrix} \begin{bmatrix} 1 & 0 \\ 0 & 1 \end{bmatrix} \begin{bmatrix} 0.2 \\ 0.5 \end{bmatrix}.$$

在求出这些参数之后,就可得出资产组合的方差 σ_p^2.

```
// 程序调用;
void main()
{
    Matrix V(2,2);
    V.element(0,0) = 1.0;
    V.element(1,0) = 0.0;
    V.element(0,1) = 0.0;
    V.element(1,1) = 1.0;

    Matrix e(2,1);
    e.element(0,0) = 0.2;
    e.element(1,0) = 0.5;

    double u = 0.2;
    double r = 0.1;

    Matrix var = mv_calculate_portfolio_variance(V, e, u, r);

    cout<<"资产组合的方差:"<<var.element(0,0)<<endl;
}
```

输出结果:

资产组合的方差:0.05882

3.4.2 无风险资产对最小方差组合的影响

根据式(3.4.9),有

$$\sigma_p^2 = \frac{(\mu-r)^2}{(c-2rb+r^2a)^{-1}}, \quad \sigma_p = \pm\frac{\mu-r}{\sqrt{c-2rb+r^2a}}.$$

在均值-方差坐标平面上,上式是一条抛物线;在均值-均方差坐标平面上,上式是过公共交点$(0,r)$的两条射线,斜率分别是$\pm(c-2rb+r^2a)^{1/2}$.

在均值-均方差坐标平面上无风险资产对上述两条直线的影响分为三种情况:

(1) $r<\mu$;   (2) $r=\mu$;   (3) $r>\mu$,

其中 $\mu=b/a$ 为全局最小方差资产组合的预期收益率.

1. 当 $r<\mu$ 时,最小方差资产组合的含义和几何结构

若 $r<\mu$,式(3.4.9)可表示为

$$E(R_p) = r + \sigma_p\sqrt{c-2rb+r^2a}, \tag{3.4.10}$$

$$E(R_p) = r - \sigma_p\sqrt{c-2rb+r^2a}. \tag{3.4.11}$$

它们是图 3.4.1 中的两条直线,一条向右上方倾斜,另一条向右下方倾斜.向右上方倾斜的一条与双曲线相切,另一条远离双曲线.

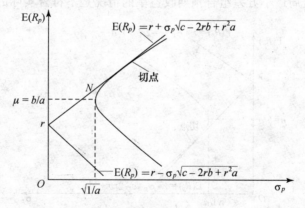

图 3.4.1

2. 当 $r=\mu$ 时,最小方差资产组合的含义和几何结构

若 $r=\mu$,可对式(3.4.10)和(3.4.11)简化:

$$E(R_p) = \frac{b}{a} + \sigma_p\sqrt{\frac{\Delta}{a}}, \tag{3.4.12}$$

$$E(R_p) = \frac{b}{a} - \sigma_p\sqrt{\frac{\Delta}{a}}. \tag{3.4.13}$$

这两条曲线是双曲线的渐近线,如图 3.4.2 所示.这说明,当 $r=\mu$ 时,含有无风险资产的最小方差资产组合在 $E(R_p)-\sigma_p$ 坐标平面上表现为双曲线的渐近线.

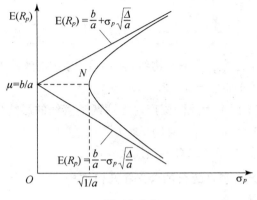

图 3.4.2

3. 当 $r>\mu$ 时,最小方差资产组合的含义和几何结构

随着两条直线与纵轴的交点 $(0,r)$ 向上移动,上边的直线离开有效组合,下边的直线向最小方差组合靠近,最后与最小方差组合边界有一个切点(见图3.4.3).在现实经济中,这种无风险收益率大于全局最小方差组合预期收益率的情况是不符合实际的.

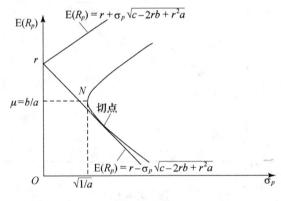

图 3.4.3

3.4.3 存在无风险资产的两基金分离定理

类似 §3.3,所有最小方差资产组合仅是两个不同资产组合的资产组合.在存在无风险资产的情况下,有一自然的基金选择,即无风险资产和不含任何无风险资产的切点资产组合.

定理 3.4.1 在存在无风险资产的情况下,任一最小方差资产组合 w^* 都可以唯一地表示成无风险资产组合和不含任何无风险资产的切点资产组合的组合 $\overline{w}_t = (w_{t0}, w_t)$. 其中,

$$w_{t0} = 0, \quad w_t = \frac{\boldsymbol{V}^{-1}(\mathrm{E}(\boldsymbol{R}) - r\mathbf{1})}{b - ar}. \tag{3.4.14}$$

这一定理称为**存在无风险资产情况下的两基金分离定理**.

切点处的资产组合收益率的均值和方差分别为

$$\mathrm{E}(R_t) = \mathrm{E}(\boldsymbol{R})^{\mathrm{T}} w_t = \frac{c - br}{b - ar}, \tag{3.4.15}$$

$$\sigma_t^2 = w_t^{\mathrm{T}} \boldsymbol{V} w_t = \frac{c - 2br + r^2 a}{(b - ar)^2}. \tag{3.4.16}$$

分析:式(3.4.15)和式(3.4.16)计算的是存在无风险资产条件下切点处的均值和方差. 两式均涉及矩阵运算,解决的办法与程序 3.1.2 类似.

程序 3.4.2 切点处均值和方差.

```
#include "lib\newmat.h"    // newmat 矩阵类库头文件;
#include <iostream>

using namespace std;
// 切点处的均值;
ReturnMatrix mv_calculate_portfolio_variance (const Matrix &V, // 协方差矩阵;
                                              const Matrix &e, // 收益率矩阵;
                                              const double &u, // 预期收益率;
                                              const double &r) // 无风险利率;
{
    int no_assets = e.Nrows();                    // 收益率矩阵行数;
    Matrix ones = Matrix(no_assets,1);            // no_assets 行,1 列单位矩阵;
    for (int i = 0;i<no_assets; ++ i)
    {
        ones.element(i,0) = 1;
    }
    Matrix Vinv1 = V.i();                         // 矩阵 V 的逆矩阵;
    Matrix A = ones.t() * Vinv1 * ones; double a = A.element(0,0);
    Matrix B = ones.t() * Vinv1 * e;    double b = B.element(0,0);
    Matrix C = e.t() * Vinv1 * e;       double c = C.element(0,0);
    Matrix Vinv2 = B-A * r; double vinv2 = Vinv2.element(0,0);
    //Matrix Vinv2 = C-2 * r * B+r * r * A; double vinv2 = Vinv2.element(0,0);
    Matrix MV = (C-B * r) * Vinv2.i(); double mv = MV.element(0,0);
    MV.Release();
```

```
        return MV;
    }
    // 切点处的方差;
    ReturnMatrix mv_calculate_portfolio_variance (const Matrix &V, //协方差矩阵;
                                                  const Matrix &e, // 收益率矩阵;
                                                  const double &u, // 预期收益率;
                                                  const double &r) // 无风险收益;
    {
        int no_assets = e.Nrows();              // 收益率矩阵的行;
        Matrix ones = Matrix(no_assets,1);      // no_assets 行,1 列单位矩阵;
        for (int i = 0;i<no_assets; + + i)
        {
            ones.element(i,0) = 1;
        }
        Matrix Vinv1 = V.i();
        Matrix A = ones.t() * Vinv1 * ones; double a = A.element(0,0);
        Matrix B = ones.t() * Vinv1 * e; double b = B.element(0,0);
        Matrix C = e.t() * Vinv1 * e; double c = C.element(0,0);
        Matrix Vinv2 = (B-A * r) * (B-A * r); double vinv2 = Vinv2.element(0,0);
        Matrix Var = (C-2 * r * B + r * r * A) * Vinv2.i(); double var = Var.element(0,0);
        Var.Release();
        return Var;
    }
```

编程总结：本章涉及矩阵运算较多,编写程序十分复杂,因此要善于利用现成的矩阵库编程,本章使用"newmat"矩阵类库,在进行相应的运算时,事先将矩阵类库中包含的相关函数放在一个文件夹中,然后在程序的开头部分用指令"include"嵌入头文件"newmat.h",最后在函数体中按照"newmat"规则编写程序.

例 3.4.2 考虑一个资产组合,其预期收益率矩阵为 $E(\boldsymbol{R})=\begin{bmatrix}0.2 & 0.5\end{bmatrix}^T$,协方差矩阵是 $\boldsymbol{V}=\begin{bmatrix}1 & 0 \\ 0 & 1\end{bmatrix}$,无风险利率为 $r=0.1$,预期收益率是 $\mu=0.2$. 试求切点处资产组合的均值和方差.

解 先计算下面的参数:

$$a = \mathbf{1}^T \boldsymbol{V}^{-1} \mathbf{1} = \begin{bmatrix}1 & 1\end{bmatrix}\begin{bmatrix}1 & 0 \\ 0 & 1\end{bmatrix}\begin{bmatrix}1 \\ 1\end{bmatrix},$$

$$b = \mathbf{1}^T \boldsymbol{V}^{-1} E(\boldsymbol{R}) = \begin{bmatrix}1 & 1\end{bmatrix}\begin{bmatrix}1 & 0 \\ 0 & 1\end{bmatrix}\begin{bmatrix}0.2 \\ 0.5\end{bmatrix},$$

$$c = \mathrm{E}(\boldsymbol{R})^{\mathrm{T}} \boldsymbol{V}^{-1} \mathrm{E}(\boldsymbol{R}) = \begin{bmatrix} 0.2 & 0.5 \end{bmatrix} \begin{bmatrix} 1 & 0 \\ 0 & 1 \end{bmatrix} \begin{bmatrix} 0.2 \\ 0.5 \end{bmatrix}.$$

将上述计算结果代入下面两式就可得出切点处的均值和方差:

$$\mathrm{E}(R_t) = \mathrm{E}(\boldsymbol{R})^{\mathrm{T}} \boldsymbol{w}_t = \frac{c-br}{b-ar}, \quad \sigma_t^2 = \boldsymbol{w}_t^{\mathrm{T}} \boldsymbol{V} \boldsymbol{w}_t = \frac{c - 2br + r^2 a}{(b-ar)^2}.$$

```
// 程序调用;
void main()
{
    Matrix V(2,2);
    V.element(0,0) = 1.0;      V.element(1,0) = 0.0;
    V.element(0,1) = 0.0;      V.element(1,1) = 1.0;
    Matrix e(2,1);
    e.element(0,0) = 0.2;
    e.element(1,0) = 0.5;
    double u = 0.2;
    double r = 0.1;
    Matrix MV = mv_calculate_portfolio_variance(V, e, u,r);
    cout<<"均值:"<<MV.element(0,0)<<endl;
    Matrix Var = var_calculate_portfolio_variance(V, e, u,r);
    cout<<"方差:"<<Var.element(0,0)<<endl;
}
```

输出结果
  均值: 0.44
  方差: 0.68

3.4.4 预期收益率关系式

我们讨论存在无风险资产情况下的期望收益率. 假设有一个无风险资产和 n 个风险资产, 在切点处风险资产的收益率分别为 $R_1, R_2, \cdots, R_n$, 权重分别为 $w_{t1}, w_{t2}, \cdots, w_{tn}$, 则在切点处资产组合的收益率为 $R_t = \sum_{i=1}^{n} w_{ti} R_i$. 故由式(3.4.14)有

$$\mathrm{cov}(\boldsymbol{R}, R_t) = \boldsymbol{V} \boldsymbol{w}_t = \frac{\mathrm{E}(\boldsymbol{R}) - r\boldsymbol{1}}{b-ar}, \tag{3.4.17}$$

在式(3.4.17)两边乘以 $\boldsymbol{w}_t$ 得

$$\sigma_t = \mathbf{w}_t^T \mathrm{cov}(\mathbf{R}, R_t) = \mathbf{w}_t^T \mathbf{V} \mathbf{w}_t = \frac{\mathrm{E}(\mathbf{R}) - r\mathbf{1}}{b - ar}. \tag{3.4.18}$$

结合式(3.4.17)和(3.4.18),得

$$\mathrm{E}(\mathbf{R}) - r\mathbf{1} = \mathrm{cov}(\mathbf{R}, R_t)(b - ar) = \mathrm{cov}(\mathbf{R}, R_t)\frac{\mathrm{E}(R_t) - r}{\sigma_t^2}$$

$$= \boldsymbol{\beta}_t[\mathrm{E}(R_t) - r], \tag{3.4.19}$$

其中 $\boldsymbol{\beta}_t = \frac{\mathrm{cov}(\mathbf{R}, R_t)}{\sigma_t^2}$（通常称之为贝塔值,其分量 $\beta_{ti} = \frac{\mathrm{cov}(R_i, R_t)}{\sigma_t^2}$）. 于是我们有结果：

定理 3.4.2 当市场上存在无风险资产时,任意资产的收益率 $R_i(i = 1, 2, \cdots, n)$ 的超额收益率等比于切点资产组合的超额收益率,且等比于比例系数 $\beta_{ti} = \frac{\mathrm{cov}(R_i, R_t)}{\sigma_t^2}$，即

$$\mathrm{E}(R_i) - r = \beta_{ti}(\mathrm{E}(R_t) - r). \tag{3.4.20}$$

类似定理 3.4.2,我们不加证明地给出如下定理：

定理 3.4.3 假设市场上的资产组合仅由风险资产组成,则可以任意选择最小方差资产组合 w_u 及与 w_u 零贝塔相关的资产组合(指贝塔值等于零的资产组合),使得任意风险资产的收益率 $R_i(i = 1, 2, \cdots, n)$ 的预期收益率可以表示为

$$\mathrm{E}(R_i) = \mathrm{E}(R_z) + \beta_{ui}[\mathrm{E}(R_u) - \mathrm{E}(R_z)], \tag{3.4.21}$$

其中 R_z 是与 w_u 零贝塔相关的资产组合的收益率, R_u 是任意最小方差资产组合的收益率, $\beta_{ui} = \mathrm{cov}(R_u, R_z)/\sigma_u^2$,这里 σ_u^2 是对应于 R_u 的方差.

§3.5 本章小结

在本章,我们分别介绍了标准的均值-方差模型和存在无风险资产条件下的均值-方差模型,并给出了它们在等式约束条件下的解析解及程序. 本章理论性强,程序开发较为复杂. 为了解决问题,我们利用了矩阵类库 newmat. 我们将矩阵类库的相关程序放在文件夹 lib 中,并在文件开头用指令 include 嵌入头文件"newmat.h". 这样做为程序开发带来了很大的方便,但是如果不熟悉矩阵库函数的使用,还会遇到相当多的问题,这一点要引起读者足够的重视.

第4章 资本市场理论

资本资产定价模型(CAPM)是继马克维茨资产组合理论之后第二个获得诺贝尔经济学奖的金融理论.它是由美国金融学教授 Sharpe 在 1964 年发表的论文《资本资产定价:一个风险条件下的市场均衡理论》中最早提出的.资本资产定价模型的核心思想是在一个竞争均衡的市场中对有价证券定价.在资本市场的竞争均衡中,供给等于需求,所以投资者都处于最优消费和最优资产组合状况,有价证券的价格由此确定.毫无疑问,如果经济实现了竞争均衡,该经济处于一种稳定状态,所有投资者都感到满足,再也没有力量使经济发生变动.

套利定价模型从另一个角度探讨了风险定价问题,它是由 Ross 利用套利定价原理于 1976 年提出的.套利定价理论认为,证券收益与某些因素相关,投资者的活动是通过买入收益率偏高的证券,同时卖出收益率偏低的证券而实现套利.其结果是使得收益率偏高的证券价格上升,收益率偏低的证券价格下降.这一过程将持续到各种证券的收益率与市场对各种因素的敏感度保持适当为止.

在本章,我们分别介绍上述两类资产的定价模型.我们先介绍标准的资本资产定价模型及它的价格形式,再从因素模型出发,介绍套利定价模型的一般形式.

§4.1 资本资产定价模型

4.1.1 标准资本资产定价模型的基本假设

资本资产定价模型是在理想的资本市场中建立的,建立模型的假设是:
(1) 投资者是风险厌恶者,其投资行为是使其终期财富的预期效用最大化;
(2) 投资者不能通过买卖行为影响股票价格;
(3) 投资者都认同市场上所有资产的收益率服从均值为 $E(\boldsymbol{R})$,方差矩阵为 $\boldsymbol{V}$ 的多元正态分布;
(4) 资本市场上存在着无风险资产,且投资者可以无风险利率借贷;
(5) 资产数量是固定的,所有资产都可以市场化且无限可分割;
(6) 市场上的信息是充分的且畅通无阻,所有投资者都可无代价地获得所需要的信息;
(7) 资本市场无任何缺陷,如税收、交易成本、卖空限制等.

假设(3)保证了投资者的效用函数为均值-方差效用函数,假设(1)保证了效用函数关于均值和方差是单调的.在以上假设中,假设(3)最为重要,它说明,虽然市场上的投资者对资产的偏好可以不同,但是对某种资产的未来现金流的期望值却是相同的,这为资本资产定价模型的导出提供了很大的方便.

4.1.2 资本市场线

当不存在无风险资产时,最小方差资产组合是双曲线的右半支(见图 4.1.1). 但是当存在无风险资产时,最小方差资产组合是直线 $\sigma_p = \pm \dfrac{\mu - r}{\sqrt{c - 2rb + r^2 a}}$ 与双曲线的切点 t. 共有三种情况,这里仅讨论 $r < b/a$ 的情况,见图 4.1.1.

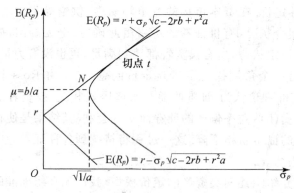

图 4.1.1

在图 4.1.1 中,对于直线 $E(R_p) = r + \sigma_p \sqrt{c - 2rb + r^2 a}$ 上的点,不论位于何处,都可通过点 $(0, r)$ 和切点的再组合表示出来. 换言之,直线上的每个组合都是无风险资产和风险资产的再组合.

因为有效资产组合是连接点 $(0, r)$ 和切点 t 的直线,所以投资者都可从这条射线上确定一个点作为自己的最优资产组合. 可见,切点 t 具有比较重要的意义. 然而,切点 t 是根据直线与双曲线相切得到的,它与市场组合之间具有什么关系呢?

定义 4.1.1 市场组合: 设市场上有 n 种风险资产,一种无风险资产,每种资产的价格为 $P_i (i = 0, 1, \cdots, n)$,第 i 种资产的可交易数量为 $\overline{N}_i$. 记

$$\text{mkt}_i = \frac{\overline{N}_i P_i}{\sum_{i=0}^{n} \overline{N}_i P_i}, \tag{4.1.1}$$

则称 $\text{mkt} = (\text{mkt}_0, \text{mkt}_1, \cdots, \text{mkt}_n)$ 为市场资产组合的**初始禀赋**.

设市场中有 K 个投资者,且在某一时刻第 k 位投资者持有第 i 种资产的数量为 N_i^k. 记

$$w_i^m = \frac{\sum_{k=1}^{K} N_i^k p_i}{\sum_{i=0}^{n} \left(\sum_{k=1}^{K} N_i^k \right) p_i}, \tag{4.1.2}$$

则称 $w^m = (w_0^m, w_1^m, \cdots, w_n^m)$ 为这一时刻的投资者的**市场资产组合**.

性质 4.1.1 市场达到均衡的必要条件是 $(\text{mk}t_1, \cdots, \text{mk}t_n)$ 等比于切点处的资产组合 w_t.

性质 4.1.2 当市场达到均衡时,若记市场在风险资产上的初始资产组合为 w_M,则 $w_M = w_t$. 特别地,当市场上无风险资产是零净供应的金融证券时,则 w_t 就是市场资产组合. 其他情况下,市场资产组合在图 4.1.1 中连接点 $(0,r)$ 和切点的切线上的左下边某处.

定义 4.1.2 称过点 $(0,r)$ 和切点 t 的直线 $E(R_p) = r + \sigma_p \sqrt{c - 2rb + r^2 a}$ 为**资本市场线**(Capital Market Line,简称 CML).

因为,切点 t 的超额收益率为
$$E(R_t) - r = E(\boldsymbol{R})^T w_t - r,$$

而根据式(3.4.15),有
$$E(R_t) \equiv E(\boldsymbol{R})^T w_t = \frac{c - br}{b - ar},$$

因此,有结果
$$E(R_t) - r = E(\boldsymbol{R})^T w_t - r = \frac{c - br}{b - ar} - r = \frac{c - 2br + ar^2}{b - ar}. \tag{4.1.3}$$

将式(4.1.3)代入 $E(R_p) = r + \sigma_p \sqrt{c - 2rb + r^2 a}$,并利用式(3.4.16),有
$$E(R_p) = r + \sigma_p \sqrt{c - 2rb + r^2 a} = r + \sigma_p (b - ar) \sqrt{\frac{c - 2rb + r^2 a}{(b - ar)^2}}$$
$$= r + (b - ar) \sigma_p \sigma_t = r + (b - ar) \frac{\sigma_t^2}{\sigma_p} \sigma_p = r + \frac{(b - ar)(c - 2rb + r^2 a)}{(b - ar)^2 \sigma_t}$$
$$= r + \frac{(c - 2rb + r^2 a)}{(b - ar)\sigma_t} \sigma_p = r + \frac{E(R_t) - r}{\sigma_t} \sigma_p.$$

所以,有结果
$$E(R_p) = r + \frac{E(R_t) - r}{\sigma_t} \sigma_p. \tag{4.1.4}$$

式(4.1.4)为过点 $(0,r)$ 和切点 t 的直线. 所有投资者的最优资产组合均来自该直线.

4.1.3 证券市场线

资本市场线反映的是有效资产组合的预期收益率与风险之间的关系,由于任何单个风险资产不是有效资产组合,因此资本市场线并没有告诉我们单个风险资产的预期收益率与风险之间的关系. 所以,我们有必要作进一步分析.

定理 4.1.1(Sharpe-Lintner-Mossin CAPM) 假设市场上无风险资产可以获得,则当市场达到均衡时,任意风险资产的超额收益率与风险资产的市场资产组合超额收益率成比例,即有关系式

$$E(\boldsymbol{R}) - r\mathbf{1} = \beta_M(E(R_M) - r), \quad (4.1.5)$$

其中 $\beta_M = \text{cov}(\boldsymbol{R}, R_M)/\text{var}(R_M)$，$R_M$ 是市场组合的收益率.

证明 由性质 4.1.2，当市场达到均衡时有 $w_t = w_M$，将此代入式(3.4.19)即得

$$E(\boldsymbol{R}) - r\mathbf{1} = \frac{\boldsymbol{V}w_t}{w^\mathrm{T} \boldsymbol{V}_t w_t}(E(\boldsymbol{R})^\mathrm{T} w_t - r) = \frac{\boldsymbol{V}w_M}{w^\mathrm{T} \boldsymbol{V} w_M}(E(\boldsymbol{R})^\mathrm{T} w_M - r)$$
$$= \boldsymbol{\beta}_M(E(R_M) - r),$$

写成分量形式即为

$$E(R_i) = \frac{\text{cov}(R_i, R_M)}{\sigma_M^2}[E(R_M) - r] + r = \beta_{Mi}(E(R_M) - r) + r. \quad (4.1.6)$$

式(4.1.6)所表示的直线称为证券市场线．它反映了单个风险资产与市场组合之间的关系．如果我们以 $E(R_i)$ 为纵坐标，贝塔值 β_{Mi} 为横坐标，则证券市场线就是一条截距为 r，斜率为 $E(R_M) - r$ 的直线(见图 4.1.2)．

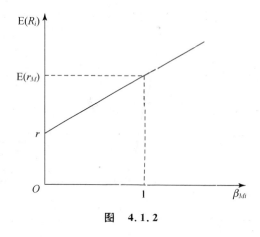

图 4.1.2

分析：式(4.1.6)是资本资产定价模型的分量形式，用来计算某一证券的预期收益率．该式需要计算的量有：协方差、方差和市场组合的预期收益率．根据第三章的相关知识，它们可用来自同一分布的样本估计得出，需要估计的量有：证券(市场组合)的瞬时收益率、证券(市场组合)收益率的均值、证券与市场组合之间的协方差、证券(市场组合)的方差．将上述估值代入式(4.1.6)即可求出某证券的预期收益率.

程序 4.1.1 资本资产定价模型．

```cpp
#include<math.h>
#include<vector>
#include<iostream.h>
using namespace std;
double security_market_line (const vector<double> &index,
```

```cpp
                                            // 市场组合价值；
                        const vector<double> &portfolio,
                                            // 证券价格；
                        const vector<double> &times, //时间；
                        const double &r   )         //无风险利率；
{
    vector<double>yield1(times.size());             // 市场组合收益率；
    vector<double>yield2(times.size());             // 证券收益率；
    int i;
    double sum1 = 0.0;
    double sum2 = 0.0;
    for (i = 1;i<times.size();i++)
    {
        yield1[i] = ( index[i] - index[i-1])/ index[i-1];
        yield2[i] = ( portfolio[i] - portfolio[i-1])/portfolio[i-1];
        sum1 += yield1[i];
        sum2 += yield2[i];
    }
    double average1 = sum1/(times.size()-1);
    double average2 = sum2/(times.size()-1);
    double sum_1 = 0.0;
    double sum_2 = 0.0;
    double sum12 = 0.0;
    for (i = 1;i<times.size();i++)
    {
        yield1[i] = ( index[i] - index[i-1])/ index[i-1];
        yield2[i] = ( portfolio[i] - portfolio[i-1])/portfolio[i-1];
        sum_1 += (yield1[i] - average1) * (yield1[i] - average1);
        sum_2 += (yield2[i] - average2) * (yield2[i] - average2);
        sum12 += (yield1[i] - average1) * (yield2[i] - average2);
    }
    double sigma1 = sum_1/(times.size()-1);
    double sigma2 = sum_2/(times.size()-1);
    double cover = sum12/(times.size()-1);
    double bata = cover/sigma1;
    double ri = r + (average1 - r) * bata;
    return ri;
}
```

例 4.1.1 假设市场资产组合时间序列值分别为 $1500, 1600, 1800, 2100$；证券价格的时间序列值分别为 $6.24, 6.38, 6.26, 6.30$. 设无风险利率是 0.06. 试求该证券的收益率.

解 已知一组市场资产组合值和一组证券价格，用公式 $R_t = \dfrac{P_t - P_{t-1}}{P_{t-1}}$ 和 $r_t = \dfrac{P_t - P_{t-1}}{P_{t-1}}$ 计算市场组合和证券的收益率.

$$R_1 = (P_1 - P_0)/P_0 = (1600 - 1500)/1500,$$
$$R_2 = (P_2 - P_1)/P_1 = (1800 - 1600)/1600,$$
$$R_3 = (P_3 - P_2)/P_2 = (2100 - 1800)/1800.$$
$$r_1 = (p_1 - p_0)/p_0 = (6.38 - 6.24)/6.24,$$
$$r_2 = (p_2 - p_1)/p_1 = (6.26 - 6.38)/6.38,$$
$$r_3 = (p_3 - p_2)/p_2 = (6.30 - 6.26)/6.26.$$

然后，计算该证券与市场组合的协方差 $\text{cov}(r_t, R_t)$，市场组合的方差 σ_M^2，市场组合的预期收益率 $E(R_M)$. 代入式(4.1.6)即可求出证券的预期收益率.

```cpp
// 程序调用；
void main()
{
    vector<double> index;
        index.push_back(1500);
        index.push_back(1600);
        index.push_back(1800);
        index.push_back(2100);
    vector<double> portfolio;
        portfolio.push_back(6.24);
        portfolio.push_back(6.38);
        portfolio.push_back(6.26);
        portfolio.push_back(6.30);
    vector<double> times;
        times.push_back(0);
        times.push_back(1);
        times.push_back(3);
        times.push_back(4);
    double r = 0.06;
    cout<<"证券收益率："<<security_market_line( index, portfolio, times, r)<<endl;
}
```

输出结果：

证券收益率：0.04837

注 这个例子要求输入真实的市场数据. 例如,股票市场指数时间序列、证券价格时间序列等,然后通过计算它们的均值、方差、协方差、贝塔值等,直接给出了证券的收益率,非常有实用价值.

下面,我们不加证明地直接给出如下定理.

定理 4.1.2(Black CAPM) 假设市场上没有无风险资产,则当市场达到均衡时,任意风险资产的收益率为

$$E(\boldsymbol{R}) = E(\boldsymbol{R}_z)\boldsymbol{1} + \beta_M[E(R_M) - E(R_z)], \tag{4.1.7}$$

其中 $\boldsymbol{R}_z$ 是与市场资产组合零贝塔相关的资产组合的收益率.

4.1.4 价格型资本资产定价模型

标准资本资产定价模型经过适当变形,很容易得出它的价格形式.

假设市场上第 i 种资产期末的价格是 P_i,当前的价格是 P_{i0},其收益率为

$$R_i = \frac{P_i - P_{i0}}{P_{i0}} = \frac{P_i}{P_{i0}} - 1; \tag{4.1.8}$$

同样,市场资产组合收益率为

$$R_M = \frac{P_M - P_{M0}}{P_{M0}} = \frac{P_M}{P_{M0}} - 1, \tag{4.1.9}$$

其中 P_{M0} 是市场资产组合的当前值, P_M 是市场组合的期末值,将式(4.1.8)和(4.1.9)代入式(4.1.6),有

$$\frac{\overline{P}_i}{P_{i0}} - 1 - r = \frac{\text{cov}(R_i, R_M)}{\text{var}(R_M)}\left(\frac{\overline{P}_M}{P_{M0}} - 1 - r\right), \tag{4.1.10}$$

其中 $\overline{P}_i$ 与 $\overline{P}_M$ 分别为第 i 种资产收益率的均值和市场组合收益率的均值. 我们将 $\text{cov}(R_i, R_M)$ 重新写成

$$\text{cov}(R_i, R_M) = E\left[\left(\frac{P_i - P_{i0}}{P_{i0}} - \frac{\overline{P}_i - P_{i0}}{P_{i0}}\right)\left(\frac{P_M - P_{M0}}{P_{M0}} - \frac{\overline{P}_M - P_{M0}}{P_{M0}}\right)\right]$$

$$= E\left[\left(\frac{P_i}{P_{i0}} - \frac{\overline{P}_i}{P_{i0}}\right)\left(\frac{P_M}{P_{M0}} - \frac{\overline{P}_M}{P_{M0}}\right)\right] = \frac{1}{P_{i0}P_{M0}}\text{cov}(P_i, P_M).$$

同理有

$$\sigma_M^2 = \frac{1}{P_{M0}^2}\text{var}(P_M).$$

将这些结果代入式(4.1.10),有

$$\frac{\overline{P}_i}{P_{i0}} = 1 + r + \left(\frac{\overline{P}_M}{P_{M0}} - 1 - r\right)\frac{\frac{1}{P_{i0}P_{M0}}\text{cov}(P_i, P_M)}{\frac{1}{P_{M0}^2}\text{var}(P_M)}$$

$$= 1 + r + \left(\frac{\overline{P}_M}{P_{M0}} - 1 - r\right)\frac{\frac{P_{M0}}{P_{i0}}\text{cov}(P_i, P_M)}{\text{var}(P_M)}.$$

上式两边同乘以 P_{i0},有

$$\overline{P}_i = (1+r)P_{i0} + \left(\frac{\overline{P}_M}{P_{M0}} - 1 - r\right)\frac{P_{M0}\operatorname{cov}(P_i,P_M)}{\operatorname{var}(P_M)}$$

$$= (1+r)P_{i0} + [\overline{P}_M - (1+r)P_{M0}]\frac{\operatorname{cov}(P_i,P_M)}{\operatorname{var}(P_M)}.$$

解出 P_{i0},得

$$P_{i0} = \frac{1}{(1+r)}\left\{\overline{P}_i - [\overline{P}_M - (1+r)P_{M0}]\frac{\operatorname{cov}(P_i,P_M)}{\operatorname{var}(P_M)}\right\}. \qquad (4.1.11)$$

该式就是价格型资本资产定价模型,它可以直接给出某一时刻风险资产的价格.

分析:式(4.1.11)是价格型的资本资产定价模型,可直接计算出某证券的价格,非常实用.由于该式包含的运算与式(4.1.6)类似,故可参照程序4.4.1来编程.

程序 4.1.2 价格型资本资产定价模型.

```
#include <math.h>
#include <vector>
#include <iostream.h>

using namespace std;
double security_market_line (const vector<double> &index,      // 市场组合价值;
                             const vector<double> &portfolio,  // 证券价格;
                             const vector<double> &times,      // 时间;
                             const double &r)                  //无风险利率;
{
    double sum1 = 0.0;
    double sum2 = 0.0;
    for (int i = 0;i<times.size();i++)
    {
        sum1 + = index[i];
        sum2 + = portfolio[i];
    }
    double average1 = sum1/times.size();
    double average2 = sum2/times.size();
    double sum_1 = 0.0;
    double sum12 = 0.0;
    for (int j = 0;j<times.size();j++)
    {
        sum_1 + = (index[j] - average1) * (index[j] - average1);
```

```
        sum12 + = (index[j] – average1) * (portfolio[j] – average2);
    }
    double sigma1 = sum_1/times.size();
    double cover = sum12/times.size();
    double pi = 1/(1 + r) * (average2 – (average1 – (1 + r) * index[0]) * cover/sigma1);
    return pi;
}
```

例 4.1.2 假设市场指数时间序列值分别为 $1500,1600,1800,21000$,证券价格时间序列分别为 $6.24,6.38,6.26,6.30$,无风险利率是 0.06,试求该证券的价格.

解 根据式(4.1.11),分别计算证券价格与市场组合的协方差 $\mathrm{cov}(P_i,P_M)$,市场组合方差 $\mathrm{var}(P_M)$ 及它们的均值 $\bar{P}_i$ 和 $\bar{P}_M$,然后代入该式,求出证券的价格

$$P_{i0} = \frac{1}{(1+r)} \left\{ \bar{P}_i - [\bar{P}_M - (1+r)\bar{P}_{M0}] \frac{\mathrm{cov}(P_i,P_M)}{\mathrm{var}(P_M)} \right\}$$

$$= \frac{1}{1+0.06} \left\{ \bar{P}_i - [\bar{P}_M - (1+0.06)P_{M0}] \frac{\mathrm{cov}(P_i,P_M)}{\mathrm{var}(P_M)} \right\}$$

```
// 程序调用;
void main()
{
    vector<double> index;
        index.push_back(1500);          index.push_back(1600);
        index.push_back(1800);          index.push_back(2100);
    vector<double> portfolio;
        portfolio.push_back(6.24);      portfolio.push_back(6.38);
        portfolio.push_back(6.26);      portfolio.push_back(6.30);
    vector<double> times;
        times.push_back(1);             times.push_back(2);
        times.push_back(3);             times.push_back(4);
    double r = 0.06;
    cout<<"证券价格:"<<security_market_line(index, portfolio,times,r)<<endl;
}
```

输出结果:
      证券价格:5.93796

该程序直接给出了证券的理论价格是 5.93796,参考这个价格并根据证券的市场价格,可判断是否应该投资.

§4.2 套利定价模型

套利定价模型(Arbitrage Pricing Theory,简称 APT)从另外一个角度探讨了风险资产的定价问题.CAPM 认为所有证券的收益率都与唯一的公共因子——市场证券组合的收益率存在着线性关系.套利定价理论拓展了这一结果,它认为任何资产的收益率可以表示为一些"共同因素"的线性组合,这些共同因素包括通货膨胀率、人口出生率、工业增长指数、证券市场综合指数、汇率等.投资者通过买入收益率高的证券同时卖出收益率低的证券而实现套利,这一过程将持续到各种证券的收益率与证券对各种因素的敏感度保持适当的关系为止.根据这种关系推导出来的模型就是本节将要介绍的套利定价模型.

4.2.1 因素模型

在介绍套利定价模型之前,我们先介绍一下因素模型.因素模型认为,各种证券的收益率均受某个或某些共同因素的影响.各种证券之所以相关是因为它们都会对这些共同因素做出反应.因素模型的主要目的就是要找出这些因素,并确定证券收益对这些变动的敏感度.

1. 单因素模型

单因素模型是最简单的因素模型,这种模型认为,证券收益率只受一种因素影响.对于任意证券 i,其在 t 时刻的单因素模型为

$$R_{it} = a_i + b_i F_t + \varepsilon_{it}, \tag{4.2.1}$$

式中各字母的含义是:

R_{it}:证券 i 在 t 时刻的收益率;

F_t:因素在 t 时刻的预期值;

b_i:证券 i 对因素的敏感度;

ε_{it}:证券 i 在 t 时刻的收益率,它是随机变量,其均值是零,标准差是 σ_{ei};

a_i:常数,表示因素值是零时证券 i 的预期收益率.

根据上式,证券 i 的预期收益率为

$$E(R_i) = a_i + b_i E(F), \tag{4.2.2}$$

式中 $E(F)$ 为因素的期望值.

由式(4.2.1),证券 i 收益率的方差为

$$\sigma_i^2 = b_i^2 \sigma_F^2 + \sigma_{ei}^2, \tag{4.2.3}$$

式中 σ_F^2 为因素 F 的方差,σ_{ei}^2 为随机变量 ε_i 的方差.式(4.2.3)表明,某证券的风险等于因素风险 $b_i^2 \sigma_F^2$ 加上非因素风险 σ_{ei}^2.

在单因素条件下，证券 i 和证券 j 的协方差为
$$\sigma_{ij} = b_i b_j \sigma_F^2. \tag{4.2.4}$$
单因素模型中证券组合的方差 σ_p^2 为
$$\sigma_p^2 = b_p^2 \sigma_F^2 + \sigma_{ep}^2, \tag{4.2.5}$$
其中
$$b_p = \sum_{i=1}^N x_i b_i, \quad \sigma_{ep}^2 = \sum_{i=1}^N x_i^2 \sigma_{ei}^2,$$
这里 x_i 为证券组合的权重.

2. 双因素模型

双因素模型认为，证券收益率 R_{it} 与两个因素有关，即
$$R_{it} = a_i + b_{i1} F_{1t} + b_{i2} F_{2t} + \varepsilon_{it}, \tag{4.2.6}$$
式中其他字母的含义是：

F_{1t}：因素 1 在 t 时期的预期值；

F_{2t}：因素 2 在 t 时期的预期值；

b_{i1}：证券 i 对因素 1 的敏感度；

b_{i2}：证券 i 对因素 2 的敏感度.

于是证券 i 的预期收益率为
$$E(R_i) = a_i + b_{i1} E(F_1) + b_{i2} E(F_2), \tag{4.2.7}$$
其中 $E(F_1), E(F_2)$ 分别是因素 1 和因素 2 的均值. 证券 i 收益率的方差为
$$\sigma_i^2 = b_{i1}^2 \sigma_{F1}^2 + b_{i2}^2 \sigma_{F2}^2 + 2 b_{i1} b_{i2} \text{cov}(F_1, F_2) + \sigma_{ei}^2 \tag{4.2.8}$$
式中 σ_{F1}^2、σ_{F2}^2 分别为因素 1 和因素 2 的方差，$\text{cov}(F_1, F_2)$ 表示两个因素 F_1 和 F_2 之间的协方差.

3. 多因素模型

多因素模型认为，证券 i 的收益率受到 k 个因素影响，即
$$R_{it} = a_i + b_{i1} F_{1t} + b_{i2} F_{2t} + \cdots + b_{ik} F_{kt} + \varepsilon_{it}, \tag{4.2.9}$$
式中 F_{it} 因素 i 在 t 期的预期值，b_{ik} 是证券 i 对因素 k 的敏感度.

4.2.2 套利原则

套利是利用同一种证券的不同价格来获取无风险收益的行为. 根据该定义，套利收益是没有风险的，所以投资者一旦发现这种机会就会设法利用，并随着他们的买进和卖出消除这些获利机会.

在因素模型中，所有具有相同因素敏感性的证券或组合，将以相同的方式变化，因此它们必然要求有相同的预期回报率，否则就会出现套利机会. 投资者将利用这些套利机会进行

套利,最终导致套利机会消失,市场达到均衡,这就是套利定价模型的实质.

4.2.3 套利组合

根据套利定价理论,在不增加证券风险的条件下,投资者将通过组建套利组合的机会来增加其现有资产组合的预期收益率.那么,如何才能构造一个套利组合呢?

根据套利的定义,套利组合要满足以下三个条件:

条件 1 套利组合要求投资者不追加资金,即套利组合属于自融资组合.我们用 x_i 表示投资者持有证券 i 权重的变化(x_i 可正可负),则有结果

$$x_1 + x_2 + x_3 + \cdots + x_n = 0. \tag{4.2.10}$$

条件 2 套利组合对任何因素的敏感度为零,也就是说套利组合没有因素风险.

由式(4.2.5)可知,证券资产组合对某个因素的敏感程度等于该组合中各种证券对因素敏感度的加权平均数,因此单因素模型下条件 2 的表达式为

$$b_1 x_1 + b_2 x_2 + b_3 x_3 + \cdots + b_n x_n = 0; \tag{4.2.11}$$

双因素模型下条件 2 的表达式为

$$b_{11} x_1 + b_{12} x_2 + b_{13} x_3 + \cdots + b_{1n} x_n = 0,$$
$$b_{21} x_1 + b_{22} x_2 + b_{23} x_3 + \cdots + b_{2n} x_n = 0,$$

其中 b_{ij} 为证券 i 对因素 j 的敏感度;

多因素模型下条件 2 的表达式为

$$b_{11} x_1 + b_{12} x_2 + b_{13} x_3 + \cdots + b_{1n} x_n = 0,$$
$$b_{21} x_1 + b_{22} x_2 + b_{23} x_3 + \cdots + b_{2n} x_n = 0,$$
$$\cdots\cdots\cdots\cdots$$
$$b_{k1} x_1 + b_{k2} x_2 + b_{k3} x_3 + \cdots + b_{kn} x_n = 0,$$

其中 b_{ij} 为证券 i 对因素 j 的敏感度;

条件 3 套利组合的预期收益率应该大于零,即

$$x_1 \mathrm{E}(R_1) + x_2 \mathrm{E}(R_2) + x_3 \mathrm{E}(R_3) + \cdots + x_n \mathrm{E}(R_n) > 0. \tag{4.2.12}$$

4.2.4 套利定价模型

1. 单因素套利定价模型

套利活动的目标是套利组合的预期收益率最大化,因此有如下优化问题:

$$\max \quad \mathrm{E}(R_p) = x_1 \mathrm{E}(R_1) + x_2 \mathrm{E}(R_2) + x_3 \mathrm{E}(R_3) + \cdots + x_n \mathrm{E}(R_n),$$
$$\text{s.t.} \quad x_1 + x_2 + x_3 + \cdots + x_n = 0,$$
$$b_1 x_1 + b_2 x_2 + b_3 x_3 + \cdots + b_n x_n = 0.$$

根据拉格朗日乘数法,可以建立如下函数:

$$L = \mathrm{E}(R_p) = x_1 \mathrm{E}(R_1) + x_2 \mathrm{E}(R_2) + x_3 \mathrm{E}(R_3) + \cdots + x_n \mathrm{E}(R_n) - \lambda_0(x_1 + x_2 + x_3 + \cdots + x_n)$$
$$- \lambda_1(b_1 x_1 + b_2 x_2 + b_3 x_3 + \cdots + b_n x_n).$$

分别对 $x_i(i=1,2,\cdots,n)$ 和 λ_j 求偏导数,整理后有结果:

$$\mathrm{E}(R_i) = \lambda_0 + \lambda_1 b_i, \tag{4.2.13}$$

这就是单因素套利定价模型,其中 λ_0 和 λ_1 为常数.这两个参数究竟代表什么意义?我们知道,无风险资产的收益率等于无风险利率,即 $\mathrm{E}(R_i)=r$.由于式(4.2.13)适用于所有证券,而无风险资产的因素敏感度为 $b_i=0$,因此由式(4.2.13),有 $\mathrm{E}(R_i)=\lambda_0$.由此可见,式(4.2.13)的 λ_0 一定等于 r.

进一步,考虑一个纯因素组合 p',其敏感度等于1,即 $b_{p'}=1$.代入式(4.2.13),有

$$\lambda_1 = \mathrm{E}(R_{p'}) - r.$$

由此可见,λ_1 代表因素风险报酬(收益),也就是单位因素敏感度的组合收益超过无风险利率部分的预期收益率.为了表达方便,令 $\delta_1 = \mathrm{E}(R_{p'})$,即 δ_1 表示单位因素敏感度组合的预期收益率,我们有

$$\mathrm{E}(R_i) = r + (\delta_1 - r) b_i. \tag{4.2.14}$$

2. 多因素套利定价模型

k 个因素条件下,套利定价模型为

$$\mathrm{E}(R_i) = \lambda_0 + \lambda_1 b_{i1} + \lambda_2 b_{i2} + \cdots + \lambda_k b_{ik}. \tag{4.2.15}$$

我们用 δ_j 表示对第 j 种因素的敏感度为1,而对其他因素的敏感度为零的证券资产组合的预期收益率,可以得到

$$\mathrm{E}(R_i) = r + (\delta_1 - r) b_{i1} + (\delta_2 - r) b_{i2} + \cdots + (\delta_k - r) b_{ik}. \tag{4.2.16}$$

其意义为:一种证券的预期收益率等于无风险利率加上 k 个因素的风险报酬.

§4.3 本章小结

在本章,我们分别介绍了资本资产定价模型和套利定价模型.这两个模型的特点是结论简单,但理论性非常强.对于资本资产定价模型,我们给出了收益率形式和价格形式及相关程序.较之资本资产定价模型的收益率形式,价格形式很直观,故更加便于应用.对于套利定价模型,分别介绍了单因素模型、双因素模型和多因素模型,在此基础上介绍了单因素套利定价模型和多因素套利定价模型.套利定价模型的程序设计可借鉴资本资产定价模型,故本章没有给出相关程序,感兴趣的读者可登陆博客"http://blog.sina.com.cn/scifinance"进行讨论.

第 5 章 期权定价理论

期权定价理论是继资产组合理论、资本资产定价模型之后金融领域又一个获得诺贝尔经济学奖的重要理论. 1973 年,Black 和 Scholes 发表了《期权和公司债务的定价》(The pricing of options and corporate liabilities)一文,提出了著名的期权定价理论. 同年,Merton 给出了以支付连续红利率股票为标的资产的期权定价公式,并把 Black-Scholes 期权定价公式推广到无风险利率和标的资产价格的变异性不是常数的重要情况. 在本章,我们将以 Black-Scholes 期权定价公式为主线介绍与期权相关的一些知识、股票价格的行为模型、Black-Scholes 偏微分方程、Black-Scholes 期权定价公式、Black-Scholes 期权定价公式的拓展模型(支付已知红利的股票欧式期权定价和美式看涨期权定价)等.

§5.1 期权概述

5.1.1 期权的概念

期权是赋予了其拥有者在未来的某时间以事先预定好的价格买卖某种金融资产的权利的合约. 从广义上讲,期权也可以指金融资产中含有的任何选择权. 一般称期权中规定的金融资产为期权的标的资产,并称对标的资产的商定价格为**行权价格**.

根据交易的买卖类型,可以将期权分为看涨期权和看跌期权. **看涨期权**是指在指定日期以行权价格买入一定量的金融资产的合约. **看跌期权**是指可以在指定日期以行权价格卖出一定量的金融资产的合约. 期权中指定的日期称为到期日. 当投资者认为某种金融资产的价格将要上涨时,就可以购买这种金融资产的看涨期权,或者出售这种金融资产的看跌期权. 相反,如果认为某种金融资产的价格将要下跌,则可以采取相反的操作.

按期权允许的行权时间划分,期权可分为欧式期权和美式期权. **欧式期权**是指期权的行权日期是事先指定的期权; **美式期权**是指可以在到期日之前的任何日期行权的期权. 在交易所交易的大部分期权是美式期权. 但是,欧式期权通常比美式期权更容易分析,并且美式期权的一些性质总是可以从欧式期权的性质推导出来.

根据行权价格与标的资产市场价格的关系,可将期权分为实值期权、虚值期权和平价期权三种类型. 对看涨期权而言,若标的资产价格高于行权价格,期权的买方执行期权将有利可图,此时为实值期权. 若标的资产价格低于行权价格,期权的买方将放弃执行期权,此时为虚值期权. 对看跌期权而言,标的资产价格低于行权价格为实值期权;标的资产价格高于行权价格为虚值期权. 若标的资产价格等于行权价格,则看涨期权和看跌期权均为平价期权.

从理论上说,实值期权的内在价值为正,虚值期权的内在价值为负,平价期权的内在价值为零.但实际上,无论是看涨期权还是看跌期权,也无论期权标的资产的市场价格处于什么水平,期权的内在价值都必然大于零或等于零,而不可能为一负值.这是因为期权赋予买方执行期权与否的选择权,而没有规定相应的义务,当期权的内在价值为负时,买方可以选择放弃期权.

期权的内在价值定义为期权本身所具有的价值,也就是期权的买方如果立即执行该期权所能获得的收益.一种期权有无内在价值以及内在价值的大小,取决于该期权的行权价格与标的资产市场价格之间的关系.**期权的时间价值**是指期权的买方购买期权而实际支付的价格超过该期权内在价值的那部分,一般以期权的实际价格减去内在价值求得.

在现实的期权交易中,各种期权通常是以高于内在价值的价格买卖的,即使是平价期权或虚值期权,也会以大于零的价格成交.期权的买方之所以愿意支付额外的费用,是因为希望随着时间的推移和标的资产市场价格的变动,该期权的内在价值得以增加,使虚值期权或平价期权变为实值期权,或使实值期权的内在价值进一步提高.

买卖期权一般情况下有两种动机:一种是出于投机赚取最大利润的想法,因为期权价格的波动将导致获得更大收益的机会.当然,同时也面临产生更大损失的风险.另一种情况是出于对冲风险的考虑.因为期权的行使不是必须的(期权赋予了其投资者做某事的权利,但持有者不一定必须行使该权利.这一特点使得期权不同于远期、期货等金融资产.投资者签署远期和期货合约时的成本为零,但投资者购买一张期权合约必须支付期权费),所以期权作为投资策略的一个部分,在对冲风险方面有更大的选择余地.

期权定价就是对这种选择权本身进行定价.如果这种选择权是可以独立交易的,那么这个价格是非常有现实意义的.如果这种选择权不是单独交易的(可能是含在产品中的,如可转换债券中的转换权力),通过定价也可以对这部分的价值有一定的了解,以便更好地掌握金融资产价值变化的情况.

最早的场内期权是股票期权.芝加哥期货交易所于1973年设立了一个新的交易所期权交易所,从而拉开了期权交易的序幕.随着国际金融市场的迅速发展,期权标的资产逐渐拓展到股票指数、利率和外汇等领域.目前,股票期权和股票指数期权在期权市场中所占的比例最大.但是,并不是所有的期权都是在交易所中交易的,在金融机构与大公司之间直接进行的期权交易也非常普遍,这种期权交易称为**场外期权交易**.场外期权交易的主要特点是金融机构可以根据客户的需要订立期权合约.

5.1.2 影响期权价格的因素

期权价格由内在价值和时间价值构成,因而凡是影响内在价值和时间价值的因素,就是影响期权价格的因素.大致包括以下几种:

(1) 行权价格与标的资产价格.行权价格与标的资产价格是影响期权价格的最主要因

素.这两种价格的关系不仅决定了期权有无内在价值及内在价值的大小,而且还决定了有无时间价值和时间价值的大小.一般而言,行权价格与标的资产价格之间的差距越大,时间价值越小;反之,则时间价值越大.这是因为时间价值是市场参与者因预期标的资产价格变动引起其内在价值变动而愿意付出的代价.当一种期权处于极度实值或极度虚值时,市场价格变动的空间已很小.只有在行权价格与标的资产价格非常接近或为平价期权时,市场价格的变动才有可能增加期权的内在价值,从而使时间价值随之增大.

(2) 权利期间.权利期间是指期权剩余的有效时间,即期权成交日至期权到期日的时间.在其他条件不变的情况下,权力期间越长,期权价格越高;反之,期权价格越低.这主要是因为权利期间越长,期权的时间价值越大;随着权利期间缩短,时间价值也逐渐减少;在期权的到期日,权利期间为零,时间价值也为零.通常权利期间与时间价值存在同方向但非线性的关系.

(3) 利率.利率,尤其是短期利率的变动会影响期权的价格.利率变动对期权价格的影响是复杂的:一方面,利率变化会引起期权标的资产价格变化,从而引起期权内在价值的变化;另一方面,利率变化会使期权价格的机会成本变化;同时,利率变化还会引起对期权交易的供求关系变化,因而从不同角度对期权价格产生影响.例如,利率提高,期权标的资产如股票、债券的市场价格将下降,从而使看涨期权的内在价值下降,看跌期权的内在价值提高;利率提高,又会使期权价格的机会成本提高,有可能使资金从期权市场流向价格已下降的股票、债券等现货市场,减少对期权交易的需求,进而又会使期权价格下降.总之,利率对期权价格的影响是复杂的,应根据具体情况作具体分析.

(4) 标的资产价格的波动性.标的资产价格的波动性越大,期权价格越高;波动性越小,期权价格越低.这是因为,标的资产价格波动性越大,在期权到期时,标的资产市场价格涨至行权价格之上或跌至行权价格之下的可能性越大.因此,期权的时间价值,乃至期权价格,都将随标的资产价格波动的增大而提高,随标的资产价格波动的缩小而降低.

(5) 标的资产的收益.标的资产的收益将影响标的资产的价格.在行权价格一定时,标的资产价格又必然影响期权的内在价值,从而影响期权的价格.由于标的资产分红派息等将使标的资产价格下降,而行权价格并不进行相应调整,因此,在期权有效期内,标的资产产生收益将使看涨期权价格下降,使看跌期权价格上升.

5.1.3 假设与符号

为了便于今后各章节的讨论,我们做出如下假设:
(1) 市场是无套利的市场;
(2) 市场中没有交易费用;
(3) 所有交易利润具有相同的税率.
同时我们定义以下各字母的含义:

S：股票现价；

X：期权的行权价格；

T：期权的到期日；

t：现在时刻；

S_T：在 T 时刻股票的价格；

r：在 T 时刻到期的投资的无风险利率；

c：购买一股股票的欧式看涨期权的价格；

p：出售一股股票的欧式看跌期权的价格；

C：购买一股股票的美式看涨期权的价格；

P：出售一股股票的美式看跌期权的价格；

σ：股票价格的波动率.

5.1.4 期权价格的上下限

1. 期权价格的上限

欧式看涨期权或者美式看涨期权持有者有权按照某一确定的价格购买一股股票. 在任何情况下, 期权的价值都不会超过股票的价格. 所以, 股票的价格应该是期权价格的上限：

$$c \leqslant S \quad \text{和} \quad C \leqslant S. \tag{5.1.1}$$

如果这一关系不成立, 将存在着套利机会, 套利者将通过购买股票并卖出看涨期权获得无风险收益.

欧式看跌期权或者美式看跌期权的持有者有权以行权价格 X 出售一股股票. 无论股票价格多低, 期权的价格都不会超过 X, 所以有

$$p \leqslant X \quad \text{和} \quad P \leqslant X. \tag{5.1.2}$$

由于欧式看跌期权在 T 时刻期权的价值不会超过 X, 所以现在期权的价格不会超过 X 的现值

$$p \leqslant X e^{-r(T-t)}. \tag{5.1.3}$$

如果上式不成立, 将出现套利机会, 套利者可出售期权并将收入所得以无风险利率再投资, 获得无风险收益.

2. 不支付红利股票的欧式看涨期权下限

不支付红利股票的欧式看涨期权的下限为

$$S - X e^{-r(T-t)}. \tag{5.1.4}$$

为了讨论这个问题, 我们考虑以下两个组合：

组合 A：一个价格为 c 的欧式看涨期权加上金额为 $X e^{-r(T-t)}$ 的现金；

组合 B：一股标的价格为 S 的股票.

如果将组合 A 中的现金按照无风险利率投资, 在 T 时刻将变为 X. 在 T 时刻, 如果

$S_T > X$,投资者就会行使期权,组合 A 的价值为 S_T;如果 $S_T < X$,期权到期值为 0,组合 A 的价值是 X. 所以,在 T 时刻组合 A 的价值为

$$\min\{S_T, X\}.$$

在 T 时刻组合 B 的价值是 S_T,所以在 T 时刻组合 A 的价值通常不会低于组合 B 的价值. 因此,在无套利条件下,我们有

$$c + X\mathrm{e}^{-r(T-t)} \geq S \quad \text{或} \quad c \geq S - X\mathrm{e}^{-r(T-t)}.$$

对于一个看涨期权来说,最坏的情况是在期权到期时价值为 0,所以期权价值不能为负,即 $c \geq 0$,从而有

$$c \geq \max\{S - X\mathrm{e}^{-r(T-t)}, 0\}. \tag{5.1.5}$$

3. 不支付红利股票的欧式看跌期权下限

不支付红利股票的欧式看跌期权的下限为

$$X\mathrm{e}^{-r(T-t)} - S. \tag{5.1.6}$$

为了讨论这个问题,考虑如下两个组合:

组合 A:一个价格为 p 的欧式看跌期权加上一股标的价格为 S 的股票;

组合 B:金额为 $X\mathrm{e}^{-r(T-t)}$ 的现金.

如果 $S_T < X$,则在 T 时刻组合 A 的期权将会被行权,组合价值为 X;如果 $S_T > X$,在期权到期时刻,其价值为 0,组合 A 的价值是 S_T. 所以,在 T 时刻组合 A 的价值是

$$\max\{S_T, X\}.$$

假设现金以无风险利率投资,则在 T 时刻组合 B 的价值为 X. 所以在 T 时刻组合 A 的价值总不会低于组合 B 的价值. 在无套利条件下,组合 A 的价值不会低于组合 B 的现值,即

$$p + S > X\mathrm{e}^{-r(T-t)} \quad \text{或} \quad p > X\mathrm{e}^{-r(T-t)} - S.$$

对一个看跌期权来说,可能发生的最坏的情况是期权在到期时期权价格为 0,所以期权的价格必须为正值,即 $p > 0$,这意味着

$$p > \max\{X\mathrm{e}^{-r(T-t)} - S, 0\}. \tag{5.1.7}$$

5.1.5 看跌期权-看涨期权的平价关系

我们现在推导欧式看跌期权价格 p 与欧式看涨期权价格 c 之间的关系. 考虑如下两个组合:

组合 A:一个价格为 c 的欧式看涨期权加上金额为 $X\mathrm{e}^{-r(T-t)}$ 的现金;

组合 B:一个价格为 p 的欧式看跌期权加上一股标的价格为 S 的股票.

这两个组合在到期时价值均为

$$\max\{S_T, X\}.$$

由于组合 A 和组合 B 中的期权均为欧式期权,在到期日之前不能行权,因此两组合在任意时刻 t 必须有同等的价值,就是说

$$c + Xe^{-r(T-t)} = p + S. \qquad (5.1.8)$$

这一关系就是欧式看跌期权-欧式看涨期权的平价关系(put-call parity). 该公式表明, 欧式看涨期权的价值可以由一个具有相同行权价格和到期日的看跌期权价值推导得来, 反之亦然. 如果该式不成立的话, 将存在着套利机会.

看跌期权与看涨期权之间的平价关系仅适用于欧式期权, 但是也可以推导出不支付红利股票的美式看涨期权价格 C 与美式看跌期权价格 P 之间的关系. 在这里, 我们直接给出不支付红利股票的美式看涨期权与美式看跌期权之间的关系为

$$S - X < C - P < S - Xe^{-r(T-t)}. \qquad (5.1.9)$$

5.1.6 红利对于期权的影响

1. 对看涨期权与看跌期权下限的影响

为了讨论红利对于看涨期权的影响, 我们构造如下组合:

组合 A: 一个价格为 c 的欧式看涨期权加上数额为 $D + Xe^{-r(T-t)}$ 的现金(D 表示在期权有效期内红利的现值);

组合 B: 一股价格是 S 的股票.

经过类似式(5.1.4)的推导, 我们有

$$c > S - D - Xe^{-r(T-t)}. \qquad (5.1.10)$$

为了讨论红利对于欧式看跌期权的影响, 我们构造如下组合:

组合 A: 一个价格为 c 的欧式看涨期权加上一股价格是 S 的股票

组合 B: 数额为 $D + Xe^{-r(T-t)}$ 的现金.

经过类似式(5.1.6)的推导, 我们有

$$p > D + Xe^{-r(T-t)} - S. \qquad (5.1.11)$$

2. 对看涨期权-看跌期权平价关系的影响

在这里, 我们直接给出以后各章将要用到的结果. 当存在红利时, 欧式看涨期权与看跌期权之间的平价关系修正为

$$c + D + Xe^{-r(T-t)} = p + S. \qquad (5.1.12)$$

对于美式看涨期权与看跌期权来说, 红利将使得 $S - X < C - P < S - Xe^{-r(T-t)}$, 从而看涨期权与看跌期权的平价关系修正为

$$S - D - X < C - P < S - Xe^{-r(T-t)}. \qquad (5.1.13)$$

5.1.7 提前行权

在这里, 我们直接给出在下面几章经常用到的结论:

结论 5.1.1 在期权到期日之前, 不支付红利股票的美式看涨期权提前行权不是最优的选择.

结论 5.1.2 当预期有红利派发时,在除息日前立即执行美式看涨期权是明智的选择.

结论 5.1.3 在期权到期日之前,不支付红利股票的美式看跌期权提前行权可能是明智的选择.

§5.2 股票价格的行为模型

股票价格的变化是不确定的,适合用随机过程来描述.如果某变量以不确定的方式随时间变化,则称该变量遵循随机过程.随机过程分为离散时间随机过程和连续时间随机过程两种.一个离散时间随机过程是指标的变量只能在确定的时间点上变化,而一个连续时间随机过程是指标的变量可以在任何时刻发生变化.随机过程还可分为连续变量随机过程和离散变量随机过程.在连续变量随机过程中,该变量在某一范围内可以取任何值,而在离散变量随机过程中,变量只能取某些离散值.

在本节,我们将介绍与 Black-Scholes 期权定价理论有关的一些预备知识.这些知识主要是围绕着股票价格的变化过程而展开的,内容大致包括:维纳过程、伊藤过程、伊藤定理、几何布朗运动、对数正态分布等.这些内容是理解期权定价和更加复杂的衍生证券定价的基础.

5.2.1 维纳过程

在介绍维纳过程之前,先简单介绍一下马尔可夫过程.马尔可夫过程是一种特殊的随机过程,在该过程中,变量的变化仅依赖于该变量前一瞬间的状态.当变量遵从马尔可夫过程时,变量在相邻时间内变化的方差具有可加性,但标准差不具有可加性.马尔可夫过程的重要特征是,变量的随机变化是独立同分布的.

维纳过程是马尔可夫过程的特殊形式.如果变量服从维纳过程,则该变量的期望值为 0,方差为 1.股票价格模型通常用维纳过程表达.在物理学中,这种过程也称为布朗运动.

如果变量 $z=z(t)$ 服从维纳过程,则其增量 Δz 必须满足如下两个基本性质:

性质 5.2.1 Δz 与 Δt 之间满足关系

$$\Delta z = \varepsilon \sqrt{\Delta t}, \tag{5.2.1}$$

其中 ε 为从标准正态分布中抽取的一个随机值.

性质 5.2.2 对任何两个不同的时间间隔 Δt, Δz 的值相互独立.

由性质 5.2.1,我们得出 Δz 服从期望值为 0,方差为 Δt,标准差为 $\sqrt{\Delta t}$ 的正态分布.性质 5.2.2 意味着变量 $z=z(t)$ 服从马尔可夫过程.

再由性质 5.2.1,当 $\Delta t \to 0$ 时,Δz 的微分形式为

$$\mathrm{d}z = \varepsilon \sqrt{\mathrm{d}t}. \tag{5.2.2}$$

5.2.2 一般维纳过程

变量 x 服从一般维纳过程的定义如下:
$$\mathrm{d}x = a\mathrm{d}t + b\mathrm{d}z, \tag{5.2.3}$$
其中 a,b 为常数, a 是一般维纳过程的预期漂移率, b 是波动率.

式(5.2.3)由两项组成, 如果不考虑 $b\mathrm{d}z$, 则有
$$\mathrm{d}x = a\mathrm{d}t \quad \text{或} \quad x = x_0 + at,$$
其中 x_0 为 x 在 0 时刻的值, 经过 t 时刻后, x 的增加值为 at.

如果仅考虑 $b\mathrm{d}z$, 则
$$\mathrm{d}x = b\mathrm{d}z.$$
$b\mathrm{d}z$ 可以看做是附加在变量 x 轨迹上的噪声或者波动, 这些噪声或波动是维纳过程的 b 倍.

将 $a\mathrm{d}t$ 和 $b\mathrm{d}z$ 一并来考虑, 则有
$$\mathrm{d}x = a\mathrm{d}t + b\mathrm{d}z.$$
经过时间增量 Δt 之后, x 的增量值为
$$\Delta x = a\Delta t + b\Delta z.$$
将式(5.2.1)代入上式, 有
$$\Delta x = a\Delta t + b\varepsilon\sqrt{\Delta t}. \tag{5.2.4}$$
如前所述, ε 是取自标准正态分布中的随机抽样值, 因此 Δx 服从正态分布, 其均值是 $a\Delta t$, 方差为 $b^2\Delta t$, 标准差为 $b\sqrt{\Delta t}$.

类似以上讨论, 我们可得出任意时间 t 后, x 值的变化也服从均值是 at, 方差为 $b^2 t$, 标准差为 $b\sqrt{t}$ 的正态分布.

5.2.3 伊藤过程和伊藤引理

如果上面随机过程中的 a 与 b 是 x 和 t 的函数, 则可得到伊藤过程
$$\mathrm{d}x = a(x,t)\mathrm{d}t + b(x,t)\mathrm{d}z. \tag{5.2.5}$$
伊藤过程中的预期漂移率和波动率随时间变化.

定理 5.2.1(伊藤引理) 假设变量 x 服从伊藤过程
$$\mathrm{d}x = a(x,t)\mathrm{d}t + b(x,t)\mathrm{d}z,$$
其中 $\mathrm{d}z$ 是维纳过程. 设 $G=G(x,t)$ 是 x 的二次连续可微函数, 则 $G(x,t)$ 遵从如下过程:
$$\mathrm{d}G = \left(\frac{\partial G}{\partial x}a + \frac{\partial G}{\partial t} + \frac{1}{2}\cdot\frac{\partial^2 G}{\partial x^2}b^2\right)\mathrm{d}t + \frac{\partial G}{\partial x}b\mathrm{d}z. \tag{5.2.4'}$$

证明 由二元函数的泰勒展开公式有
$$\Delta G = \frac{\partial G}{\partial x}\Delta x + \frac{\partial G}{\partial t}\Delta t + \frac{1}{2}\cdot\frac{\partial^2 G}{\partial x^2}\Delta x^2 + \frac{\partial^2 G}{\partial x \partial t}\Delta x\Delta t + \frac{1}{2}\cdot\frac{\partial^2 G}{\partial t^2}\Delta t^2 + \cdots. \tag{5.2.5'}$$

因为
$$\Delta x = a(x,t)\Delta t + b(x,t)\varepsilon\sqrt{\Delta t}, \tag{5.2.6}$$

由该式有结果
$$\Delta x^2 = b^2\varepsilon^2\Delta t + o(\Delta t). \tag{5.2.7}$$

根据式(5.2.6),有
$$\Delta x\Delta t = a(x,t)\Delta t^2 + b(x,t)\varepsilon\sqrt{(\Delta t)^3} = o(\Delta t). \tag{5.2.8}$$

将式(5.2.6),(5.2.7)和(5.2.8)代入式(5.2.5′),得
$$\Delta G = \frac{\partial G}{\partial x}\Delta x + \frac{\partial G}{\partial t}\Delta t + \frac{1}{2}\cdot\frac{\partial^2 G}{\partial x^2}b^2\Delta t + o(\Delta t).$$

令 $\Delta t\to 0$,得
$$\mathrm{d}G = \frac{\partial G}{\partial x}\mathrm{d}x + \frac{\partial G}{\partial t}\mathrm{d}t + \frac{1}{2}\cdot\frac{\partial^2 G}{\partial x^2}b^2\mathrm{d}t. \tag{5.2.9}$$

再将 $\mathrm{d}x = a(x,t)\mathrm{d}t + b(x,t)\mathrm{d}z$ 代入式(5.2.9),得
$$\mathrm{d}G = \left(\frac{\partial G}{\partial x}a + \frac{\partial G}{\partial t} + \frac{1}{2}\cdot\frac{\partial^2 G}{\partial x^2}b^2\right)\mathrm{d}t + \frac{\partial G}{\partial x}b\mathrm{d}z.$$

证毕.

由伊藤定理可知,如果 x,t 服从伊藤过程,则 x,t 的函数 G 也遵从伊藤过程,不过漂移率和波动率分别为
$$\frac{\partial G}{\partial x}a + \frac{\partial G}{\partial t} + \frac{1}{2}\cdot\frac{\partial^2 G}{\partial x^2}b^2 \quad \text{和} \quad \left(\frac{\partial G}{\partial x}b\right)^2.$$

5.2.4 不支付红利股票价格的行为过程

如果假设股票价格服从一般维纳过程,则有不变的期望漂移率和波动率,这不符合实际. 所以,一般假设股票价格变化的比例 $\mathrm{d}S/S$ 服从一般维纳过程,即
$$\frac{\mathrm{d}S}{S} = \mu\mathrm{d}t + \sigma\mathrm{d}z.$$

因此,股票价格 S 可用漂移率 μS 和波动率 σS 的伊藤过程来描述,即
$$\mathrm{d}S = \mu S\mathrm{d}t + \sigma S\mathrm{d}z, \tag{5.2.10}$$

其离散形式为
$$\Delta S = \mu S\Delta t + \sigma S\Delta z. \tag{5.2.11}$$

如果 μ 和 σ 为常数,则称式(5.2.10)为**几何布朗运动**. 几何布朗运动是最广泛的描绘股票价格行为的模型.

如果 S 服从伊藤过程,则 S 和 t 的函数 G 也服从伊藤过程:
$$\mathrm{d}G = \left(\frac{\partial G}{\partial x}a + \frac{\partial G}{\partial t} + \frac{1}{2}\cdot\frac{\partial^2 G}{\partial x^2}b^2\right)\mathrm{d}t + \frac{\partial G}{\partial x}b\mathrm{d}z$$

$$= \left(\frac{\partial G}{\partial S}\mu S + \frac{\partial G}{\partial t} + \frac{1}{2}\frac{\partial^2 G}{\partial S^2}\sigma^2 S^2\right)dt + \frac{\partial G}{\partial S}\sigma S dz. \qquad (5.2.12)$$

注意,S 和 G 都受 dz 的影响.

我们定义 $G=\ln S$. 因为 $\frac{\partial G}{\partial S}=\frac{1}{S}, \frac{\partial^2 G}{\partial S^2}=-\frac{1}{S^2}, \frac{\partial G}{\partial t}=0$,则式(5.2.12)简化为

$$dG = \left(\mu - \frac{\sigma^2}{2}\right)dt + \sigma dz. \qquad (5.2.13)$$

因为 μ 和 σ 为常数,故式(5.2.13)也是维纳过程,其漂移率是 $\left(\mu-\frac{\sigma^2}{2}\right)$,波动率是 σ.

因此,$\ln S$ 在 t 与 T 时刻之间的变化服从正态分布,其期望值为 $\left(\mu-\frac{\sigma^2}{2}\right)(T-t)$,方差为 $\sigma^2(T-t)$. 这意味着

$$\ln S_T - \ln S \sim N\left(\left(\mu-\frac{\sigma^2}{2}\right)(T-t), \sigma^2(T-t)\right),$$

或者

$$\ln S_T \sim N\left(\ln S + \left(\mu-\frac{\sigma^2}{2}\right)(T-t), \sigma^2(T-t)\right), \qquad (5.2.14)$$

式中 $N(m,s)$ 表示期望值为 m,方差为 s 的正态分布.

式(5.2.14)显示,$\ln S_T$ 服从正态分布. 如果一个变量的对数服从正态分布,则该变量称为服从对数正态分布.

§5.3 Black-Scholes 期权定价理论

5.3.1 Black-Scholes 偏微分方程

Black-Scholes 微分方程是不支付红利股票的衍生证券价格必须满足的方程. 它是建立在如下假设基础上的:

(1) 股票价格遵循几何布朗运动;
(2) 允许卖空衍生证券;
(3) 没有交易费用或税收,且所有证券都是高度可分的;
(4) 在衍生证券有效期内,标的资产(股票)没有红利支付;
(5) 不存在无风险套利机会;
(6) 证券交易是连续的;
(7) 无风险利率 r 是常数且对所有到期日都相同.

根据假设(1),有结果:

$$dS = \mu S dt + \sigma S dz, \qquad (5.3.1)$$

式中 z 是一个维纳过程，μ 为股票价格的预期收益率，σ 为股票价格的波动率.

假设衍生证券价格 f 依赖于标的资产价格 S，则 f 一定是 S 和时间 t 的某一函数. 由伊藤引理得

$$\mathrm{d}f = \left(\frac{\partial f}{\partial S}\mu S + \frac{\partial f}{\partial t} + \frac{1}{2} \cdot \frac{\partial^2 f}{\partial S^2}\sigma^2 S^2\right)\mathrm{d}t + \frac{\partial f}{\partial S}\sigma S \mathrm{d}z. \tag{5.3.2}$$

式(5.3.1)和(5.3.2)的离散形式分别为

$$\Delta S = \mu S \Delta t + \sigma S \Delta z, \tag{5.3.3}$$

$$\Delta f = \left(\frac{\partial f}{\partial S}\mu S + \frac{\partial f}{\partial t} + \frac{1}{2} \cdot \frac{\partial^2 f}{\partial S^2}\sigma^2 S^2\right)\Delta t + \frac{\partial f}{\partial S}\sigma S \Delta z, \tag{5.3.4}$$

式中 ΔS 和 Δf 分别是 S 和 f 在短时间间隔 Δt 后的变化量. 由于 f 和 S 遵循相同的维纳过程，所以两式中的 Δz 应该相同. 这样适当地选择股票和衍生证券组合就可以消除不确定项 Δz.

为了消除 Δz，我们构建了一个包括 1 单位衍生证券空头和 $\frac{\partial f}{\partial S}$ 单位标的证券多头的组合. 令 Π 代表该资产组合的价值，则有结果：

$$\Pi = -f + \frac{\partial f}{\partial S}S.$$

在 Δt 时间后，该资产组合的价值变化为

$$\Delta \Pi = -\Delta f + \frac{\partial f}{\partial S}\Delta S. \tag{5.3.5}$$

将 ΔS 和 Δf 代入式(5.3.5)，得

$$\Delta \Pi = \left(-\frac{\partial f}{\partial t} - \frac{1}{2} \cdot \frac{\partial^2 f}{\partial S^2}\sigma^2 S^2\right)\Delta t. \tag{5.3.6}$$

由于式(5.3.6)中不包含 Δz，所以在时间间隔 Δt 后该组合的价值必定无风险，其在 Δt 后的瞬时收益率一定等于无风险利率. 否则，套利者就可以通过套利获得无风险收益率，所以结果应该是：

$$\Delta \Pi = r\Pi \Delta t. \tag{5.3.7}$$

将式(5.3.7)代入式(5.3.6)得

$$\left(\frac{\partial f}{\partial t} + \frac{1}{2} \cdot \frac{\partial^2 f}{\partial S^2}\sigma^2 S^2\right)\Delta t = r\left(f - \frac{\partial f}{\partial S}S\right)\Delta t,$$

整理后得

$$\frac{\partial f}{\partial t} + rS\frac{\partial f}{\partial S} + \frac{1}{2}\sigma^2 S^2 \frac{\partial^2 f}{\partial S^2} = rf. \tag{5.3.8}$$

式(5.3.8)就是著名的 Black-Scholes 偏微分方程. 这个方程适用于价格取决于标的资产价格 S 的所有衍生证券定价.

5.3.2 边界条件

方程(5.3.8)对应于所有标的变量为 S 的衍生证券，该方程有很多解. 为了保证它有唯

一的解，我们需要给出衍生证券所满足的边界条件．

对于欧式看涨期权来说，关键的边界条件为
$$c(S,t) = \max\{S-X, 0\}, \quad \text{当 } t = T \text{ 时}. \tag{5.3.9}$$
当 $S(t)=0$ 时，期权没有价值，所以边界条件为
$$c(0,t) = 0; \tag{5.3.10}$$
当 $S \to +\infty$ 时，$c(S,t) \to +\infty$，期权的价值变成了股票的价值，即
$$c(S,t) \sim S, \quad S \to +\infty. \tag{5.3.11}$$
根据边界条件式(5.3.9)，式(5.3.10)和式(5.3.11)，可以求解方程(5.3.8)．

5.3.3 Black-Scholes 期权定价公式

欧式看涨期权价格满足偏微分方程(5.3.8)，于是有
$$\frac{\partial f}{\partial t} + rS\frac{\partial f}{\partial S} + \frac{1}{2}\sigma^2 S^2 \frac{\partial^2 f}{\partial S^2} = rf, \tag{5.3.12}$$
$$\text{s.t. } c(0,t) = 0, \ S(t) = 0,$$
$$c(S,t) \sim S, \ S \to \infty,$$
$$c(S,T) = \max\{S-X, 0\}, \ t = T.$$
方程(5.3.12)类似扩散方程，但它有更多的项．

为了便于求解，令
$$S = Xe^x, \ t = T - \frac{1}{2}\tau\sigma^2, \ f = Xv(x,\tau).$$
方程(5.3.12)变为
$$\frac{\partial v}{\partial t} = (k-1)\frac{\partial v}{\partial x} + \frac{\partial^2 v}{\partial x^2} - kv, \tag{5.3.13}$$
其中 $k = r / \left(\frac{1}{2}\sigma_2\right)$．此时，终止条件转化为初始条件
$$v(x,0) = \max\{e^x - 1, 0\}.$$
注意到方程(5.3.13)中仅包含一个参数 k．令
$$v = e^{\alpha x + \beta \tau} u(x, \tau),$$
其中 α 和 β 是待定的常数．代入式(5.3.13)有结果
$$\beta u + \frac{\partial u}{\partial \tau} = \alpha^2 u + 2\alpha \frac{\partial u}{\partial x} + \frac{\partial^2 u}{\partial x^2} + (k-1)\left(\alpha u + \frac{\partial u}{\partial x}\right) - ku. \tag{5.3.14}$$
现在，选择 α 和 β，使其满足
$$\beta = \alpha^2 + (k-1)\alpha - k,$$
$$0 = 2\alpha + (k-1).$$
求解两式，得
$$\alpha = -\frac{1}{2}(k-1), \quad \beta = -\frac{1}{4}(k+1)^2.$$

这样,我们有
$$v(x,\tau) = \exp\left[-\frac{1}{2}(k-1)x - \frac{1}{4}(k+1)^2\tau\right]u(x,\tau),$$
式中 u 满足
$$\frac{\partial u}{\partial \tau} = \frac{\partial^2 u}{\partial x^2}, \quad -\infty < x < +\infty, \tau > 0,$$
$$\text{s.t. } u(x,0) = u_0(x) = \max\left\{\exp\left[\frac{1}{2}(k+1)x\right] - \exp\left[\frac{1}{2}(k-1)x\right], 0\right\}.$$

由偏微分方程知识有
$$u(x,\tau) = \frac{1}{2\sqrt{\pi\tau}}\int_{-\infty}^{+\infty} u_0(s)\exp\left[-\frac{1}{4\tau}(x-s)^2\right]\mathrm{d}s.$$

作变换 $x' = (x-s)/\sqrt{2\tau}$,所以
$$\begin{aligned}
u(x,\tau) &= \frac{1}{2\sqrt{\pi}}\int_{-\infty}^{+\infty} u_0(x'\sqrt{2\tau}+x)\exp\left[-\frac{1}{2}x'^2\right]\mathrm{d}s \\
&= \frac{1}{2\sqrt{\pi}}\int_{-x/\sqrt{2\tau}}^{+\infty}\exp\left[\frac{1}{2}(k+1)(x+x'\sqrt{2\tau}) - \frac{1}{2}x'^2\right]\mathrm{d}x' \\
&\quad - \frac{1}{2\sqrt{\pi}}\int_{-x/\sqrt{2\tau}}^{+\infty}\exp\left[\frac{1}{2}(k-1)(x+x'\sqrt{2\tau}) - \frac{1}{2}x'^2\right]\mathrm{d}x' \\
&= I_1 - I_2, \tag{5.3.15}
\end{aligned}$$

这里
$$\begin{aligned}
I_1 &= \frac{1}{2\sqrt{\pi}}\int_{-x/\sqrt{2\tau}}^{+\infty}\exp\left[\frac{1}{2}(k+1)(x+x'\sqrt{2\tau}) - \frac{1}{2}x'^2\right]\mathrm{d}x' \\
&= \frac{\exp\left[\frac{1}{2}(k+1)x\right]}{2\sqrt{\pi}}\int_{-x/\sqrt{2\tau}}^{+\infty}\exp\left[\frac{1}{4}(k+1)^2\tau - \frac{1}{2}\left(x' - \frac{1}{2}(k+1)\sqrt{2\tau}\right)^2\right]\mathrm{d}x' \\
&= \frac{\exp\left[\frac{1}{2}(k+1)x + \frac{1}{4}(k+1)^2\tau\right]}{2/\sqrt{\pi}}\int_{-x/\sqrt{2\tau}-\frac{1}{2}(k+1)\sqrt{2\tau}}^{+\infty}\exp\left(-\frac{1}{2}\rho^2\right)\mathrm{d}\rho \\
&= \exp\left[\frac{1}{2}(k+1)x + \frac{1}{4}(k+1)^2\tau\right]N(d_1),
\end{aligned}$$

其中
$$N(d_1) = \frac{1}{\sqrt{2\pi}}\int_{-\infty}^{d_1}\exp\left(-\frac{1}{2}s^2\right)\mathrm{d}s,$$
$$d_1 = \frac{x}{2\sqrt{\tau}} + \frac{1}{2}(k+1)\sqrt{2\tau}$$

是正态分布的累积分布函数;将 $(k+1)$ 代换为 $(k-1)$,得到

其中
$$I_2 = \exp\left[\frac{1}{2}(k-1)x + \frac{1}{4}(k-1)^2\tau\right]N(d_2),$$
$$d_2 = \frac{x}{2\sqrt{\tau}} + \frac{1}{2}(k-1)\sqrt{2\tau}.$$

将 I_1 和 I_2 代入式(5.3.15),再利用
$$x = \ln(S/X), \quad \tau = \frac{1}{2}\sigma^2(T-t), \quad c = Xv(x,\tau),$$
$$v(x,\tau) = \exp\left[-\frac{1}{2}(k-1)x - \frac{1}{4}(k+1)^2\tau\right]u(x,\tau),$$

整理后得
$$c = SN(d_1) - Xe^{-r(T-t)}N(d_2),$$

其中
$$d_1 = \frac{\ln(S/X) + (r+\sigma^2/2)(T-t)}{\sigma\sqrt{T-t}},$$
$$d_2 = \frac{\ln(S/X) + (r-\sigma^2/2)(T-t)}{\sigma\sqrt{T-t}}$$
$$= d_1 - \sigma\sqrt{T-t}.$$

总结上述结论,我们有如下定理:

定理 5.3.1(Black-Scholes 欧式期权定价公式) 到期时刻为 T,行权价格为 X,标的资产价格 S 服从几何布朗运动的股票欧式看涨期权的价格为
$$c = SN(d_1) - Xe^{-r(T-t)}N(d_2). \tag{5.3.16}$$

根据欧式看涨期权和看跌期权之间的平价关系,容易得出不支付红利股票的欧式看跌期权的定价公式:
$$p = Xe^{-r(T-t)}N(-d_2) - SN(-d_1). \tag{5.3.17}$$

在使用式(5.3.16)和式(5.3.17)之前首先要解决 $N(x)$ 的计算问题. $N(x)$ 是标准正态分布的累积分布函数,可以由下面公式近似求得:
$$N(x) = \begin{cases} 1 - n(x)(a_1k + a_2k^2 + a_3k^3 + a_4k^4 + a_5k^5), & x \geq 0, \\ 1 - N(-x), & x < 0, \end{cases} \tag{5.3.18}$$

其中
$$n(x) = \frac{1}{\sqrt{2\pi}}e^{-x^2/2}, \quad k = \frac{1}{1+\gamma x},$$
$$\gamma = 0.2316419, \quad a_1 = 0.319381530,$$
$$a_2 = -0.356563782, \quad a_3 = 1.781477937,$$
$$a_4 = -1.821255978, \quad a_5 = 1.330274429.$$

分析：式(5.3.18)包含"+(加)"、"−(减)"、"*(乘)"、"/(除)"和指数运算,很容易实现. 注：在编写程序时,我们将 $-6 \leqslant x \leqslant 6$. 这是因为,当 $-6 \leqslant x \leqslant 6$ 时,阴影部分面积已经包含了钟形曲线与 x 轴所围面积的绝大部分(如图 5.3.1 所示).

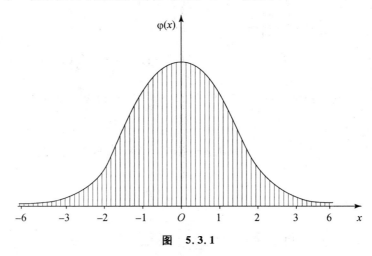

图 5.3.1

程序 5.3.1 标准正态分布的累积分布函数.

```
#include <math.h>        // math functions.
#include <iostream.h>
double N(const double &x);
{
    if (x > 6.0) {return 1.0;};
    if (x < -6.0) {return 0.0;};

    double b1 = 0.31938153;
    double b2 = -0.356563782;
    double b3 = 1.781477937;
    double b4 = -1.821255978;
    double b5 = 1.330274429;
    double p = 0.2316419;
    double c2 = 0.3989423;

    double a = fabs(x);
    double t = 1.0/(1.0 + a*p);
    double b = c2*exp((-x)*(x/2.0));
    double n = ((((b5*t+b4)*t+b3)*t+b2)*t+b1)*t;
    n = 1.0 - b*n;
```

```
    if(x<0.0)n = 1.0 - n;
    return n;
}
```

例 5.3.1 假设变量 x 服从标准正态分布,试计算 $x<1$ 的概率.

解 在这里,$x<1$,查标准正态分布表可直接给出 $N(1)=0.8413$.

```
// 程序调用;
void main()
{
    cout<<"N(1): "<<N(1)<<endl;
}
```

输出结果:

        N(1): 0.8413

显然,查表得出的结果与调用程序得出的结果非常接近.

分析:$N(x)$ 的计算问题解决后,式(5.3.16)和式(5.3.17)的编程就十分地简单了. 在编写与 $N(x)$ 有关的程序时,只需事先将 $N(x)$ 放置在指定的文件夹内,然后在程序的开头部分用指令"include"嵌入头文件"normdist.h",最后在函数体中直接调用 $N(x)$ 即可实现相应的运算.

程序 5.3.2 欧式看涨期权和欧式看跌期权定价.

```
#include <math.h>
#include "normdist.h"
#include <iostream.h>

// 欧式看涨期权定价;
double option_price_call_black_scholes (const double &S,    // 标的资产价格;
                                        const double &X,    // 行权价格;
                                        const double &r,    // 无风险利率;
                                        const double &sigma,// 波动率;
                                        const double &time) // 权利期间;
{
    double time_sqrt = sqrt(time);
    double d1 = (log(S/X) + r*time)/(sigma*time_sqrt) + 0.5*sigma*time_sqrt;
                                                // d1;
    double d2 = d1 - (sigma*time_sqrt); // d2;
    double c = S*N(d1) - X*exp(-r*time)*N(d2); // c;
    return c;
```

```
}
// 欧式看跌期权定价;
double option_price_put_black_scholes (const double &S,    // 标的资产价格;
                                       const double &X,    // 行权价格;
                                       const double &r,    // 无风险利率;
                                       const double &sigma,// 波动率;
                                       const double &time) // 权利期间;
{
    double time_sqrt = sqrt(time);
    double d1 = (log(S/X) + r * time)/(sigma * time_sqrt) + 0.5 * sigma * time_sqrt;
                                                                                // d1;
    double d2 = d1 - (sigma * time_sqrt); // d2;
    double p = X * exp( - r * time) * N( - d2) - S * N( - d1);
                                                                                // p;
    return p;
}
```

例 5.3.2 假设标的资产价格为 \$50,行权价格是 \$50,无风险年利率是 10%,年波动率是 30%,权利期间还有 6 个月,试求相应的欧式看涨期权和看跌期权的价格.

解 在本例中,$S=50, X=50, r=0.1, \sigma=0.3, T-t=0.5$. 我们按照如下步骤计算期权的价格:

(1) 计算各个参数:

$$d_1 = \frac{\ln(S/X) + (r+\sigma^2/2)(T-t)}{\sigma\sqrt{T-t}} = \frac{\ln(50/50) + (0.1+0.3^2/2) \times 0.5}{0.3\sqrt{0.5}},$$

$$d_2 = \frac{\ln(S/X) + (r-\sigma^2/2)(T-t)}{\sigma\sqrt{T-t}} = d_1 - 0.3\sqrt{0.5}.$$

(2) 计算期权的价格. 将上述计算结果代入式(5.3.16)和式(5.3.17),有

$$c = SN(d_1) - Xe^{-r(T-t)}N(d_2) = 50N(d_1) - 50e^{-0.1 \times 0.5}N(d_2).$$
$$p = Xe^{-r(T-t)}N(-d_2) - SN(-d_1) = 50e^{-0.1 \times 0.5}N(-d_2) - 50N(-d_1).$$

```
// 程序调用;
void main()
{
    double S = 50;
    double X = 50;
    double r = 0.10;
    double sigma = 0.30;
    double time = 0.50;
```

```
cout<<"欧式看涨期权的价格:";
cout<< option_price_call_black_scholes(S,X,r,sigma,time)<<endl;
cout<<"欧式看跌期权的价格:";
cout<< option_price_put_black_scholes(S,X,r,sigma,time)<<endl;
}
```

输出结果:

  欧式看涨期权的价格：5.45325
  欧式看跌期权的价格：3.0147

§5.4 红利的影响

在本节,我们将讨论在权利期间内股票支付已知红利的情况,内容包括支付已知红利股票的欧式期权定价和美式看涨期权定价.第一个问题比较简单,只要将 Black-Scholes 期权定价公式稍加修改即可;第二个较为麻烦,我们将介绍 Roll,Geske 和 Whaley 提出的一个近似的计算方法.

5.4.1 欧式期权定价

在将有红利支付的条件下,股票价格由支付已知红利现值和股票价格两部分决定.红利的发生将使股票价格在除息日下降,下降幅度为所支付红利的现值.在有红利将要发生时,只要用股票价格减去在期权有效期间所有红利按照无风险利率贴现的现值,Black-Scholes 期权定价公式仍然适用.

定理 5.4.1(支付已知红利股票的 Black-Scholes 欧式期权定价公式) 设到期时刻为 T,行权价格为 X,已知红利的现值是 V,则标的资产价格 S 满足几何布朗运动的股票欧式看涨期权的价格为

$$c = (S-V)N(d_1) - Xe^{-r(T-t)}N(d_2), \tag{5.4.1}$$

其中

$$d_1 = \frac{\ln[(S-V)/X] + (r+\sigma^2/2)(T-t)}{\sigma\sqrt{T-t}},$$

$$d_2 = \frac{\ln[(S-V)/X] + (r-\sigma^2/2)(T-t)}{\sigma\sqrt{T-t}} = d_1 - \sigma\sqrt{T-t}.$$

根据欧式看涨期权和看跌期权之间的平价关系,容易得出相应的欧式看跌期权的定价公式:

$$p = Xe^{-r(T-t)}N(-d_2) - (S-V)N(-d_1), \tag{5.4.2}$$

其中 d_1,d_2 的定义与式(5.4.1)中的相同.

分析：式(5.4.1)和式(5.4.2)分别用来计算支付已知红利股票的欧式看涨期权和看跌期权价格.该两式与(5.3.16)和式(5.3.17)的不同之处是多了一项支付已知红利现值.由于

该现值可能是一系列现金流的现值,故需要在程序的开头部分用"include"嵌入向量容器"vector",程序的输入参数列表中用"const vector⟨double⟩ &dividens"和"const vector⟨double⟩ &times"替换相关参数,在程序内部用 for 语句循环计算即可。

程序 5.4.1 支付已知红利股票的欧式看涨期权定价.

```cpp
#include <math.h>
#include <vector>
#include "normdist.h"
#include <iostream.h>
using namespace std;
double option_price_call_black_scholes_dividens
                                    (const double &S,     // 标的资产价格;
                                     const double &X,     // 行权价格;
                                     const double &r,     // 无风险利率;
                                     const vector<double> &dividens,
                                                          // 红利流;
                                     const vector<double> &dividens_times,
                                                          // 红利支付时间;
                                     const double &sigma, // 波动率;
                                     const double &times)
                                                          // 权利期间;
{
    double time_sqrt = sqrt(times);
    double PV = 0.0;
    for(int i = 0; i< dividens_times.size(); i++)      // 计算红利现值;
    {
        PV += dividens[i] * exp(-r * dividens_times[i]);
    }
    double adjusted_S = S - PV;
    double d1 =
           (log(adjusted_S/X) + (r + 0.5 * sigma * sigma) * times)/(sigma * time_sqrt);
    double d2 = d1 - (sigma * time_sqrt);
    double c = adjusted_S * N(d1) - X * exp(-r * times) * N(d2);
    return c;
}

// 支付已知红利欧式看跌期权定价;
double option_price_put_black_scholes_dividens (const double &S, //标的资产价格;
```

```
                              const double &X,   //行权价格；
                              const double &r,   //无风险利率；
                              const vector<double> &dividens,
                                                 // 红利流；
                              const vector<double> &dividens_times,
                                                 // 红利支付时间；
                              const double &sigma, // 波动率；
                              const double &times) // 权利期间；
{
    double time_sqrt = sqrt(times);
    double PV = 0.0;
    for(int i = 0;i< dividens_times.size();i++)      // 计算红利现值；
    {
        PV + = dividens[i] * exp(-r* dividens_times[i]);
    }
    double adjusted_S = S - PV;
    double d1 = (log(adjusted_S/X) + (r+0.5 * sigma * sigma) * times)/(sigma * time_sqrt);
    double d2 = d1 - (sigma * time_sqrt);
    double p = X * exp(-r*times) * N(-d2) - adjusted_S * N(-d1);
    return p;
}
```

例 5.4.1 考虑到期时间还有 6 个月的股票欧式看涨期权和看跌期权. 标的股票在 2 个月和 5 个月后各有一个除息日,每个除息日的红利期望值为 \$0.50. 已知当前股票价格为 \$40,行权价格是 \$40,股票年波动率为 30%,无风险年利率是 9%. 试求该两种期权的价格.

解 在本例中, $S=40, X=40, \sigma=0.3, r=0.09, T-t=0.5, D_1=0.50, t_1=0.1667, D_2=0.50, t_2=0.4167$.

我们按照如下步骤计算期权的价格:

(1) 计算红利的现值:
$$V = D_1 e^{rt_1} + D_2 e^{rt_2} = 0.5 e^{0.09 \times 0.1667} + 0.5 e^{0.09 \times 0.4167}.$$

(2) 计算各个参数:
$$d_1 = \frac{\ln[(S-V)/X] + (r+\sigma^2/2)(T-t)}{\sigma\sqrt{T-t}} = \frac{\ln[(40-V)/40] + (0.09+0.3^2/2) \times 0.5}{0.3\sqrt{0.5}},$$
$$d_2 = d_1 - 0.3\sqrt{0.5}.$$

(3) 计算期权的价格. 将上述计算结果代入式 (5.4.1) 和 (5.4.2),有
$$c = (S-V)N(d_1) - Xe^{-r(T-t)}N(d_2) = (40-V)N(d_1) - 40e^{-0.09 \times 0.5}N(d_2),$$

$$p = Xe^{-r(T-t)}N(-d_2) - (S-V)N(-d_1) = 40e^{-0.09 \times 0.5}N(-d_2) - (40-V)N(-d_1).$$

// 程序调用;
```cpp
void main()
{
    double S = 40;
    double X = 40;
    double r = 0.09;
    double sigma = 0.3;
    double times = 0.5;

    vector<double>dividens_times;
        dividens_times.push_back(0.0);
        dividens_times.push_back(0.0833);
        dividens_times.push_back(0.1667);
        dividens_times.push_back(0.25);
        dividens_times.push_back(0.3333);
        dividens_times.push_back(0.4167);
        dividens_times.push_back(0.5);

    vector<double>dividens;
        dividens.push_back(0);
        dividens.push_back(0);
        dividens.push_back(0.5);
        dividens.push_back(0);
        dividens.push_back(0);
        dividens.push_back(0.5);
        dividens.push_back(0);

    cout<<"欧式看涨期权的价格：";
    cout<<option_price_call_black_scholes_dividens
                    (S,X, r,dividens,dividens_times, sigma,times)<<endl;
    cout<<"欧式看跌期权的价格：";
    cout<<option_price_put_black_scholes_dividens
                    (S,X, r,dividens,dividens_times, sigma,times)<<endl;
}
```

输出结果:
  欧式看涨期权的价格：3.6712
  欧式看跌期权的价格：2.88528

5.4.2 美式期权定价

美式看涨期权存在着提前行权问题,由讨论 5.1.2 知,当预期有红利派发时,在除息日前立即执行美式看涨期权是明智的选择.

在预期有红利派发且存在提前行权的情况下,Roll,Geske 和 Whaley 提出了一种美式看涨期权定价公式,即

$$C = (S - D_1 e^{-r\tau_1}) N(b_1) + (S - D_1 e^{-r\tau_1}) M(a_1, b_1; -\sqrt{\tau_1/\tau})$$
$$- X e^{-r\tau} M(a_2, -b_2; -\sqrt{\tau_1/\tau}) - (X - D_1) e^{-r\tau_1} N(b_2), \quad (5.4.3)$$

式中其他字母的含义是:

$$a_1 = \frac{\ln[(S - D_1 e^{-r\tau_1})/X] + (r + \sigma^2/2)\tau}{\sigma \sqrt{\tau}};$$

$$a_2 = a_1 - \sigma \sqrt{\tau};$$

$$b_1 = \frac{\ln[(S - D_1 e^{-r\tau_1})/\overline{S}] + (r + \sigma^2/2)\tau_1}{\sigma \sqrt{\tau_1}};$$

$$b_2 = b_1 - \sigma \sqrt{\tau_1};$$

$$\tau_1 = t_1 - t;$$

$$\tau = T - t.$$

$M(a,b;\rho)$:二维正态分布的累积分布函数,这个二维正态分布的第一个变量小于 a,第二个变量小于 b,两变量之间的相关系数为 ρ;

D_1:最后支付的红利;

t_1:最后的除息日;

$\overline{S}$:可通过解方程 $c(\overline{S}, t_1) = \overline{S} + D_1 - X$ 得出,其中 $c(\overline{S}, t_1)$ 是当 $\overline{S} = S$ 且 $t_1 = t$ 时,由 Black-Scholes 期权定价公式给出的期权价格.

当存在多期红利时,只有在最后一个除息日前执行权才是明智的.因此,可以运用公式 (5.4.3),其中 S 要减去除最后红利之外所有红利的现值,变量 D_1 应等于最后的红利,t_1 为最后的除息日期.

分析:式(5.4.3)用来近似计算美式看涨期权的价格.该式计算有两个难点:一是求解 $M(a,b;\rho)$[①],二是求解 $\overline{S}$ 值.求解 $M(a,b;\rho)$ 的程序我们事先编译好放在一个文件夹中,当使用的时候,在程序的开头部分用指令"include"嵌入头文件"normdist.h",在计算美式看涨期权的函数主体中直接调用即可.求解 $\overline{S}$ 值可调用函数 option_price_call_blcak_scholes( ).上述两个问题得到解决之后,式(5.4.3)就是一个包含 C++ 基本运算的简单问题,实现起来就容易了.

---

① 求解该函数的近似公式见《期权、期货和衍生证券》(John C. Hull,张陶伟译,华夏出版社).

程序 5.4.2 支付已知红利股票的美式看涨期权价格.

```cpp
#include <math.h>
#include "normdist.h"
#include <iostream.h>

// 美式看涨期权的价格；
double option_price_american_call_one_dividend
                        (const double &S,      // 标的资产价格；
                         const double &X,      // 行权价格；
                         const double &r,      // 无风险利率；
                         const double &sigma,  // 波动率；
                         const double &tau,    // 权利期间；
                         const double &D1,     // 红利；
                         const double &tau1)   // 距离除息日时间；
{
    if (D1 <= X * (1.0 - exp(-r * (tau - tau1))))
    return
        option_price_call_black_scholes(S - exp(-r * tau1) * D1, X, r, sigma, tau);
    const double ACCURACY = 1e-6;
    double sigma_sqr = sigma * sigma;
    double tau_sqrt = sqrt(tau);
    double tau1_sqrt = sqrt(tau1);
    double rho = - sqrt(tau1/tau);
    double S_bar = 0;    // 计算 S̄ 开始；
    double S_low = 0;
    double S_high = S;
    double c = option_price_call_black_scholes(S_high, X, r, sigma, tau - tau1);
    double test = c - S_high - D1 + X;
    while ( (test > 0.0) && (S_high <= 1e10) )
    {
        S_high *= 2.0;
        c = option_price_call_black_scholes(S_high, X, r, sigma, tau - tau1);
        test = c - S_high - D1 + X;
    }
    if (S_high > 1e10)
    {
        return
```

```
        option_price_call_black_scholes(S-D1*exp(-r*tau1),X,r,sigma,tau);
}
S_bar = 0.5 * S_high;
c = option_price_call_black_scholes(S_bar,X,r,sigma,tau-tau1);
test = c - S_bar - D1 + X;
while ( (fabs(test)>ACCURACY) & &((S_high - S_low)>ACCURACY) )
{
    if (test<0.0) { S_high = S_bar; }
    else { S_low = S_bar; };
    S_bar = 0.5 * (S_high + S_low);
    c = option_price_call_black_scholes(S_bar,X,r,sigma,tau-tau1);
    test = c - S_bar - D1 + X;
}           // 计算 S̄ 结束;
double a1 = (log((S-D1*exp(-r*tau1))/X)
            +(r+0.5*sigma_sqr)*tau)/(sigma*tau_sqrt);        // a1;
double a2 = a1 - sigma * tau_sqrt;                            // a2;
double b1 = (log((S-D1*exp(-r*tau1))/S_bar)                   // b1;
            +(r+0.5*sigma_sqr)*tau1)/(sigma*tau1_sqrt);
double b2 = b1 - sigma * tau1_sqrt;                           // b2;
double C = (S-D1*exp(-r*tau1)) * N(b1) + (S-D1*exp(-r*tau1)) * N(a1,-b1,rho)
           - (X*exp(-r*tau)) * N(a2,-b2,rho)
           - (X-D1) * exp(-r*tau1) * N(b2);
return C;
}
```

例 5.4.2 考虑一美式看涨期权,其标的资产的价格是 \$100,行权价格是 \$100,年无风险利率是 10%,年波动率是 25%,权利期间还有 1 年,距离除息日有 6 个月的时间,预计派发的红利是 \$10. 试求该期权的价格.

解 在本例中,$S=100, X=100, r=0.1, \sigma=0.25, \tau=T-t=1, \tau_1=t_1-t=0.5, D_1=10$. 我们按照如下步骤计算美式看涨期权的价格.

(1) 求解方程 $c(\bar{S},t_1)=\bar{S}+D_1-X$,给出变量 $\bar{S}$ 的值.

(2) 计算各参数:

$$a_1 = \frac{\ln[(S-D_1 e^{-r\tau_1})/X] + (r+\sigma^2/2)\tau}{\sigma\sqrt{\tau}}$$

$$= \frac{\ln[(100-10e^{-0.1\times 0.5})/100] + (0.1+0.25^2/2)\times 1}{0.25\times\sqrt{1}},$$

$$a_2 = a_1 - \sigma\sqrt{\tau} = a_1 - 0.25\sqrt{1},$$

$$b_1 = \frac{\ln[(S-D_1 e^{-r\tau_1})/\overline{S}] + (r+\sigma^2/2)\tau_1}{\sigma\sqrt{\tau_1}}$$

$$= \frac{\ln[(100-10e^{-0.1\times 0.5})/\overline{S}] + (0.1+0.25^2/2)\times 0.5}{0.25\times\sqrt{0.5}},$$

$$b_2 = b_1 - \sigma\sqrt{\tau_1} = b_1 - 0.25\sqrt{0.5}.$$

（3）计算美式看涨期权价格. 将上面结果代入式(5.4.3)，有

$$C = (S-D_1 e^{-r\tau_1})N(b_1) + (S-D_1 e^{-r\tau_1})M(a_1,-b_1;-\sqrt{\tau_1/\tau})$$
$$- Xe^{-r\tau}M(a_2,-b_2;-\sqrt{\tau_1/\tau}) - (X-D_1)e^{-r\tau_1}N(b_2)$$
$$= (100-10e^{-0.1\times 0.5})N(b_1) + (100-10e^{-0.1\times 0.5})M\left(a_1,-b_1;-\sqrt{\frac{0.5}{1}}\right)$$
$$- 100e^{-0.1\times 1}M\left(a_2,-b_2;-\sqrt{\frac{0.5}{1}}\right) - (100-10)e^{-0.1\times 0.5}N(b_2).$$

```
// 程序调用；
void main()
{
    double S = 100.0;
    double X = 100.0;
    double r = 0.1;
    double sigma = 0.25;
    double tau = 1.0;
    double tau1 = 0.5;
    double D1 = 10.0;

    cout<<"支付已知红利的美式看涨期权的价格：";
    cout<<option_price_american_call_one_dividend
                        (S,X,r,sigma,tau,D1,tau1)<<endl;
}
```

输出结果：
支付已知红利的美式看涨期权的价格：10.0166

§5.5 风险对冲

风险对冲是指通过投资或购买与标的资产收益波动负相关的某种资产或衍生证券，来冲销标的资产潜在损失的一种策略. 在进行风险对冲时经常用到的定量参数有：Delt, Gamma, Vega, Theta 和 Rh0. 这些参数一般是某些变量变化对另外一些变量变化的比率，反

映了一些变量对另外一些变量的相对变化.根据这些参数的变化适时调整头寸,可在一定程度上达到风险对冲的目的.在本章,我们不去讨论对冲策略的实施,而仅介绍上述对冲参数的概念和计算程序.

5.5.1 Delta 对冲

Delta 定义为在其他变量不变的条件下期权价格变化 Δc 与标的资产价格变化 ΔS 的比率,即

$$\text{Delta} = \frac{\Delta c}{\Delta S}. \tag{5.5.1}$$

Delta 随着标的资产价格的变化和时间的推移而不断变化,因此在运用 Delta 对冲风险时,需要定期调整对冲头寸,否则就要承担头寸风险暴露的风险.

不支付红利的股票欧式看涨期权的 Delta 为

$$\text{Delta} = N(d_1), \tag{5.5.2}$$

根据该式,在对一个欧式看涨期权的空头进行 Delta 对冲时,在任何时候需要同时持有数量为 $N(d_1)$ 的标的资产多头.类似地,对一个欧式看涨期权的多头进行 Delta 对冲,在任何时候需要同时持有数量为 $N(d_1)$ 的标的资产空头.

不支付红利的股票欧式看跌期权的 Delta 为

$$\text{Delta} = N(d_1) - 1. \tag{5.5.3}$$

由该式,Delta 为负值.这意味着看跌期权的多头应该利用标的资产的多头头寸来对冲风险,看跌期权的空头应该利用标的资产的空头头寸来对冲风险.

5.5.2 Theta 对冲

Theta 定义为在其他变量不变时期权价格的变化相对于权力期间变化的比率,即

$$\text{Theta} = \frac{\partial c}{\partial (T-t)}. \tag{5.5.4}$$

Theta 一般是负值,它反映了期权价格随着权力期间的减少而逐渐衰减的程度.因此,我们不可能用对冲的方法消除时间变化对期权价格的影响.

不支付红利的股票欧式看涨期权的 Theta 为

$$\text{Theta} = \frac{\partial c}{\partial (T-t)} = -Sn(d_1)\frac{1}{2}\sigma\frac{1}{\sqrt{T-t}} - rXe^{-r(T-t)}N(d_2), \tag{5.5.5}$$

式中,

$$n(x) = \frac{1}{\sqrt{2\pi}}e^{-x^2/2}.$$

不支付红利的股票欧式看跌期权的 Theta 为

$$\text{Theta} = \frac{\partial c}{\partial (T-t)} = -Sn(d_1)\frac{1}{2}\sigma\frac{1}{\sqrt{T-t}} + rXe^{-r(T-t)}N(-d_2).$$

5.5.3 Gamma 对冲

Gamma 反映了期权标的资产价格变动对期权 Delta 变动的影响程度,即

$$\text{Gamma} = \frac{\partial \text{Delta}}{\partial S}. \tag{5.5.6}$$

Gamma 大小反映了为保持 Delta 中性而需要调整的头寸. Delta 中性是指 Delta 等于零的状态. 由于标的资产和衍生证券可以是多头和空头,所以 Delta 可大于零,也可小于零. 如果组合内标的资产和衍生证券数量匹配适当,整个组合的 Delta 等于零. 然而 Delta 并非固定不变,随着标的资产价格或者权利区间的变化,Delta 也在变化. 因此,进行风险对冲时就必须不断随着 Delta 的变化来调整头寸,以保持 Delta 中性. 在这种调整中,Gamma 就是一个有用的指标,因为 Gamma 的大小正好反映了为保持 Delta 中性而需要调整的头寸.

不支付红利股票的欧式看涨期权和看跌期权的 Gamma 均为

$$\text{Gamma} = \frac{n(d_1)}{S\sigma\sqrt{T-t}}. \tag{5.5.7}$$

5.5.4 Vega 对冲

Vega 定义为在其他变量保持不变的条件下期权价格 c 变化对标的资产波动率 σ 变化的比率,即

$$\text{Vega} = \frac{\partial c}{\partial \sigma}. \tag{5.5.8}$$

标的资产价格波动对期权价格有着重大影响. 在其他条件一定的条件下,波动率越大,期权价格越高;波动率越小,期权价格越低. 在对冲风险过程中,Vega 是一个重要指标. Black-Scholes 期权定价公式假定标的资产价格波动率为已知常数,这一假定是不符合实际的. 所以,在实际交易过程中,投资者要面临着波动率变动的风险,为了规避这种风险,必须缩小期权的 Vega,把波动率变化可能造成的损失降低到最小.

不支付红利股票的欧式看涨和看跌期权的 Vega 为

$$\text{Vega} = Sn(d_1)\sqrt{T-t}. \tag{5.5.9}$$

5.5.5 Rho 对冲

Rho 定义为在其他变量不变时期权价格 c 变化与利率 r 变化之间的比率,即

$$\text{Rho} = \frac{\partial c}{\partial r}. \tag{5.5.10}$$

Rho 反映了利率变化对期权价格的影响程度,因此在利率变动比较频繁的时期,Rho 将是一个重要的敏感指标. 由于利率变动对看涨期权的价格有正的影响,对看跌期权的价格有负的影响,所以看涨期权的 Rho 值一般大于零,而看跌期权的 Rho 值一般小于零.

不支付红利股票的欧式看涨期权的 Rho 为
$$\text{Rho} = X(T-t)N(d_2)e^{-r(T-t)}. \tag{5.5.11}$$
不支付红利股票的欧式看跌期权的 Rho 为
$$\text{Rho} = -X(T-t)N(-d_2)e^{-r(T-t)}. \tag{5.5.12}$$

分析：对冲参数的公式中包含 $N(x)$ 和 $n(x)$. 这两个问题前面已经解决,故上述对冲参数的程序实现起来并不难.

程序 5.5.1 不支付红利股票的欧式看涨期权的对冲参数.

```
#include<math.h>
#include"normdist.h"
#include<iostream.h>
void option_price_partials_call_black_scholes (double &S,    //标的资产价格;
                                               double &X,    //行权价格;
                                               double &r,    //无风险利率;
                                               double &sigma, //波动率;
                                               double &time,  //权利期间;
                                               double &Delta,
                                               double &Gamma,
                                               double &Theta,
                                               double &Vega,
                                               double &Rho)
{
    double time_sqrt = sqrt(time);
    double d1 = (log(S/X) + r*time)/(sigma*time_sqrt) + 0.5*sigma*time_sqrt;
    double d2 = d1-(sigma*time_sqrt);
    Delta = N(d1);
    Gamma = n(d1)/(S*sigma*time_sqrt);
    Theta = -(S*sigma*n(d1)) / (2*time_sqrt) - r*X*exp(-r*time)*N(d2);
    Vega = S * time_sqrt * n(d1);
    Rho = X * time * exp(-r * time) * N(d2);
}
```

例 5.5.1 考虑一个不支付红利股票的欧式看涨期权,其标的资产价格是 $50,行权价格是 $50,无风险年利率是 10%,年波动率是 30%,权力期间还有 6 个月.试求其相应的对冲参数.

解 在本例中,$S=50, X=50, r=0.1, \sigma=0.3, T-t=0.5$.
我们按照下面的步骤计算各个对冲参数：

(1) 计算 d_1, d_2 和 $n(x)$：

$$d_1 = \frac{\ln(S/X) + (r + \sigma^2/2)(T-t)}{\sigma\sqrt{T-t}} = \frac{\ln(50/50) + (0.1 + 0.3^2/2) \times 0.5}{0.3\sqrt{0.5}},$$

$$d_2 = \frac{\ln(S/X) + (r - \sigma^2/2)(T-t)}{\sigma\sqrt{T-t}} = d_1 - 0.3\sqrt{0.5},$$

$$n(d_1) = \frac{1}{\sqrt{2\pi}} e^{-d_1^2/2}.$$

(2) 计算对冲参数：

$\text{Delta} = N(d_1),$

$$\text{Theta} = -Sn(d_1) \frac{1}{2}\sigma \frac{1}{\sqrt{T-t}} - rX e^{-r(T-t)} N(d_2)$$

$$= -50 n(d_1) \frac{1}{2} 0.3 \frac{1}{\sqrt{0.5}} - 0.1 \times 50 e^{-0.1 \times 0.5} N(d_2),$$

$$\text{Gamma} = \frac{n(d_1)}{S\sigma\sqrt{T-t}} = \frac{n(d_1)}{50 \times 0.3\sqrt{0.5}},$$

$$\text{Vega} = Sn(d_1)\sqrt{T-t} = 50 \times n(d_1)\sqrt{0.5},$$

$$\text{Rho} = X(T-t)N(d_2) e^{-r(T-t)} = 50 \times 0.5 N(d_2) e^{-0.1 \times 0.5}.$$

```
// 程序调用；
void main()
{
    cout << "欧式看涨期权偏导数" << endl;
    double S = 50; double X = 50; double r = 0.10;
    double sigma = 0.30; double time = 0.50;
    double Delta, Gamma, Theta, Vega, Rho;
    option_price_partials_call_black_scholes
                    (S,X,r,sigma,time,Delta,Gamma,Theta,Vega,Rho);
    cout << "Delta: " << Delta << endl;
    cout << "Gamma: " << Gamma << endl;
    cout << "Theta: " << Theta << endl;
    cout << "Vega: " << Vega << endl;
    cout << "Rho: " << Rho << endl;
}
```

输出结果：

Delt: 0.6337

Gamma: 0.0355

Theta: -6.6147

Vega：13.3046
Rho：13.1168

至此,我们介绍了不支付红利股票的欧式期权的对冲参数,并给出了其中的欧式看涨期权的对冲参数计算程序.参考这些程序读者可给出相应的欧式看跌期权的对冲参数及支付红利股票的欧式期权对冲参数的计算程序.

§5.6 隐含波动率

隐含波动率是一个在市场上无法观察到的波动率,是通过 Black-Scholes 期权定价公式计算出来的波动率.由于我们无法给出它的解析式,因此只能借助于数值计算给出近似解.本节介绍两种计算隐含波动率的数值方法:二分法和牛顿迭代法.

5.6.1 二分法

二分法的设计思想相当简单:如果某函数在一区间内符号有变化,则在此区间内该函数必有零点.根据这个思想,我们先计算该函数在给定区间内中点的值,并考查其符号变化,然后再用中点值替代与其有相同符号的端点.这样,每经过一次迭代,包含零点的区间就缩小一半.假设经过 n 次迭代后,零点位于长度为 ε_n 的区间内,则在下一轮迭代结束后,这个零点将被划界在长度恰好是 $\varepsilon_{n+1}=\varepsilon_n/2$ 的区间内.经过 n 次这样的迭代后,包含零点的区间两端就会逼近真值.注意:在使用二分法时,需要事先计算出达到给定精度的解所需要的迭代次数 $n=\log_2(\varepsilon_0/\varepsilon)$,其中 ε_0 为初始区间的长度,ε 为迭代结束后所期望达到的精度,这给计算带来很大的方便.

分析:根据上述二分法的基本思想,我们给出如下求解隐含波动率的步骤:(1)设定隐含波动率的上下限;(2)计算隐含波动率上、下限的平均值并代入 Black-Scholes 期权定价公式;(3)计算该期权价格与市场观察到的期权价格之差,直到达到给定精度为止.

程序 5.6.1 隐含波动率(二分法).

```
# include "normdist.h"
# include <math.h>
# include <iostream.h>

double option_price_implied_volatility_call_black_scholes_bisections
                    (const double &S,        // 标的资产价格;
                     const double &X,        // 行权价格;
                     const double &r,        // 无风险利率;
                     const double &time,     // 权利期间;
                     const double &option_price)
```

```cpp
{
    const double ACCURACY = 1.0e-5;
    const int MAX_ITERATIONS = 100;
    const double ERROR = -1e40;

    // 确定隐含波动率的上、下限;
    double sigma_low = 1e-5;        // 下限;
    double sigma_high = 0.3;        // 上限;
    for (int i = 0; i<MAX_ITERATIONS; i++)
    {
        double sigma = (sigma_low + sigma_high)*0.5;
        price = option_price_call_black_scholes(S,X,r,sigma,time);
        double test = (price - option_price); // 期权价格与观察价格之差;
        if (fabs(test)<ACCURACY) { return sigma; };
        if (test < 0.0) { sigma_low = sigma; }
        else { sigma_high = sigma; }
    }
    return ERROR;
}
```
// 期权的市场价格;

例 5.6.1 假设当前观察到的期权价格是 \$1.875，标的资产价格是 \$21，期权的行权价格是 \$20，无风险年利率为 10%，权利期间还有 3 个月，试求隐含波动率.

解 在本例中，$c=1.875$,$S=21$,$X=20$,$r=0.1$,$T-t=0.25$. 根据二分法，计算隐含波动率的步骤如下：

(1) 给出一个波动率 σ 的上、下限，并计算它们的平均值;

(2) 将计算出来的平均值代入 Black-Scholes 期权定价公式计算期权的价格;

(3) 如果计算出来的期权价格大于期权价格的观察值，缩小波动率的上、下限重新计算;

(4) 不断重复上述过程直至计算结果逼近期权价格的观察值.

```cpp
// 程序调用;
void main()
{
    double S = 21; double X = 20; double r = 0.10; double time = 0.25;
    double c = 1.875;

    cout << "隐含波动率:";
    cout << option_price_implied_volatility_call_
                black_scholes_bisections(S,X,r,time,c)<< endl;
```

}

输出结果:

  隐含波动率: 0.2345

5.6.2 牛顿迭代法

牛顿迭代法(Newton's method)又称为牛顿-拉夫逊方法(Newton-Raphson method),是牛顿在 17 世纪提出的一种在实数域和复数域上近似求解方程根的方法. 这种方法的基本步骤如下:

(1) 将函数 $f(x)$ 在点 x_0 附近展开成泰勒级数:
$$f(x) = f(x_0) + (x-x_0)f'(x_0) + (x-x_0)f''(x_0)/2! + \cdots$$

(2) 取泰勒级数的前两项作为 $f(x)$:
$$f(x) = f(x_0) + (x-x_0)f'(x_0).$$

设 $f'(x) \neq 0$,求解方程 $f(x) = f(x_0) + (x-x_0)f'(x_0) = 0$ 并令其解为 x_1,得 $x_1 = x_0 - f(x_0)/f'(x_0)$. 这样得到迭代公式
$$x_{n+1} = x_n - f(x_n)/f'(x_n).$$

经过 n 次迭代,可以求出方程 $f(x) = 0$ 的近似解.

根据牛顿迭代法,隐含波动率的计算步骤如下:

(1) 假设其他变量保持不变,认为函数 $f(\sigma) = c - c_{BS}(\sigma)$ 是隐含波动率 σ 的一元函数,其中 c 为市场上观察到的期权价格,$c_{BS}(\sigma)$ 是由 Black-Scholes 期权定价公式计算出来的期权价格.

(2) 求函数 $f(\sigma)$ 的导数 $f'(\sigma)$.

(3) 由下面迭代公式计算波动率,直至 $|f(\sigma_i)| < \varepsilon$ (ε 是期望达到的精度):
$$\sigma_{i+1} = \sigma_i - \frac{c - c_{BS}(\sigma_i)}{\left.\dfrac{dc_{BS}(\sigma)}{d\sigma}\right|_{\sigma_i}}.$$

根据牛顿迭代法计算隐含波动率的步骤,我们给出如下程序,供读者参考.

程序 5.6.2 隐含波动率(牛顿迭代法).

```
# include "normdist.h"
# include <math.h>
# include <iostream.h>

double option_price_implied_volatility_call_black_scholes_newton(
                        const double &S,     // 标的资产价格;
                        const double &X,     // 行权价格;
                        const double &r,     // 无风险利率;
                        const double &time,  // 权利期间;
```

```cpp
                                    const double &option_price)
                                             // 期权市场价格；
{
    const int MAX_ITERATIONS = 100;
    const double ACCURACY = 1.0e-4;    // 程序设定的计算精度；
    double time_qrt = sqrt(time);
    double sigma = (option_price/S)/(0.398 * time_qrt);
    for (int i = 0;i<MAX_ITERATIONS;i++)
    {
        price = option_price_call_black_scholes(S,X,r,sigma,time);
        double diff = option_price - price;
        if (fabs(diff)<ACCURACY) return sigma;
        double d1 = (log(S/X) + r * time)/(sigma * time_qrt) + 0.5 * sigma * time_qrt;
        double vega = S * time_qrt * n(d1);
        sigma = sigma + diff/vega;    // 标准差迭代；
    }
    return -99e10;
}
```

例 5.6.2 试用牛顿迭代法计算例 5.6.1 的隐含波动率.

解 在本例中,$c=1.875, S=21, X=20, r=0.1, T-t=0.25$. 根据牛顿迭代法,隐含波动率的计算步骤如下：

(1) 构造函数 $f(\sigma)=c-c_{BS}(\sigma)$ 并计算该函数的导数 $f'(\sigma)$；

(2) 由下面迭代公式计算波动率,直至 $|f(\sigma_i)|<\varepsilon$(这里取 $\varepsilon=10^{-4}$):

$$\sigma_{i+1} = \sigma_i - \frac{c-c_{BS}(\sigma_i)}{\left.\dfrac{dc_{BS}(\sigma)}{d\sigma}\right|_{\sigma_i}}.$$

```cpp
// 程序调用；
void main()
{
    double S = 21; double X = 20; double r = 0.10;
    double time = 0.25; double c = 1.875;
    cout <<"隐含波动率：";
    cout << option_price_implied_volatility_call_
                    black_scholes_newton(S,X,r,time,c) << endl;
}
```

输出结果：

  隐含波动率：0.2345

读者可以将二分法与牛顿迭代法重新运行一下,以比较两者的计算结果和运算效率.

§5.7 本章小结

在本章,我们以 Black-Scholes 期权定价公式为主线先后介绍了维纳过程、伊藤引理, Black-Scholes 偏微分方程, Black-Scholes 期权定价公式,支付红利股票的欧式看涨期权定价和支付红利股票的美式看涨期权定价,欧式期权的风险对冲参数和隐含波动率等,并给出了相应的程序.

Black-Scholes 偏微分方程是衍生证券所满足的微分方程,适用于标的资产价格满足几何布朗运动的所有衍生证券.在给定欧式看涨期权和看跌期权的边界条件下,可由该偏微分方程得出解析解,这个解即为著名的 Black-Scholes 期权定价公式.

Black-Scholes 期权定价公式提出之后,一大类衍生证券定价问题得到了解决.例如,支付红利股票的欧式期权,支付红利股票的美式看涨期权.我们以后还会看到,许多利率衍生证券、复杂期权等的定价都可经过适当的转换,由 Black-Scholes 期权定价公式给出结果.

Black-Scholes 期权定价公式的另外一重要的应用是风险对冲.在实际风险对冲中,我们可以通过一些变量变化与另外一些变量变化的比率来调整衍生证券头寸与标的资产头寸,达到对冲风险的目的.这些参数就是本章提到的 Delta, Theta, Gamma, Vega 和 Rho.

Black-Scholes 期权定价公式中包含着一个重要的变量——隐含波动率.这个波动率在市场上是无法观察到的,是通过 Black-Scholes 期权定价公式求解出来的.隐含波动率可用来监视市场对于某种标的资产波动率的态度.由于我们无法给出隐含波动率的解析解,所以必须求助于数值方法.本章给出了计算隐含波动率的两种方法:二分法和牛顿迭代法.

第6章 期权定价的数值方法

正如前面所指出的那样,Black-Scholes 期权定价理论提出之后,一大类金融衍生证券定价问题得到了解决.但是,像美式看跌期权以及更复杂的衍生证券一般还给不出解析解.因此,需要借助数值计算方法.常见的数值计算方法有蒙特卡罗法、二叉树法、有限差分法.这些方法是衍生证券定价的基本方法.三者使用的范围不同,运行的效率不同,选择哪一种方法,要根据具体情况而定.

§6.1 蒙特卡罗法

6.1.1 蒙特卡罗法的基本原理

蒙特卡罗法是一种通过模拟标的资产价格运动而求解期权价格的一种数值方法.蒙特卡罗法的基本思想是:在风险中性的世界里,首先随机地产生标的资产价格的可能路径,并由此取得期权收益的期望值,然后再对其以无风险收益进行贴现,得到期权的价格.

考虑某个与标的变量 θ 有关的衍生证券,该衍生证券在 T 时刻产生收益.如果利率为常数,我们可以按照以下步骤来对衍生证券进行定价:

(1) 在风险中性的世界里对变量 θ 的路径进行模拟.
(2) 计算衍生证券的收益.
(3) 重复第一步和第二步取得多个该衍生证券的收益.
(4) 计算收益的平均值,这个平均值就是衍生证券在风险中性的世界里预期收益的近似值.
(5) 用无风险收益对预期收益进行贴现,所得结果就是衍生证券的近似价格.

假设在风险中性的世界中标的变量 θ 服从标准差为 s,预期收益率为 $\hat{m}$ 的几何布朗运动,即

$$\mathrm{d}\theta = \hat{m}\theta\mathrm{d}t + s\theta\varepsilon\sqrt{\mathrm{d}t}, \tag{6.1.1}$$

式中 ε 是从正态分布中抽取的一个随机样本.

为了模拟标的变量 θ 的路径,考虑式(6.1.1)的离散形式.我们将衍生证券的有效期限分为 N 个长度为 Δt 时间段,并用下式对式(6.1.1)进行近似:

$$\Delta\theta = \hat{m}\theta\Delta t + s\theta\varepsilon\sqrt{\Delta t}. \tag{6.1.2}$$

由该式,从 θ 的初值可以计算出 θ 在时间 Δt 后的值,由 Δt 后的值计算出 θ 在 $2\Delta t$ 后的值……这样我们便得到变量 θ 的一条路径,其终值对应衍生证券价格的一个样本终值.它

可以看成是终值集合中的一个随机样本.使用同样方法,我们可以得到大量样本终值.求所有这些终值的算术平均值,可得衍生证券终值的近似值,再以无风险利率对这个终值贴现,即可得出衍生证券的价格.

当存在多个标的变量时,处理方法类似.假设衍生证券收益与 n 个标的变量 $\theta_i(1 \leqslant i \leqslant n)$ 有关,定义 s_i 为标准差,$\hat{m}_i$ 是在风险中性世界中的预期收益率,ρ_{ij} 是 θ_i 和 θ_j 之间的瞬间相关系数.我们将衍生证券的有效期分成 N 个长度为 Δt 的时间段,则 θ_i 的离散过程形式为

$$\Delta \theta_i = \hat{m}_i \theta_i \Delta t + s_i \theta_i \varepsilon_i \sqrt{\Delta t}, \tag{6.1.3}$$

式中 ε_i 是标准正态分布的随机样本,ε_i 和 ε_j 的相关系数是 $\rho_{ij}(1 \leqslant i, j \leqslant n)$.根据式(6.1.3),我们对标的变量 θ_i 的路径进行模拟,每一次模拟都要从多维标准正态分布中随机抽取 $\varepsilon_i(1 \leqslant i \leqslant n)$ 的 N 个样本,然后代入式(6.1.3)后可产生 θ_i 的路径.由此,我们可以计算衍生证券的价格.

蒙特卡罗法的优点是:(1)可用于衍生证券收益与标的变量路径和终值均有关的场合;(2)当回报依赖于多个标的变量时,运行效率相对而言较高;(3)善于处理报酬形态很复杂的场合.蒙特卡罗法的缺点是:计算速度较为缓慢,且较难处理有提前行权情况的衍生证券.

6.1.2 蒙特卡罗法的应用

1. 对数正态分布随机变量的模拟

在实际应用中,对标的变量 S 的对数 $\ln S$ 抽样通常比对 S 直接抽样更为精确.根据伊藤引理,$\ln S$ 服从过程

$$d\ln S = \left(r - \frac{\sigma^2}{2}\right) dt + \sigma \varepsilon \sqrt{dt}. \tag{6.1.4}$$

式(6.1.4)的离散形式为

$$d\ln S_{t+1} - d\ln S_t = \left(r - \frac{\sigma^2}{2}\right) \Delta t + \sigma \varepsilon \sqrt{\Delta t},$$

等价于

$$S_{t+1} = S_t \exp\left[\left(r - \frac{\sigma^2}{2}\right) \Delta t + \sigma \varepsilon \sqrt{\Delta t}\right]. \tag{6.1.5}$$

如果当前是 t 时刻,期权的到期日是 T,时间步长为 $\Delta t = T - t$,则在已知 S_t 的条件下,标的变量在 T 时刻的值为

$$S_T = S_t \exp\left[\left(r - \frac{\sigma^2}{2}\right)(T - t) + \sigma \varepsilon \sqrt{T - t}\right]. \tag{6.1.6}$$

分析:式(6.1.5)或式(6.1.6)用来模拟价格 S_{t+1} 或 S_T 的路径.在两式中,其他量均已知,仅随机数为 ε 未知量,任意抽取一个随机数 ε,就给出了一条价格路径.随机数的生成函数是事先编译好的.在使用时,可先将其放在一个文件夹中,然后在函数的开头部分用指令

"include"嵌入头文件"normdist.h",在函数主体中直接调用该函数即可实现相应功能.

程序 6.1.1 对数正态分布随机变量的模拟.

```cpp
#include <math.h>
#include "normdist.h"
#include <iostream.h>
double simulate_random_variable (const double &S,      // 标的变量当前值;
                                 const double &r,      // 无风险利率;
                                 const double &sigma,  // 波动率;
                                 const double &time)   // 步长;
{
    double R = (r - 0.5 * pow(sigma,2)) * time;
    double SD = sigma * sqrt(time);
    return S * exp(R + SD * random_normal());
}
```

例 6.1.1 假设标的资产的当前价格为 \$10,无风险年利率为 1%,年波动率为 30%,距离下一时刻的时间为 6 个月. 试计算下一时刻标的资产的价格.

解 在本例中, $S_t=10, r=0.01, \sigma=0.3, \Delta t=0.5$,代入式(6.1.5),有

$$S_{t+1} = S_t \exp\left[\left(r - \frac{\sigma^2}{2}\right)\Delta t + \sigma\varepsilon\sqrt{\Delta t}\right]$$
$$= 10\exp\left[\left(0.01 - \frac{0.3^2}{2}\right)\times 0.5 + 0.3\times\varepsilon\sqrt{0.5}\right].$$

从标准正态分布中随机地抽取一个样本 ε,可给出 S_{t+1} 的一个值.

```cpp
// 程序调用;
void main()
{
    double S = 10;
    double r = 0.01;
    double sigma = 0.3;
    double time = 0.5;
    cout<<"下一时刻标的资产的价格:";
    cout<<simulate_random_variable( S,r,sigma,time)<<endl;
}
```

输出结果:
    下一时刻标的资产的价格:8.7905

注 根据选取的随机数 ε 的不同,上述程序计算结果或有偏差.

2. 欧式期权定价

对于标的资产价格是 S_0，行权价格是 X 的欧式看涨期权，在期权到期日 T 的价格为
$$c_T = \max\{0, S_T - X\}. \tag{6.1.7}$$
在风险中性的世界中，我们用无风险利率 r 贴现，得期权在 t 时刻的价格为
$$c_t = e^{-r(T-t)} E(\max\{0, S_T - X\}). \tag{6.1.8}$$
在式(6.1.8)中，只有 S_T 与 c_t 有关，标的资产价格在时间 $T-t$ 内的取值与 c_t 无关。所以，只要模拟 S_T，得到一系列值 $S_T^1, S_T^2, \cdots, S_T^n$，再将 $S_T^i (i=1,2,\cdots,n)$ 代入式(6.1.8)得到 n 个 c_t 值并求出的平均值，然后用无风险利率 r 贴现，就可得出欧式看涨期权的价格，即
$$\hat{c}_t = \frac{e^{-r(T-t)}}{n} \sum_{i=1}^{n} E(\max\{0, S_{Ti} - X\}). \tag{6.1.9}$$
同样方法，可给出欧式看跌期权的价格：
$$\hat{p}_t = \frac{e^{-r(T-t)}}{n} \sum_{i=1}^{n} \max\{X - S_{Ti}, 0\}. \tag{6.1.10}$$

分析：在式(6.1.9)和式(6.1.10)中，只有一个量 S_{Ti} 是需要模拟的未知量，在计算期权价格时，首先要模拟标的资产价格 S_{Ti}，然后将 $S_{Ti} - X$ 或者 $X - S_{Ti}$ 与零进行比较求两者之中的较大者，最后求算术平均值并贴现求现值即可求出期权的价格。

程序 6.1.2 欧式看涨期权与看跌期权的蒙特卡罗法。

```
# include <math.h>
# include "normdist.h"
# include <iostream.h>

// 求两个数中的最大者；
double max(double a, double b)
{
   if(a>b) return a;else return b;
}

// 欧式看涨期权和欧式看跌期权定价；
void option_price_european_simulated (const double &S,    // 标的资产价格；
                        const double &X,                  // 行权价格；
                        const double &r,                  // 无风险利率；
                        const double &sigma,              // 波动率；
                        const double &time,               // 权利期间；
                        const int &no_sims,               // 模拟次数；
                        double &call_option,              // 欧式看涨期权价格；
                        double &put_option)               // 欧式看跌期权价格；
```

```
{
    double R = (r - 0.5 * pow(sigma,2)) * time;
    double SD = sigma * sqrt(time);
    double sum_payoffs1 = 0.0;
    double sum_payoffs2 = 0.0;
    for (int n = 1; n<= no_sims; n++)
    {
        double S_T = S * exp(R + SD * random_normal());
        sum_payoffs1 += max(0.0, S_T-X);
        sum_payoffs2 += max(X-S_T, 0.0);
    }
    call_option = exp(-r * time) * (sum_payoffs1/double(no_sims));
    put_option = exp(-r * time) * (sum_payoffs2/double(no_sims));
}
```

例 6.1.2 考虑不支付红利股票的欧式看涨期权和看跌期权，它们的标的资产价格是 $100，行权价格是 $100，无风险年利率是 10%，年波动率是 25%，期权有效期为 1 年。试分别用 Black-Scholes 期权定价公式和蒙特卡罗法计算它们的价格，并将计算结果进行比较。

解 在本例中，$S_t=100, X=100, r=0.1, \sigma=0.25, T-t=1$。我们按如下步骤计算期权价格：

(1) 模拟标的资产价格路径：

$$S_{T_i} = S_t \exp\left[\left(r - \frac{\sigma^2}{2}\right)(T-t) + \sigma\varepsilon\sqrt{T-t}\right] = 100\exp\left[\left(0.1 - \frac{0.25^2}{2}\right)\times 1 + 0.25\varepsilon\sqrt{1}\right].$$

(2) 从正态分布中随机抽取多个样本 ε，给出 S_{T_i} 值，计算 $\max\{0, S_{T_i}-X\}$ 或者 $\max\{X-S_{T_i}, 0\}$，得到在 T 时刻的多个欧式看跌期权或者看跌期权的收益，计算这些期权收益的算术平均值并贴现求现值，就得到期权的价格。假设模拟次数为 5000000，就有 5000000 个 S_{T_i}，同时有 5000000 个欧式看涨期权或者看跌期权在 T 时刻值，即 $\max\{0, S_{T_i}-X\}$ 或者 $\max\{X-S_{T_i}, 0\}$。计算这 5000000 个 $\max\{0, S_{T_i}-X\}$ 或者 $\max\{X-S_{T_i}, 0\}$ 的算术平均值并用无风险利率 r 贴现，就得到了欧式看涨期权或者看跌期权的价格。

(3) 使用 Black-Scholes 期权定价公式计算期权价格（略）。

(4) 将蒙特卡罗法的结果与 Black-Scholes 期权定价公式的结果进行比较。

```
// 程序调用；
void main()
{
    double S = 100.0;
    double X = 100.0;
    double r = 0.1;
```

```
        double sigma = 0.25;
        double time = 1.0;
        int no_sims = 5000000;
        double call_option;
        double put_option;
        option_price_european_simulated(S,X,r,sigma,time,
                                no_sims,call_option,put_option);
        cout<<"Black-Scholes 期权定价公式(看涨):"
                <<option_price_call_black_scholes(S,X,r,sigma,time)<<endl;
        cout<<" Black-Scholes 期权定价公式(看跌):"
                <<option_price_put_black_scholes(S,X,r,sigma,time)<<endl;
        cout<<"蒙特卡罗法(看涨):"<<call_option<<endl;
        cout<<"蒙特卡罗法(看跌):"<<put_option<<endl;
}
```

输出结果:
    Black-Scholes 期权定价公式(看涨):14.9758
    Black-Scholes 期权定价公式(看跌):5.45954
    蒙特卡罗法(看涨):14.9816
    蒙特卡罗法(看跌):5.45906

  比较输出结果可以发现,在 5000000 模拟次数下蒙特卡罗法的计算结果与 Black-Scholes 期权定价公式的理论值较为接近.增加模拟次数,两者数值逐渐接近,但是程序运行效率较低.降低模拟次数至 5000 次,程序运行效率非常高,但两者的计算结果差距较大:

    Black-Scholes 期权定价公式(看涨):14.9758
    Black-Scholes 期权定价公式(看跌):5.45954
    蒙特卡罗法(看涨):15.3384
    蒙特卡罗法(看跌):5.2923

  注 程序 6.1.2 将期权的报酬函数放置在函数"option_price_european_simulated(S,X,r,sigma,time,no_sims,call_option,put_option)"的内部处理,不利于处理报酬函数复杂的衍生证券.我们下面给出一种先写出报酬函数,然后在函数主体中调用它的程序,供读者参考.

  程序 6.1.3 单独处理报酬函数的蒙特卡罗法.

```
#include<math.h>
#include "normdist.h"
#include<iostream.h>
```

```cpp
// 求两数之中的较大者；
double max(double x,double y)
{
    if(x>y) return x;else return y;
}

// 看涨期权报酬函数；
double payoff_call ( const double &price, const double &X)
{
            return max (0.0,price - X);
}

// 对数正态分布随机变量的模拟；
double simulate_random_variable (const double &S,          // 随机变量的当前值；
                                 const double &r,          // 无风险利率；
                                 const double &sigma,      // 波动率；
                                 const double &times)      // 权利期间；
{
    double R = (r - 0.5 * pow(sigma,2) ) * times;
    double SD = sigma * sqrt(times);
    return S * exp(R + SD * random_normal());
}

// 计算期权价格；
double derivative_price_simulate_european_option_generic(const double &S,
                                                         // 标的资产价格；
                                 const double &X,          // 行权价格；
                                 const double &r,          // 无风险利率；
                                 const double &sigma,
                                                           //波动率；
                                 const double &times,
                                                           //权利期间；
                                 const int &no_sims)// 模拟次数；
{
    double sum_payoffs = 0.0;
    for (int n = 0;n<no_sims;n++)
    {
        double S_T = simulate_random_variable( S,r,sigma,times);
        sum_payoffs + = payoff_call(S_T,X);   // 调用报酬函数；
    }
```

```
        return exp(-r*times)*(sum_payoffs/no_sims);
}
```

例 6.1.3　试分别用 Blcak-Scholes 期权定价公式和经程序 6.1.3 修改后的蒙特卡罗法重新计算例 6.1.2 中欧式看涨期权的价格,并将两种方法得出的结果进行比较.

解　本例的计算步骤与例 6.1.2 类似,这里省略相关过程.下面直接调用程序 6.1.3 得出结果.

```
// 程序调用；
void main()
{
    double S = 100.0;
    double X = 100.0;
    double r = 0.1;
    double sigma = 0.25;
    double times = 1.0;
    int no_sims = 50000;
    cout<<" Blcak-Scholes 期权定价公式(看涨)："
        <<option_price_call_black_scholes(S,X,r,sigma,times)<<endl;
    cout<<" 蒙特卡罗法(看涨)："
        <<derivative_price_simulate_european_option_generic
                        (S,X,r,sigma,times,no_sims)<<endl;
}
```

输出结果：

　　　Black-Scholes 期权定价公式(看涨)：14.9758

　　　蒙特卡罗法(看涨)：15.13

显然,两种计算结果有一定的差距.不断增加蒙特卡罗法的模拟次数"no_sims",两种结果更加接近.比如,模拟次数由 50000 增加到 1000000,计算结果是 15.0232,蒙特卡罗法给出的结果逐渐逼近期权定价公式的结果.

注　尽管程序 6.1.3 的优势在本例中没有得到充分的体现,但是这种思路在以后的程序开发过程中经常用到.下面介绍的控制变量法和对偶变量法就是基于这种思路而开发的.

6.1.3　对冲参数的计算

我们首先回顾函数 f 一阶导数的定义：

$$f'(x) = \lim_{h \to 0} \frac{f(x+h) - f(x)}{h}. \tag{6.1.11}$$

根据 Delta 的定义,欧式看涨期权的 Delta 为

$$\text{Delta} = \frac{\partial c_t}{\partial S}.$$

因此,欧式看涨期权的 Delta 应该被看做是在其他变量保持不变时,欧式看涨期权价格 $c_t = f(S;X,r,\sigma,T-t)$ 对标的资产价格的一阶偏导数,即

$$\text{Delta} = \frac{f(S+q;X,r,\sigma,T-t) - f(S;X,r,\sigma,T-t)}{q}, \tag{6.1.12}$$

其中 q 是一个很小的量.

分析:由式(6.1.12)计算 Delta,首先需要模拟两个衍生证券价格,其中一个是 $f(S,X,r,\sigma,T-t)$,另一个是 $f(S+q,X,r,\sigma,T-t)$(其中 q 是一个很小的量),然后将模拟结果代入式(6.1.12)计算 Delta. 在编写程序时,可将两条路径的模拟放在一个函数中,用"for"语句实现模拟,然后在循环语句之外计算 Delta.

程序 6.1.4 欧式看涨期权的 Delta 模拟值.

```cpp
#include <math.h>
#include "normdist.h"
#include <iostream.h>

// 求两个数中的最大者;
double max(double x,double y)
{
    if(x>y) return x;else return y;
}

// 用 Black-Scholes 期权定价公式计算 Delta;
double option_price_delta_call_black_scholes
                        (const double &S,        // 标的资产价格;
                         const double &K,        // 行权价格;
                         const double &r,        // 无风险利率;
                         const double &sigma,    // 波动率;
                         const double &time)     //权利期间;
{
    double time_sqrt = sqrt(time);
    double d1 = (log(S/K) + r*time)/(sigma*time_sqrt) + 0.5*sigma*time_sqrt;
    double d2 = d1 - sigma*time_sqrt;
    double delta = N(d1);   //计算 Delta;
    return delta;
}
```

```
// 计算期权的 Delta;
double option_price_delta_call_european_simulated (const double &S,      //标的变量当前价格;
                                                    const double &X,      // 行权价格;
                                                    const double &r,      // 无风险利率;
                                                    const double &sigma,
                                                                          // 标的资产价格波动率;
                                                    const double &time,   // 权利期间;
                                                    const int &no_sims)   // 模拟次数;
{
    double R = (r - 0.5 * pow(sigma,2)) * time;
    double SD = sigma * sqrt(time);
    double sum_payoffs = 0.0;
    double sum_payoffs_q = 0.0;
    double q = S * 0.01;    // 定义 q 值的变化大小;

    for (int n = 1; n<= no_sims; n++)
    {
        double Z = random_normal();
        double S_T   = S * exp(R + SD * Z); // 模拟标的资产价格 S 的路径;
        sum_payoffs + = max(0.0, S_T - X);
                                    // 求价格 S 与行权价格 X 两者中的较大者;
        double S_T_q = (S+q) * exp(R + SD * Z); // 模拟标的资产价格 S+q 的路径;
        sum_payoffs_q + = max(0.0, S_T_q - X);
                                    //求 S+q 与行权价格 X 两者中的较大者;
    }
    double c = exp(-r * time) * (sum_payoffs/no_sims);
                                    // 计算标的资产价格为 S 的期权的价值;
    double c_q = exp(-r * time) * (sum_payoffs_q/no_sims);
                                    // 计算标的资产价格为 S+q 的期权的价值;
    return (c_q - c)/q;   // 计算 Delta,并返还该值;
}
```

例 6.1.4 试分别用 Blcak-Scholes 期权定价公式和蒙特卡罗法计算例 6.1.2 中欧式看涨期权的 Delta,并将两种方法得出的结果进行比较.

解 在本例中,$S_t=100, S'_t=100+q, X=100, r=0.1, \sigma=0.25, T-t=1$. 我们按照如下步骤计算 Delta:

(1) 使用 Blcak-Scholes 期权定价公式计算 Delta(略).

(2) 使用蒙特卡罗法计算 Delta:

第一,分别模拟标的资产价格 S 和 $S+q$ 的路径:

$$S_T = S_t \exp\left[\left(r - \frac{\sigma^2}{2}\right)(T-t) + \sigma\varepsilon\sqrt{T-t}\right] = 100\exp\left[\left(0.1 - \frac{0.25^2}{2}\right) \times 1 + 0.25\varepsilon\sqrt{1}\right],$$

$$S_T' = (S_t + q)\exp\left[\left(r - \frac{\sigma^2}{2}\right)(T-t) + \sigma\varepsilon\sqrt{T-t}\right]$$

$$= (100 + q)\exp\left[\left(0.1 - \frac{0.25^2}{2}\right) \times 1 + 0.25\varepsilon\sqrt{1}\right].$$

取 $q = 0.01 S_t$，代入 S_T' 的表达式，有结果

$$S_T' = 1.01 S_t \exp\left[\left(r - \frac{\sigma^2}{2}\right)(T-t) + \sigma\varepsilon\sqrt{T-t}\right] = 101\exp\left[\left(0.1 - \frac{0.25^2}{2}\right) \times 1 + 0.25\varepsilon\sqrt{1}\right].$$

第二，求期权价格. 假设模拟 S_T 和 S_T' 的次数均为 5000，根据蒙特卡罗法可给出它们各自的期权价格.

第三，将计算出来的结果代入式(6.1.12)，可计算出欧式看涨期权的 Delta.

```
// 程序调用：
void main()
{
    double S = 100.0;
    double X = 100.0;
    double r = 0.1;
    double sigma = 0.25;
    double time = 1.0;
    int no_sims = 5000;
    cout<<"Blcak-Scholes 期权定价公式(看涨期权)："<<option_price_delta_call_black_scholes
                                                 (S, X, r, sigma, time)
                                                 <<endl
        <<"蒙特卡罗法(看涨期权)："<<option_price_delta_call_european_simulated
                                                 (S,X,r,sigma,time,no_sims)<<endl;
}
```

输出结果：

  Blcak-Scholes 期权定价公式(看涨期权)：0.700208
  蒙特卡罗法(看涨期权)：0.711718

在模拟次数是 5000 的条件下，蒙特卡罗法得出的结果是 0.711718，与利用 Blcak-Scholes 期权定价公式计算的结果相差较大. 在模拟次数是 500000 次的条件下，蒙特卡罗法的结果为 0.707517. 可见，不断增加模拟次数，可以使两者结果的差距逐渐缩小，但是运算效率却逐渐降低. 因此，在使用蒙特卡罗法的同时要兼顾计算精度和运算效率.

参照上述方法，并根据相关定义，还可给出其他对冲参数的计算程序.

6.1.4 蒙特卡罗法的有效性问题

在使用蒙特卡罗法计算衍生证券价格时存在着计算精度与运行效率之间的矛盾. 下面

将要介绍的控制变量法和对偶变量法可缓解这对矛盾并给出较为理想的结果.

1. 控制变量法

控制变量法适用于有两个相似衍生证券的情形. 假设衍生证券 A 是我们想要定价的证券,衍生证券 B 是与衍生证券 A 相似并有解析解的证券. 我们使用相同的随机数流、时间步数 N 和步长 Δt 模拟衍生证券 A 和 B 的标的资产价格路径,分别得到衍生证券 A 和 B 的价格估值 $\hat{f}_A$ 和 $\hat{f}_B$,而衍生证券 A 的更好估值则为

$$f_A = \hat{f}_A - \hat{f}_B + f_B, \tag{6.1.13}$$

式中 f_B 是衍生证券 B 价格的解析解.

分析:在式(6.1.13)中,$\hat{f}_A$ 和 $\hat{f}_B$ 是使用相同随机数、时间步数和步长模拟的两个衍生证券的估值,f_B 是根据某定价公式给出的衍生证券的解析解. 在编写程序时,首先要编写模拟 $\hat{f}_A$ 和 $\hat{f}_B$ 的程序,然后编写求 f_B 解析解的程序,最后按照该式计算衍生证券的估值. 这里,以欧式看涨期权为例编写相关程序.

程序 6.1.5 欧式看涨期权定价的控制变量法.

```
#include <math.h>
#include "normdist.h"
#include <iostream.h>

// 模拟标的资产价格;
double simulate_lognormal_random_variable(const double &S, // 标的资产价格;
                    const double &r, // 无风险利率;
                    const double &sigma, // 波动性;
                    const double &time) // 权利期间;
{
    double R = (r - 0.5 * pow(sigma,2)) * time;
    double SD = sigma * sqrt(time);
    return S * exp(R + SD * random_normal());
}

// 求两数之中的较大者;
double max(double x,double y)
{
    if(x>y) return x;else return y;
}

// 证券 B 的报酬函数——看涨期权的报酬函数;
double payoff_call ( const double &price, const double &X)
{
    return max (0.0,price - X);
```

}
// 欧式看涨期权价格；
```
double
    derivative_price_simulate_european_option_generic_with_control_variate
                        (const double &S, // 标的资产价格；
                         const double &X, // 行权价格；
                         const double &r, // 无风险利率；
                         const double &sigma,// 波动率；
                         const double &time,// 权利期间；
                         const int &no_sims) // 步数；
{
    double c_bs = option_price_call_black_scholes(S,S,r,sigma,time);
    double sum_payoffs = 0;
    double sum_payoffs_bs = 0;
    for (int n = 0; n<no_sims; n++)
    {
        double S_T = simulate_lognormal_random_variable(S,r,sigma,time);
        sum_payoffs + = payoff_call(S_T,X);
        sum_payoffs_bs + = payoff_call(S_T,S);
    }
    double c_sim = exp(-r*time) * (sum_payoffs/no_sims);
    double c_bs_sim = exp(-r*time) * (sum_payoffs_bs/no_sims);
    c_sim = c_sim - c_bs_sim + c_bs;
    return c_sim;
}
```

例 6.1.5 试分别用 Blcak-Scholes 期权定价公式和控制变量法计算例 6.1.2 中欧式看涨期权的价格，并将两种方法得出的结果进行比较.

解 在本例中，$S_t=100, S_t''=100, X=100, r=0.1, \sigma=0.25, T-t=1$. 本例的计算步骤如下：

(1) 由 Black-Scholes 期权定价公式给出欧式看涨期权的价格 f_B 略；

(2) 由蒙特卡罗法计算 $\hat{f}_A$ 和 $\hat{f}_B$ 的值：

$$S_{Ti} = S_t \exp\left[\left(r-\frac{\sigma^2}{2}\right)(T-t)+\sigma\varepsilon\sqrt{T-t}\right] = 100\exp\left[\left(0.1-\frac{0.25^2}{2}\right)\times 1+0.25\varepsilon\sqrt{1}\right],$$

$$S_{Ti}'' = S_t'' \exp\left[\left(r-\frac{\sigma^2}{2}\right)(T-t)+\sigma\varepsilon\sqrt{T-t}\right] = 100\exp\left[\left(0.1-\frac{0.25^2}{2}\right)\times 1+0.25\varepsilon\sqrt{1}\right].$$

从正态分布中随机抽取一个样本 ε，就给出一个 S_{Ti} 和一个 S_{Ti}'' 的值. 取 $\max\{0, S_{Ti}-X\}$ 和 $\max\{0, S_{Ti}''-X\}$，则每模拟一次就得到两个欧式看涨期权在 T 时刻的值. 假设模拟次数

5000，则分别给出 5000 个 S_{Ti} 和 5000 个 S''_{Ti}，从而有 5000 个 $\max\{0, S_{Ti} - X\}$ 和 $\max\{0, S''_{Ti} - X\}$，分别计算它们的算术平均值并用无风险利率 r 贴现，就得到了欧式看涨期权的两个估值 $\hat{f}_A$ 和 $\hat{f}_B$.

（3）将上述所得结果代入式(6.1.13)，得出欧式看涨期权的估值.

```
// 程序调用；
void main()
{
    double S = 100.0;
    double X = 100.0;
    double r = 0.1;
    double sigma = 0.25;
    double time = 1;
    int no_sims = 5000;
    double payoff(const double &S, const double &X);
    cout<<"Black-Scholes 期权定价公式的结果："
        <<option_price_call_black_scholes(S,X,r,sigma,time)<<endl;
    cout<<"   控制变量法的结果："
        <<derivative_price_simulate_european_option_generic_with_control_
                        variate(S,X,r,sigma,time,no_sims)<<endl;
}
```

输出结果：

  Black-Scholes 期权定价公式的结果：14.9758

  控制变量法的结果：14.9758

结果显示：在模拟次数仅有 5000 的情况下，控制变量法给出的估值与 Black-Scholes 期权定价公式的理论值一样. 因此，控制变量法在计算精度和运行效率方面都优于蒙特卡罗法.

注：本例的证券 A 和 B 是一个证券，故 $\hat{f}_A - \hat{f}_B = 0$，式(6.1.13)给出的结果近似为 f_B.

2. 对偶变量法

对偶变量法的基本思想是：在每一次模拟运算中同时计算衍生证券价格的两个值 f_1 和 f_2，第一个值 f_1 是按常规蒙特卡罗法得出的，第二个值 f_2 是通过改变所有标准正态分布样本的符号得出的（例如，如果 ε 是计算 f_1 的一个样本，那么 $-\varepsilon$ 则是计算 f_2 的一个样本）. 当上述两个值中的一个值高于真值时另外一个会低于真值，反之亦然. 定义 $\bar{f}$ 为 f_1 和 f_2 的平均值

$$\bar{f} = \frac{f_1 + f_2}{2}. \tag{6.1.14}$$

衍生证券的价格则为所有 $\bar{f}$ 的平均值的贴现值. 如果 σ 为 $\bar{f}$ 的标准差, M 为模拟次数, 则估值的标准差为 $\sigma/\sqrt{M}$, 该误差会远远小于由 $2M$ 随机试验所对应的标准误差.

分析: 根据对偶变量法的基本思想, 编写程序的步骤大致如下: (1) 模拟标的资产的价格路径; (2) 计算两个期权损益值, 其中一个是按照常规蒙特卡罗法计算的结果, 另一个是改变所有正态分布符号计算出来的结果; (3) 计算期权的价格, 即计算上述两期权价格的平均值并将计算结果进行贴现.

程序 6.1.6 欧式看涨期权定价的对偶变量法.

```cpp
#include "normdist.h"
#include<math.h>
#include<iostream.h>
// 求两个数之中的较大者;
double max(double x,double y)
{
    if(x>y) return x;else return y;
}
// 看涨期权报酬函数;
double payoff_call (const double &price, const double &X)
{
    return max (0.0,price-X);
}
// 欧式看涨期权价格;
double derivative_price_european_option_generic_with_antithetic_variate
                            (const double &S,// 标的资产价格;
                             const double &X,// 行权价格;
                             const double &r,// 无风险利率;
                             const double &sigma,// 波动率;
                             const double &time,// 权利期间;
                             const double &no_sims) // 步数;
{
    double R = (r - 0.5 * pow(sigma,2)) * time;
    double SD = sigma * sqrt(time);
    double sum_payoffs = 0;
```

```
for ( int n = 0;n< no_sims; n + + )
  {
    double x = random_normal();
    double S1 = S * exp(R + SD * x);         // f1;
    sum_payoffs + = payoff_call(S1,X);
    double S2 = S * exp(R + SD * (-x));      //f2;
    sum_payoffs + = payoff_call(S2,X);
  }
return exp(-r * time) * ( sum_payoffs/(2 * no_sims));
}
```

例 6.1.6 试分别用 Blcak-Scholes 期权定价公式和对偶变量法计算例 6.1.2 中欧式看涨期权的价格,并将两者的结果进行比较.

解 在本例中,$S=100, X=100, r=0.1, \sigma=0.25, T-t=1$. 本例的计算步骤如下:

(1) 由 Black-Scholes 期权定价公式得看涨期权价格为

$$c = SN(d_1) - Xe^{-r(T-t)}N(d_2) = 100N(d_1) - 100e^{-0.1 \times 1}N(d_2),$$

$$d_1 = \frac{\ln[S/X] + (r+\sigma^2/2)(T-t)}{\sigma\sqrt{T-t}} = \frac{\ln[100/100] + (0.1+0.25^2/2) \times 1}{0.25\sqrt{1}},$$

$$d_2 = d_1 - \sigma\sqrt{T-t} = d_1 - 0.25 \times \sqrt{1}.$$

(2) 利用对偶变量法计算期权价格:

① 模拟标的变量路径并计算 f_1:

$$S_{Ti} = S_t \exp\left[\left(r - \frac{\sigma^2}{2}\right)(T-t) + \sigma\varepsilon\sqrt{T-t}\right]$$

$$= 100\exp\left[\left(0.1 - \frac{0.25^2}{2}\right) \times 1 + 0.25\varepsilon\sqrt{1}\right]$$

$$f_1 = \max\{0, S_{Ti} - X\};$$

② 改变随机变量 ε 符号,模拟标的变量路径并计算 f_2:

$$S''_{Ti} = S_t \exp\left[\left(r - \frac{\sigma^2}{2}\right)(T-t) + \sigma(-\varepsilon)\sqrt{T-t}\right]$$

$$= 100\exp\left[\left(0.1 - \frac{0.25^2}{2}\right) \times 1 + 0.25(-\varepsilon)\sqrt{1}\right]$$

$$f_2 = \max\{0, S''_{Ti} - X\};$$

③ 计算 f_1 和 f_2 的平均值 $\bar{f} = \frac{f_1 + f_2}{2}$;

④ 模拟 n 次并求 $\frac{1}{n}\sum_{i=1}^{n}\max\{0, S_{Ti} - X\}$ 和 $\frac{1}{n}\sum_{i=1}^{n}\max\{0, S''_{Ti} - X\}$,两者的算术平均值贴现后即为所求的期权价格.

```cpp
// 程序调用;
void main()
{
    double S = 100.0;
    double X = 100.0;
    double r = 0.1;
    double sigma = 0.25;
    double time = 1;
    int no_sims = 5000;
    cout<<"Blcak-Scholes 期权定价公式的结果："
        <<option_price_call_black_scholes(S,X,r,sigma,time) <<endl;
    cout<<"对偶变量法的结果："
        <<derivative_price_european_option_generic_with_antithetic_variate
                            (S,X,r,sigma,time,no_sims)<<endl;
}
```

输出结果：
  Blcak-Scholes 期权定价公式的结果：14.9758
  对偶变量法的结果：14.9773

结果显示：在仅 5000 次模拟的情况下,对偶变量法给出的结果就非常接近由 Blcak-Scholes 期权定价公式得到的结果.因此,对偶变量法兼顾了计算精度和运行效率.

§6.2 期权定价的二叉树法

  蒙特卡罗法便于处理报酬函数复杂、标的变量多等问题,但是在处理提前行权问题时却表现出明显的不足.本节将要介绍的二叉树法可以弥补蒙特卡罗法的这种不足.本节的内容包括二叉树法的基本原理、二叉树法在期权定价方面的应用,尤其是在美式看跌期权定价方面的应用.

6.2.1 二叉树法的基本原理及计算步骤

1. 二叉树法的基本原理

  二叉树法的基本原理是：假设标的变量运动只有向上和向下两个方向,且假设在整个考察期内,标的变量每次向上或向下运动的概率和幅度不变.将考察期分为若干阶段,根据标的变量的历史波动率模拟标的变量在整个考察期内所有可能的发展路径,并由后向前以倒推的形式走过所有结点同时用贴现法得到在 0 时刻的价格.如果存在提前行权问题,必须在二叉树的每个结点处检查在这一点行权是否比在下一个结点上行权更有利,然后重复上述过程.

考虑一个不支付红利的股票期权. 我们把期权的有效期分成许多很小的时间区间,每个区间长度为 Δt. 假定在每一个区间股价从开始的 S 变为两个新价格 Su 和 Sd,并假设 $u>1, d<1$,则 S 到 Su 是价格上涨过程,上涨的概率记为 P;S 到 Sd 是价格下跌过程,下降的概率假设是 $1-P$(见图6.2.1).

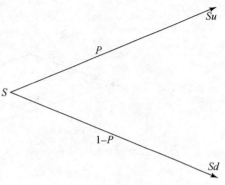

图 6.2.1　Δt 内股票价格的变化

在风险中性的世界里,股票的预期收益率为无风险利率 r,则在时间间隔 Δt 末股票价格的期望值是 $Se^{r\Delta t}$,其中 S 为该时间间隔的初始股票价格. 因此,我们有结果

$$Se^{r\Delta t} = PSu + (1-P)Sd,$$

整理后得

$$e^{r\Delta t} = Pu + (1-P)d. \tag{6.2.1}$$

由第 5 章假设的股票价格的行为模型,在时间区间 Δt 内股票价格变化的方差是 $S^2\sigma^2\Delta t$. 根据方差定义,变量 X 的方差等于 $E(X^2)-[E(X)]^2$,则

$$S^2\sigma^2\Delta t = PS^2u^2 + (1-P)S^2d^2 - S^2[Pu+(1-P)d]^2,$$

整理后得

$$\sigma^2\Delta t = Pu^2 + (1-P)d^2 - [Pu+(1-P)d]^2. \tag{6.2.2}$$

式(6.2.1)和(6.2.2)为 P, u, d 的确定提供了两个条件. 还有第三个条件,即

$$u = 1/d. \tag{6.2.3}$$

所以,我们有结果

$$P = \frac{a-d}{u-d}, \tag{6.2.4}$$

$$u = e^{\sigma\sqrt{\Delta t}}, \tag{6.2.5}$$

$$d = e^{-\sigma\sqrt{\Delta t}}, \tag{6.2.6}$$

其中

$$a = e^{r\Delta t}. \tag{6.2.7}$$

由式(6.2.3)~(6.2.7),可以构造出股票价格的树形结构,称之为股票的**二叉树图**,如图 6.2.2 所示. 图中,0 时刻的股票的价格是 S;在 Δt 时刻,股票的价格有两种可能: Su 和 Sd;在 $2\Delta t$ 时刻,股票的价格有三种可能: Su^2, Sud, Sd^2. 依此类推,一般情况下,在 $i\Delta t$ 时刻股票的价格有 $i+1$ 种可能,即

$$Su^j d^{i-j}, \quad j = 0, 1, 2, \cdots, i. \tag{6.2.8}$$

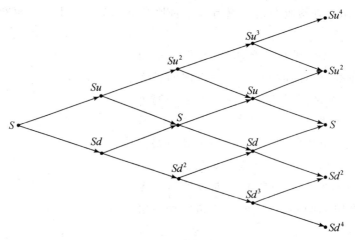

图 6.2.2 股票价格的二叉树

注意,在计算图中每个结点的股票价格时,使用了 $u=1/d$ 的关系.例如,$Su^2d=Su$.还要注意的是股票价格先升后降与先降后升得到的值一样,也就是树枝在结点上重合.

完成了上述二叉树之后,就可以通过二叉树倒推来计算期权的价格.由于 T 时刻的期权价格已知,所以在风险中性的世界里 $T-\Delta t$ 时刻每个结点上的期权价格都可以用 T 时刻在 Δt 时间内无风险利率的贴现求得;$T-2\Delta t$ 时刻每个结点上的期权价格可以用 $T-\Delta t$ 的价格在 Δt 时间内无风险利率的贴现求得.以此向后倒推,通过各个结点,最后就得到在 0 时刻的期权价格.

2. 二叉树法的解析式

假设一个不支付红利股票的美式看跌期权的权利期间被分成 N 个长度为 Δt 的小时间段.设 f_{ij} 为 $i\Delta t$ 时刻股票价格为 $Su^jd^{i-j}(0\leqslant i\leqslant N, 0\leqslant j\leqslant i)$ 时的期权价格,也称为结点 (i,j) 的期权价格.由于美式看跌期权在到期日的价格为 $\max\{X-S_T,0\}$,所以

$$f_{ij}=\max\{X-Su^jd^{N-j},0\}, \quad j=0,1,\cdots,N. \tag{6.2.9}$$

假设在 $i\Delta t$ 时刻从结点 (i,j) 向 $(i+1)\Delta t$ 时刻的结点 $(i+1,j+1)$ 移动的概率是 P;在 $i\Delta t$ 时刻从结点 (i,j) 向 $(i+1)\Delta t$ 时刻的结点 $(i+1,j)$ 移动的概率是 $(1-P)$.若不提前行权,在风险中性世界里期权的价格为

$$f_{ij}=\mathrm{e}^{-r\Delta t}[Pf_{i+1,j+1}+(1-P)f_{i+1,j}], \quad 0\leqslant i\leqslant N-1, 0\leqslant j\leqslant i. \tag{6.2.10}$$

考虑行权时,式中的 f_{ij} 必须与看跌期权的内在价值进行比较,因此有

$$f_{ij}=\max\{X-Su^jd^{i-j},\mathrm{e}^{-r\Delta t}[Pf_{i+1,j+1}+(1-P)f_{i+1,j}]\}. \tag{6.2.1i}$$

注意:因为计算是从 T 时刻倒推来计算期权价格的,所以 $i\Delta t$ 时刻的期权价格不仅反映了在 $i\Delta t$ 时刻提前行权对期权价格的影响,也反映了在以后的时间里提前行权对期权价格的影响.

3. 二叉树法的计算步骤

根据上述二叉树法的基本原理和二叉树法的解析式,我们给出如下计算衍生证券价格的步骤:

(1) 将衍生证券的有效期分成 N 步等间隔时间段,每步步长 Δt. 这样我们需要考虑 $N+1$ 个时间点:$0,\Delta t,2\Delta t,\cdots,T$.

(2) 计算二叉树的参数 P,u 和 d.

(3) 构建二叉树.

(4) 通过二叉树倒推计算期权的价格.

注 如果是美式期权,我们要在二叉树形图的每个结点检查在这一结点行权是否更有利.

6.2.2 无收益资产的期权定价

1. 欧式期权的定价

欧式期权价格可直接由 Black-Scholes 期权定价公式给出,但是为了说明如何开发二叉树法程序并将二叉树法的计算结果与 Black-Scholes 期权定价公式给出的结果进行比较,给出相应的程序供大家参考.

程序 6.2.1 欧式看涨期权定价的二叉树法.

```cpp
#include<math.h>
#include<vector>
#include<iostream.h>
#include "normdist.h"
using namespace std;
// 求两数中的较大者
double max(double x,double y)
{
    if(x>y) return x;else return y;
}

// 欧式看涨期权价格;
double option_price_call_european_binomial
                        (const double &S,        // 标的资产价格;
                         const double &X,        // 行权价格;
                         const double &r,        // 无风险利率;
                         const double &sigma,    // 波动率;
                         const double &time,     // 权利期间;
                         const int &steps)       // 二叉树步数;
```

```cpp
{
    double R = exp(r * (time/steps));
    double Rinv = 1.0/R;
    double u = exp(sigma * sqrt(time/steps));
    double uu = u * u;
    double d = 1.0/u;
    double p_up = (R - d)/(u - d);
    double p_down = 1.0 - p_up;
    vector<double> prices(steps + 1);
    prices[0] = S * pow(d, steps);
    for (int i = 1; i <= steps; ++i) prices[i] = uu * prices[i-1];
    vector<double> call_values(steps + 1);
    for (int j = 0; j <= steps; ++j) call_values[j] = max(0.0, (prices[j] - X));
    for (int step = steps - 1; step >= 0; --step)
    {
        for (int i = 0; i <= step; ++i)
        {
            call_values[i] =
                (p_up * call_values[i+1] + p_down * call_values[i]) * Rinv;
        }
    }
    return call_values[0];
}
```

以上仅给出了欧式看涨期权定价的二叉树法的程序设计,欧式看跌期权定价的二叉树法类似,由读者自己完成.

例 6.2.1 考虑一个标的资产价格是 \$100,行权价格是 \$100,无风险年利率是2.5%,年波动率是 25%,权利期间还有 1 年的欧式看涨期权.试分别用 Black-Scholes 期权定价公式和二叉树法计算期权的价格,并将两者的计算结果进行比较.

解 在本例中,$S=100.0, X=100.0, r=0.025, \sigma=0.25, T-t=1.0$.本例的计算步骤如下:

(1) 由 Black-Scholes 期权定价公式给出欧式看涨期权的价格(略).

(2) 根据二叉树法的基本原理计算期权价格,步骤如下:

① 设定时间步数和时间步长. 我们将 $T-t$ 分成 100 等份,步长为
$$\Delta t = (T-t)/N = 1.0/100;$$

② 计算二叉树的相关参数:

$$u = e^{\sigma\sqrt{\Delta t}} = e^{0.25 \times \sqrt{\Delta t}}, \qquad d = e^{-\sigma\sqrt{\Delta t}} = e^{-0.25 \times \sqrt{\Delta t}},$$

$$a = e^{r\Delta t} = e^{0.025 \times \Delta t}, \qquad P = \frac{a-d}{u-d} = \frac{e^{0.025 \times \Delta t} - e^{-0.25 \times \sqrt{\Delta t}}}{e^{0.25 \times \sqrt{\Delta t}} - e^{-0.25 \times \sqrt{\Delta t 1.0}}};$$

③ 构建二叉树,计算标的资产价格;
④ 通过二叉树倒推计算欧式看涨期权的价格.

注 由于是欧式期权,故不需要在每个结点检查行权.

```
// 程序调用;
void main()
{
    double S = 100;
    double X = 100;
    double r = 0.025;
    double sigma = 0.25;
    double time = 1;
    int steps = 100;
    cout<<"Black-Scholes 期权定价公式的结果:"
        <<option_price_call_black_scholes( S,X,r,sigma,time)<<endl;
    cout<<"二叉树法的结果:"
        <<option_price_call_european_binomial(S,X,r,sigma,time,steps)<<endl;
}
```

输出结果:
   Black-Scholes 期权定价公式的结果:11.1082
   二叉树的结果:11.0835

结果显示:二叉树法的结果与 Black-Scholes 期权定价公式给出的结果非常接近,说明二叉树法用于欧式期权定价效果很好.

2. 美式期权的定价

美式期权存在着提前行权问题,因此要在上述欧式期权定价程序的基础上增加检查提前行权的语句.下面是考虑到提前行权问题后而给出的程序.

程序 6.2.2 美式期权定价的二叉树法.

```
#include<math.h>
#include<vector>
#include<iostream.h>

using namespace std;
// 求两数之中的最大者;
double max(double x,double y)
{
    if(x>y) return x;else return y;
```

}

// 美式看涨期权定价；
```cpp
double option_price_call_american_binomial
                                        (const double &S,         // 标的资产价格；
                                         const double &X,         // 行权价格；
                                         const double &r,         // 无风险利率；
                                         const double &sigma,     // 波动率；
                                         const double &t,         // 权利期间；
                                         const int &steps)        // 二叉树步数；
{
    double R = exp(r*(t/steps));
    double Rinv = 1.0/R;
    double u = exp(sigma*sqrt(t/steps));
    double uu = u*u;
    double d = 1.0/u;
    double p_up = (R-d)/(u-d);
    double p_down = 1.0-p_up;
    vector<double> prices(steps+1);
    vector<double> call_values(steps+1);
    prices[0] = S*pow(d, steps);
    for (int i=1; i<=steps; ++i) prices[i] = uu*prices[i-1];
    for (i=0; i<=steps; ++i) call_values[i] = max(0.0, (prices[i]-X));
    for (int step=steps-1; step>=0; --step)
    {
        for (int i=0; i<=step; ++i)
        {
            call_values[i] =
                    (p_up*call_values[i+1]+p_down*call_values[i])*Rinv;
            prices[i] = d*prices[i+1];
            call_values[i] = max(call_values[i],prices[i]-X); // 检查是否行权；
        }
    }
    return call_values[0];
}
```

// 美式看跌期权定价；

```
double option_price_put_american_binomial (const double &S,     // 标的资产价格；
                                           const double &X,      // 行权价格；
                                           const double &r,      // 无风险利率；
                                           const double &sigma,  // 波动率；
                                           const double &t,      // 权利期间；
                                           const int &steps)     // 二叉树步数；
{
    double R = exp(r*(t/steps));
    double Rinv = 1.0/R;
    double u = exp(sigma*sqrt(t/steps));
    double uu = u*u;
    double d = 1.0/u;
    double p_up = (R-d)/(u-d);
    double p_down = 1.0-p_up;
    vector<double> prices(steps+1);
    prices[0] = S*pow(d,steps);
    for (int i=1; i<=steps; ++i) prices[i] = uu*prices[i-1];
    vector<double> put_values(steps+1);
    for (int j=0; j<=steps; ++j) put_values[j] = max(0.0,(X-prices[j]));
    for (int step=steps-1; step>=0; --step)
    {
        for (int i=0; i<=step; ++i)
        {
            put_values[i] = (p_up*put_values[i+1]+p_down*put_values[i])*Rinv;
            prices[i] = d*prices[i+1];
            put_values[i] = max(put_values[i],(X-prices[i]));
        }
    }
    return put_values[0];
}
```

例 6.2.2 考虑标的资产价格是 \$100.0,行权价格是 \$100.0,无风险年利率是 10%,年波动率是 25%,权利期间还有 1 年的美式看涨期权和美式看跌期权. 试用二叉树法计算两者的价格.

解 在本例中,$S=100.0, X=100.0, r=0.1, \sigma=0.25, T-t=1$. 根据二叉树法的基本原理,我们按照如下步骤计算期权的价格:

(1) 设定时间步数和时间步长. 我们将 $T-t$ 分成 100 等份,步长为

$$\Delta t = (T-t)/N = 1/100;$$

(2) 计算二叉树的相关参数：

$$u = e^{\sigma\sqrt{\Delta t}} = e^{0.25 \times \sqrt{\Delta t}}, \quad d = e^{-\sigma\sqrt{\Delta t}} = e^{-0.25 \times \sqrt{\Delta t}},$$

$$a = e^{r\Delta t} = e^{0.1 \times \Delta t}, \quad P = \frac{a-d}{u-d} = \frac{e^{0.1 \times \Delta t} - e^{-0.25 \times \sqrt{\Delta t}}}{e^{0.25 \times \sqrt{\Delta t}} - e^{-0.25 \times \sqrt{\Delta t}}};$$

(3) 构建二叉树，计算标的资产价格；

(4) 通过二叉树倒推计算美式期权的价格.

注 由于是美式期权，故需要在每个结点检查是否行权.

```
// 程序调用；
void main()
{
    double S = 100.0;
    double X = 100.0;
    double r = 0.1;
    double sigma = 0.25;
    double time = 1.0;
    int steps = 100;
    cout<<"美式看涨期权的价格："
        <<option_price_call_american_binomial(S,X,r,sigma,time,steps)<<endl;
    cout<<"美式看跌期权的价格："
        <<option_price_put_american_binomial(S,X,r,sigma,time,steps)<<endl;
}
```

输出结果：

美式看涨期权的价格：14.9505

美式看跌期权的价格：6.54691

从上述例子我们可以看出：通过引入二叉树法，在第 5 章十分棘手的美式期权定价问题而得到了解决.

6.2.3 支付连续红利率条件下的美式期权定价

引入二叉树法的重要目的之一是解决美式期权定价问题，故本节后部分的内容将主要介绍美式期权的定价程序.

有了上述程序设计的基础，支付连续红利率的美式期权定价的程序设计就十分简单了. 支付连续红利率是指标的资产在期权有效期的每个时刻都支付红利率. 我们只要将程序 6.2.2 中的参数 $a = e^{r\Delta t}$ 改为 $a = e^{(r-y)\Delta t}$ 即可给出美式期权定价的程序.

第6章 期权定价的数值方法

程序 6.2.3 支付连续红利率美式期权定价.

```cpp
#include <math.h>
#include <vector>
#include <iostream.h>
using namespace std;
// 求两数之中的最大者;
double max(double x,double y)
{
    if(x>y) return x;else return y;
}

// 支付连续红利率的美式看涨期权价格;
double option_price_call_american_binomial (const double &S,    // 标的资产价格;
                                            const double &X,    // 行权价格;
                                            const double &r,    // 无风险利率;
                                            const double &y,    // 连续红利率;
                                            const double &sigma,// 波动率;
                                            const double &t,    // 权利期间;
                                            const int &steps)   // 二叉树步数;
{
    double R = exp(r*(t/steps));
    double Rinv = 1.0/R;
    double u = exp(sigma*sqrt(t/steps));
    double uu = u*u;
    double d = 1.0/u;
    double p_up = (exp((r-y)*(t/steps))-d)/(u-d);
    double p_down = 1.0 - p_up;
    vector<double> prices(steps+1);
    prices[0] = S*pow(d, steps);
    for (int i=1; i<=steps; ++i) prices[i] = uu*prices[i-1];
    vector<double> call_values(steps+1);
    for (int j=0; j<=steps; ++j) call_values[j] = max(0.0, (prices[j]-X));
    for (int step=steps-1; step>=0; --step)
    {
        for (int i=0; i<=step; ++i)
        {
            call_values[i] = (p_up*call_values[i+1]+p_down*call_values[i])*Rinv;
            prices[i] = d*prices[i+1];
```

```cpp
            call_values[i] = max(call_values[i],prices[i]-X);
        }
    }
    return call_values[0];
}

// 支付连续红利率的美式看跌期权价格;
double option_price_put_american_binomial (const double &S,        // 标的资产价格;
                                           const double &X,        // 行权价格;
                                           const double &r,        // 无风险利率;
                                           const double &y,        // 连续红利率;
                                           const double &sigma,    // 波动率;
                                           const double &t,        // 权利期间;
                                           const int &steps)       // 二叉树步数;
{
    double R = exp(r*(t/steps));
    double Rinv = 1.0/R;
    double u = exp(sigma*sqrt(t/steps));
    double uu = u*u;
    double d = 1.0/u;
    double p_up = (exp((r-y)*(t/steps))-d)/(u-d);
    double p_down = 1.0-p_up;
    vector<double> prices(steps+1);
    vector<double> put_values(steps+1);

    prices[0] = S*pow(d, steps);
    for (int i = 1; i<=steps; ++i) prices[i] = uu*prices[i-1];
    for (int j = 0; j<=steps; ++j) put_values[j] = max(0.0, (X-prices[j]));
    for (int step = steps-1; step>=0; --step)
    {
        for (int i = 0; i<=step; ++i)
        {
            put_values[i] = (p_up*put_values[i+1]+p_down*put_values[i])*Rinv;
            prices[i] = d*prices[i+1];
            put_values[i] = max(put_values[i],(X-prices[i]));
        }
    }
    return put_values[0];
}
```

例 6.2.3 考虑标的资产价格是 $100,行权价格是 $100,无风险年利率是 10%,年波动率是 25%,权利期间还有 1 年,连续红利率是 8% 的美式看涨期权和看跌期权. 试用二叉树法求它们的价格.

解 在本例中,$S=100, X=100, r=0.1, y=0.08, \sigma=0.25, T-t=1$. 根据二叉树法的基本原理,我们按照如下步骤计算期权的价格:

(1) 设定时间步数和时间步长. 我们将 $T-t$ 分成 100 等份,步长为
$$\Delta t = (T-t)/N = 1/100;$$

(2) 计算二叉树的相关参数.
$$u = e^{\sigma\sqrt{\Delta t}} = e^{0.25 \times \sqrt{\Delta t}}, \qquad d = e^{-\sigma\sqrt{\Delta t}} = e^{-0.25 \times \sqrt{\Delta t}},$$
$$a = e^{(r-y)\Delta t} = e^{(0.1-0.08)\times \Delta t}, \quad P = \frac{a-d}{u-d} = \frac{e^{(0.1-0.08)\times \Delta t} - e^{-0.25 \times \sqrt{\Delta t}}}{e^{0.25 \times \sqrt{\Delta t}} - e^{-0.25 \times \sqrt{\Delta t}}};$$

(3) 构建二叉树,计算标的资产价格;

(4) 通过二叉树倒推计算美式期权的价格.

```
// 程序调用;
void main()
{
    double S = 100.0;
    double X = 100.0;
    double r = 0.1;
    double y = 0.08;
    double sigma = 0.25;
    double time = 1.0;
    int steps = 100;
    cout<<"美式看涨期权的价格:"
        <<option_price_call_american_binomial(S, X,r,y,sigma,time,steps)<<endl;
    cout<<"美式看跌期权的价格:"
        <<option_price_put_american_binomial(S, X,r,y, sigma,time, steps)<<endl;
}
```

输出结果:
美式看涨期权的价格:10.0782
美式看跌期权的价格:8.59002

6.2.4 支付已知红利率条件下的美式期权定价

支付已知红利率与支付连续红利率不同. 前者只在期权有效期的某些时刻标的资产支付红利率,而后者是在期权有效期的所有时刻标的资产都支付红利率. 如果在未来某时刻支

付已知红利率 δ,则在该时刻所有结点的股票价格要进行调整.

我们结合图 6.2.3 来说明这个问题. 假设在某个结点 i 处支付已知红利率,在除息日之

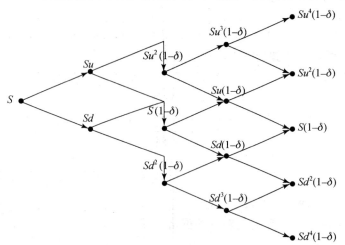

图 6.2.3 支付已知红利率股票价格二叉树

前节点的股价为 $Su^jd^{i-j}(j=0,1,\cdots,i)$,在除息日之后,相应节点的股票价格调整为

$$S(1-\delta)u^jd^{i-j}, \quad j=0,1,\cdots,i, \tag{6.2.12}$$

如果在期权有效期内有多次已知红利率支付,处理方法类似. 若 δ_i 为 0 时刻到 $i\Delta t$ 时刻之间所有除息日的总红利支付率,则 $i\Delta t$ 时刻结点的股票价格为

$$S(1-\delta_i)u^jd^{i-j}. \tag{6.2.13}$$

由式(6.2.12)和(6.2.13),我们只要在程序 6.2.2 的基础上进行适当修改,就可给出计算支付已知红利率的股票美式期权价格的程序. 具体修改办法是:程序的输入参量部分增加红利率发生时间"dividend_times"和红利率"dividend_yields";在程序主题中增加与红利率相关的语句.

程序 6.2.4 支付已知红利率股票的美式期权定价.

```
# include <math.h>
# include <vector>
# include <iostream>

using namespace std;
// 求两数中的最大者;
double max(double a,double b)
{
    if(a>b) return a;else return b;
}
```

第6章 期权定价的数值方法

```cpp
// 美式看涨期权定价；
double option_price_call_american_proportional_dividends_binomial
                          (const double &S,           // 标的资产价格；
                           const double &X,           // 行权价格；
                           const double &r,           // 无风险利率；
                           const double &sigma,       // 波动性；
                           const double &time,        // 权利期间；
                           const int &no_steps,       // 二叉树步数；
                           const vector<double> &dividend_times,
                                                      // 红利率发生时间；
                           const vector<double> &dividend_yields)
{                                                     // 红利率；
    int no_dividends = dividend_times.size();
    if (no_dividends == 0)
    {
        return
            option_price_call_american_binomial(S,X,r,sigma,time,no_steps);
    }
    double delta_t = time/no_steps;
    double R = exp(r*delta_t);
    double Rinv = 1.0/R;
    double u = exp(sigma*sqrt(delta_t));
    double uu = u*u;
    double d = 1.0/u;
    double pUp = (R-d)/(u-d);
    double pDown = 1.0 - pUp;
    vector<int> dividend_steps(no_dividends);
    for (int i = 0; i<no_dividends; ++i)
    {
        dividend_steps[i] = (int)(dividend_times[i]/time*no_steps);
    }
    vector<double> prices(no_steps+1);
    vector<double> call_prices(no_steps+1);
    prices[0] = S*pow(d, no_steps);
    for (int j = 0; j<no_dividends; ++j)
    {
        prices[0] *= (1.0-dividend_yields[j]);
    }
```

```
    for (int k = 1; k<= no_steps; ++k)
    {
        prices[k] = uu * prices[k-1];
    }
    for (int m = 0; m<= no_steps; ++m) call_prices[m] = max(0.0, (prices[m]-X));
    for (int step = no_steps - 1; step>= 0; --step)
    {
        for (int i = 0; i<no_dividends; ++i)
        {
            if (step == dividend_steps[i])
                {
                cout<<"红利率发生步数："<< step << endl;
                for (int j = 0; j<= (step+1); ++j)
                {
                    prices[j] *= (1.0/(1.0 - dividend_yields[i]));
                }
            }
        }
        for (int n = 0; n<= step; ++n)
        {
            call_prices[n] = (pDown * call_prices[n] + pUp * call_prices[n+1]) * Rinv;
            prices[n] = d * prices[n+1];
            call_prices[n] = max(call_prices[n], prices[n]-X);
        }
    }
    return call_prices[0];
}
```

例 6.2.4 考虑一美式看涨期权,其标的资产(股票)的价格是 \$100,行权价格是 \$100,无风险年利率是 10%,年波动率是 25%,权利期间还有 1 年,红利率发生时间分别是 3 个月和 9 个月,红利率发生额分别是 0.025 和 0.025. 试求该美式看涨期权的价格.

解 在本例中,$S=100, X=100, r=0.1, \sigma=0.25, T-t=1, q_1=0.025, t_1=0.25, q_2=0.025, t_2=0.75$. 我们根据如下步骤计算美式期权的价格:

(1) 设定时间步数和时间步长. 我们将 $T-t$ 分成 100 等份,步长为
$$\Delta t = (T-t)/N = 1/100.$$

(2) 计算二叉树的相关参数:
$$u = e^{\sigma\sqrt{\Delta t}} = e^{0.25\times\sqrt{\Delta t}}, \quad d = e^{-\sigma\sqrt{\Delta t}} = e^{-0.25\times\sqrt{\Delta t}},$$
$$a = e^{r\Delta t} = e^{0.1\times\Delta t}, \quad P = \frac{a-d}{u-d} = \frac{e^{0.1\times\Delta t} - e^{-0.25\times\sqrt{\Delta t}}}{e^{0.25\times\sqrt{\Delta t}} - e^{-0.25\times\sqrt{\Delta t}}}.$$

(3) 由式(6.2.13)计算红利率发生结点的价格变化. 第一,计算红利率发生的步数,这里分别是 25 和 75. 第二,根据式(6.2.13)计算相应步数股票的价格:

$$S(1-\delta_i)u^j d^{i-j} = 100 \times (1-0.025) u^j d^{25-j} \quad (25\ \text{步}),$$
$$S(1-\delta_i)u^j d^{i-j} = 100 \times (1-0.025) u^j d^{75-j} \quad (75\ \text{步}).$$

(4) 构建二叉树同,计算股票价格.
(5) 通过二叉树倒推计算美式期权的价格.

```
// 程序调用;
void main()
{
    double S = 100.0;
    double X = 100.0;
    double r = 0.1;
    double sigma = 0.25;
    double time = 1.0;
    double no_steps = 100;
    vector<double>dividend_times;
        dividend_times.push_back(0.25);
        dividend_times.push_back(0.75);
    vector<double>dividend_yields;
        dividend_yields.push_back(0.025);
        dividend_yields.push_back(0.025);
    cout<<"期权价格:"
        <<option_price_call_american_proportional_dividends_binomial(S,X,r,sigma,time,no_steps,dividend_times,dividend_yields)<<endl;
}
```

输出结果:
    红利率发生步数: 75
    红利率发生步数: 25
    期权价格: 11.8604

我们在这里仅给出了支付已知红利率的美式看涨期权定价程序,看跌期权定价程序类似,读者可参照上述程序自己完成.

6.2.5 支付已知红利额条件下的美式期权定价

支付已知红利额是预知在未来某个时刻或者某些时刻标的资产将要支付的红利的确切金额大小. 为了处理这类问题,我们分两步进行.

首先，假设股票价格由不确定部分（用 S^* 表示）和在权利期间所有未来红利额的现值组成，构造 S^* 的二叉树图. 方便起见，假设在期权有效期内只有一次红利发生，除息日是 τ 时刻，而且 $k\Delta t \leqslant \tau \leqslant (k+1)\Delta t$. 在 x 时刻，不确定部分价值 S^* 为

$$S^*(x) = \begin{cases} S(x), & x > \tau, & (6.2.14) \\ S(x) - De^{-r(\tau-\Delta t)}, & x \leqslant \tau, & (6.2.15) \end{cases}$$

其中 D 是红利额. 假设 S^* 的标准差为 σ^*，且是常数，那么用 σ^* 代替原来的波动率 σ（一般来说，$\sigma < \sigma^*$），可计算出参数 p, u, d. 这样就可用通常的方法构造出 S^* 的二叉树.

其次，在每个结点上把未来红利额的现值加回到股票价格上，就可以将 S^* 的二叉树还原为原来股票价格 S 的二叉树.

在 $i\Delta t$ 时刻，当 $i\Delta t < \tau$ 时，二叉树上的每个结点对应的股票价格为

$$S^*(t)u^j d^{i-j} + De^{-r(\tau-i\Delta t)}, \quad j = 0, 1, \cdots, i; \quad (6.2.16)$$

当 $i\Delta t > \tau$ 时，二叉树上的每个结点对应的股票价格为

$$S^*(t)u^j d^{i-j}, \quad j = 0, 1, \cdots, i. \quad (6.2.17)$$

第三，由还原的 S 的二叉树倒推计算期权的价格.

上述方法可以推广到处理多个红利的情况.

根据以上二叉树法的思路，给出如下支付已知红利额的美式看涨期权定价的程序. 读者需要注意式(6.2.16)和(6.2.17)在程序设计中的处理方法.

程序 6.2.5 支付已知红利额股票的美式看涨期权定价.

```cpp
#include <math.h>
#include <vector>
#include <iostream>

using namespace std;
// 求两数中的最大者；
double max(double x, double y)
{
    if(x>y) return x;else return y;
}

// 支付已知红利额股票的美式看涨期权定价；
double option_price_call_american_discrete_dividends_binomial
                    (const double &S,      // 标的资产价格；
                     const double &X,      // 行权价格；
                     const double &r,      // 无风险利率；
                     const double &sigma,  // 波动率；
                     const double &t,      // 权利期间；
                     const int &steps,     // 二叉树步数；
```

```cpp
                                    const vector<double> &dividend_times,
                                                // 红利额发生时间;
                                    const vector<double> &dividend_amounts)
                                                // 红利额;
{
    int no_dividends = dividend_times.size();
    if (no_dividends == 0)
        return option_price_call_american_binomial(S,X,r,sigma,t,steps);
    int steps_before_dividend = (int)(dividend_times[0]/t * steps);
    const double R = exp(r * (t/steps));
    const double Rinv = 1.0/R;
    const double u = exp(sigma * sqrt(t/steps));
    const double d = 1.0/u;
    const double pUp = (R-d)/(u-d);
    const double pDown = 1.0 - pUp;
    double dividend_amount = dividend_amounts[0];
    vector<double> tmp_dividend_times(no_dividends-1);
    vector<double> tmp_dividend_amounts(no_dividends-1);
    for (int i=0; i<(no_dividends-1); ++i)
    {
        tmp_dividend_amounts[i] = dividend_amounts[i+1];
        tmp_dividend_times[i] = dividend_times[i+1] - dividend_times[0];
    }
    vector<double> prices(steps_before_dividend+1);
    vector<double> call_values(steps_before_dividend+1);
    prices[0] = S * pow(d, steps_before_dividend);
    for (int j=1; j<=steps_before_dividend; ++j)
    {
        prices[j] = u*u*prices[j-1];
    }
    for (int k=0; k<=steps_before_dividend; ++k)
    {
        double value_alive
            = option_price_call_american_discrete_dividends_binomial
                            (prices[k]-dividend_amount,X, r, sigma,t-divi-
                             dend_times[0], steps-steps_before_dividend, tmp
                             _dividend_times, tmp_dividend_amounts);
        call_values[k] = max(value_alive,(prices[k]-X));
```

```
    }
    for (int step = steps_before_dividend - 1; step >= 0; --step)
    {
        for (int m = 0; m <= step; ++m)
        {
            prices[m] = d * prices[m + 1];
            call_values[m] =
                       (pDown * call_values[m] + pUp * call_values[m + 1]) * Rinv;
            call_values[m] = max(call_values[m], prices[m] - X);
        }
    }
    return call_values[0];
}
```

例 6.2.5 考虑一个有效期是 12 个月的美式股票看涨期权.预计在期权有效期内,该股票支付两次 \$2.5 的红利.已知初始股票价格是 \$100,执行价格是 \$100,无风险年利率是 10%,年波动率是 25%,除息日分别是 3 个月和 9 个月.试给出该美式看涨期权的价格.

解 在本例中,$S=100, X=100, r=0.1, \sigma=0.25, T-t=1, D_1=2.5, D_2=2.5, \tau_1=0.25, \tau_2=0.75$.我们按照如下步骤计算期权的价格:

(1) 计算红利的现值:
$$D_1 e^{-r\tau_1} = 2.5 e^{-0.1 \times 0.25}, \quad D_2 e^{-r\tau_2} = 2.5 e^{-0.1 \times 0.75}.$$

(2) 计算 S^* 的初值和有关参数:
$$S^* = S - D_1 e^{-r\tau_1} - D_2 e^{-r\tau_2} = 100 - 2.5 \times (e^{-0.1 \times 0.25} - e^{-0.1 \times 0.75});$$

有关参数计算略.

(3) 构造 S^* 的二叉树.

(4) 在每个结点加上红利的现值就将 S^* 的二叉树还原为原来股票价格 S 的二叉树.根据该二叉树图,我们就可以参照前面几个例子的做法给出期权的价格.

```
// 程序调用;
void main()
{
    double S = 100.0;
    double X = 100.0;
    double r = 0.1;
    double sigma = 0.25;
    double time = 1.0;
    double no_steps = 100;
```

```cpp
    vector<double>dividend_times;
        dividend_times.push_back(0.25);
        dividend_times.push_back(0.75);
    vector<double>dividend_amounts;
        dividend_amounts.push_back(2.5);
        dividend_amounts.push_back(2.5);
    cout<<"期权价格:"
        <<option_price_call_american_discrete_dividends_binomial(S,X,r,
            sigma,time,no_steps,dividend_times,dividend_amounts)<<endl ;
}
```

输出结果:

　　期权价格:12.0233

美式看跌期权的程序类似,读者可参照程序6.2.5自己给出程序.

6.2.6 股票指数期权、货币期权和期货期权定价的二叉树法

股票指数、外汇、期货可看成是支付连续红利率的股票.股票指数的"红利率"是股票指数组合的红利收益率;外汇的"红利率"是外国无风险利率;期货的"红利率"是国内无风险利率.下面是以这三类资产为标的资产的美式期权的二叉树定价方法.

1. 指数期权定价的二叉树法

如前所述,股票指数期权可以看成是支付连续红利率的股票期权,故处理方法与程序6.2.3类似.

程序6.2.6 美式指数看涨期权定价.

```cpp
#include<math.h>
#include<vector>
#include<iostream.h>
using namespace std;
double max(double a,double b)
{
    if(a>b) return a;else return b;
}
double index_option_price_call_american_binomial (const double &S,     // 指数当前值;
                          const double &X,                              // 行权价格;
                          const double &r,                              // 无风险利率;
```

```
                    const double &y,              // 指数的连续红利率；
                    const double &sigma,          // 波动性；
                    const double &time,           // 权力期间；
                    const int &no_steps)          // 二叉树步数；
{
    vector<double> Index_value(no_steps + 1);
    vector<double> call_values(no_steps + 1);
    double t_delta = time/no_steps;
    double Rinv = exp(-r * (t_delta));
    double u = exp(sigma * sqrt(t_delta));
    double d = 1.0/u;
    double uu = u * u;
    double pUp = (exp((r - y) * t_delta) - d)/(u - d);
    double pDown = 1.0 - pUp;
    Index_value[0] = S * pow(d, no_steps);
    int i;
    for (i = 1; i <= no_steps; ++i)
    {
        Index_value[i] = uu * Index_value[i-1];    // 树图最终结点；
    }
    for (i = 0; i <= no_steps; ++i) call_values[i] = max(0.0, (Index_value[i] - X));
    for (int step = no_steps - 1; step >= 0; --step)
    {
        for (i = 0; i <= step; ++i)
        {
            Index_value[i] = d * Index_value[i+1];
            call_values[i] = (pDown * call_values[i] + pUp * call_values[i+1]) * Rinv;
            call_values[i] = max(call_values[i], Index_value[i] - X);
                                                   // 检查是否行权；
        }
    }
    return call_values[0];
}
```

例 6.2.6 考虑一个 S&P500（标准普尔 500 指数）美式指数看涨期权，权力期间是 5 个月，指数的当前值是 930 点，行权价格是 900 点，无风险年利率是 8%，指数的年波动率为 40%，股指将提供 5% 的股息. 试求美式指数期权的价格.

解 在本例中，$S=930, X=900, r=0.08, y=0.05, \sigma=0.4, T-t=0.4167$. 我们按照如

下步骤计算指数美式期权价格:

(1) 设定时间步数和时间步长. 我们将 $T-t$ 分成 100 等份, 步长为
$$\Delta t = (T-t)/N = 0.4167/100.$$

(2) 计算二叉树的相关参数:
$$u = e^{\sigma\sqrt{\Delta t}} = e^{0.4\times\sqrt{\Delta t}}, \qquad d = e^{-\sigma\sqrt{\Delta t}} = e^{-0.4\times\sqrt{\Delta t}},$$
$$a = e^{(r-y)\Delta t} = e^{(0.08-0.05)\times\Delta t}, \quad P = \frac{a-d}{u-d} = \frac{e^{(0.08-0.05)\times\Delta t} - e^{-0.4\times\sqrt{\Delta t}}}{e^{0.4\times\sqrt{\Delta t}} - e^{-0.4\times\sqrt{\Delta t}}}.$$

(3) 构建二叉树, 计算标的资产价格.

(4) 通过二叉树倒推计算美式指数看涨期权的价格.

```
// 程序调用;
void main()
{
    double Index = 930;
    double X = 900;
    double r = 0.08;
    double y = 0.05;
    double sigma = 0.4;
    double time = 0.4167;
    double no_steps = 100;

    cout<<"指数美式期权的价格:"<<
    index_option_price_call_american_binomial(Index,X,r,y,sigma,time,no_steps)<<endl;
}
```

输出结果:
        指数美式期权的价格: 113.27

2. 货币期权定价的二叉树法

货币期权也称外汇期权, 是指买方在支付了期权费后即取得在合约有效期内或到期时以约定的汇率购买或出售一定数额某种外汇资产的权利. 货币期权主要以美元、欧元、日元、英镑、加拿大元及澳大利亚等为标的资产.

如前所述, 货币期权可以看成是支付连续红利率的股票期权, 故处理方法与程序 6.2.3 类似.

程序 6.2.7 美式货币看涨期权定价.

```
#include <math.h>
#include <vector>
```

```cpp
#include<iostream.h>
using namespace std;
// 求两数之中的最大者；
double max(double a,double b)
{
    if(a>b) return a;else return b;
}
// 货币美式看涨期权定价；
double currency_option_price_call_american_binomial(const double &S,    // 即期汇率；
                                                   const double &X,    // 行权价格；
                                                   const double &r,    // 本国无风险利率；
                                                   const double &r_f,  // 外国无风险利率；
                                                   const double &sigma,// 波动率；
                                                   const double &time, // 权利期间；
                                                   const int &no_steps)// 二叉树步数；
{
    vector<double> exchange_rates(no_steps+1);
    vector<double> call_values(no_steps+1);
    double t_delta = time/no_steps;
    double Rinv = exp(-r*(t_delta));
    double u = exp(sigma*sqrt(t_delta));
    double d = 1.0/u;
    double uu = u*u;
    double pUp = (exp((r-r_f)*t_delta)-d)/(u-d);
    double pDown = 1.0 - pUp;
    exchange_rates[0] = S*pow(d, no_steps);
    int i;
    for (i=1; i<=no_steps; ++i)
    {
        exchange_rates[i] = uu*exchange_rates[i-1]; // 到期日结点；
    }
    for (i=0; i<=no_steps; ++i) call_values[i] = max(0.0, (exchange_rates[i]-X));
    for (int step=no_steps-1; step>=0; --step)
    {
        for (i=0; i<=step; ++i)
        {
            exchange_rates[i] = d*exchange_rates[i+1];
```

```
        call_values[i] = (pDown * call_values[i] + pUp * call_values[i + 1]) * Rinv;
        call_values[i] = max(call_values[i], exchange_rates[i] - X);
                                                                    // 检查是否行权;
    }
}
return call_values[0];
}
```

例 6.2.7 考虑一份 4 个月期的美式英镑看涨期权. 假设当前的即期汇率为 \$1.6100, 行权价格是 \$1.6000, 美国的无风险年利率为 8%, 英国的无风险年利率为 10%, 汇率年波动率为 12.0%. 试用二叉树法计算该期权的价格.

解 在本例中,$S=1.61, X=1.6, r=0.08, r_f=0.1, \sigma=0.12, T-t=0.3333$. 我们按照如下步骤计算期权价格:

(1) 设定时间步数和时间步长. 我们将 $T-t$ 分成 100 等份,每步步长为
$$\Delta t = (T-t)/N = 0.3333/100.$$

(2) 计算二叉树的相关参数:
$$u = e^{\sigma\sqrt{\Delta t}} = e^{0.12 \times \sqrt{\Delta t}}, \quad d = e^{-\sigma\sqrt{\Delta t}} = e^{-0.12 \times \sqrt{\Delta t}},$$
$$a = e^{(r-r_f)\Delta t} = e^{(0.08-0.11)\times \Delta t}, \quad P = \frac{a-d}{u-d} = \frac{e^{(0.08-0.11)\times \Delta t} - e^{-0.12 \times \sqrt{\Delta t}}}{e^{0.12 \times \sqrt{\Delta t}} - e^{-0.12 \times \sqrt{\Delta t}}}.$$

(3) 构建二叉树,计算标的资产价格.

(4) 通过二叉树倒推计算期权的价格.

```
// 程序调用;
void main()
{
    double S = 1.61;
    double X = 1.60;
    double r = 0.08;
    double r_f = 0.1;
    double sigma = 0.12;
    double time = 1.0;
    int no_steps = 100;

    cout<<"货币期权的价格:"<<currency_option_price_call_american_binomial
                        (S,X,r,r_f,sigma,time,no_steps)<<endl;
}
```

输出结果:
　　货币期权的价格:0.0658

3. 期货期权定价的二叉树法

期货期权的标的资产是期货合同,包括商品期货和金融期货. 期货期权赋予期权购买者在规定期限内买卖期货的权利. 期货期权到期交割的不是相关的商品,而是期货合约本身.

如前所述,期货期权可以看成是支付连续红利率的股票期权,故处理方法与程序 6.2.3 类似.

程序 6.2.8 二叉树法美式期货期权定价.

```cpp
#include <math.h>
#include <vector>
#include <iostream.h>
using namespace std;
// 求两数中的最大者；
double max(double a, double b)
{
    if(a>b) return a; else return b;
}
// 期货美式期权定价；
double futures_option_price_call_american_binomial (const double &F,    // 期货价格；
                                                    const double &X,    // 行权价格；
                                                    const double &r,    // 无风险利率；
                                                    const double &sigma,// 波动率；
                                                    const double &time, // 权利期间；
                                                    const int &no_steps)// 二叉树步数；
{
    vector<double> futures_prices(no_steps+1);
    vector<double> call_values (no_steps+1);
    double t_delta = time/no_steps;
    double Rinv = exp(-r*(t_delta));
    double u = exp(sigma*sqrt(t_delta));
    double d = 1.0/u;
    double uu = u*u;
    double pUp = (1-d)/(u-d);        // note how probability is calculated
    double pDown = 1.0 - pUp;
    futures_prices[0] = F*pow(d, no_steps);
    int i;
    for (i=1; i<=no_steps; ++i) futures_prices[i] = uu*futures_prices[i-1];
```

```
    for (i = 0; i<= no_steps; ++i) call_values[i] = max(0.0, (futures_prices[i]-X));
    for (int step = no_steps-1; step>=0; --step)
    {
        for (i = 0; i<= step; ++i)
        {
            futures_prices[i] = d * futures_prices[i+1];
            call_values[i] = (pDown * call_values[i] + pUp * call_values[i+1]) * Rinv;
            call_values[i] = max(call_values[i], futures_prices[i]-X);
        }
    }
    return call_values[0];
}
```

例 6.2.8 考虑一份半年期的美式期货看涨期权. 假设当前期货的价格是 $50,行权价格是 $45,无风险年利率是 8%,年波动率是 20%. 试用二叉树法求该期权的价格.

解 在本例中,$S=50, X=45, r=0.08, \sigma=0.2, T-t=0.5$. 我们按照如下步骤计算美式看涨期权价格：

(1) 设定时间步数和时间步长. 我们将 $T-t$ 分成 100 等份,每步步长为
$$\Delta t = (T-t)/N = 0.5/100.$$

(2) 计算二叉树的相关参数：
$$u = e^{\sigma\sqrt{\Delta t}} = e^{0.2\times\sqrt{\Delta t}}, \quad d = e^{-\sigma\sqrt{\Delta t}} = e^{-0.2\times\sqrt{\Delta t}},$$
$$a = e^{r\Delta t} = e^{0.08\times\Delta t}, \quad P = \frac{a-d}{u-d} = \frac{e^{0.08\times\Delta t} - e^{-0.2\times\sqrt{\Delta t}}}{e^{0.2\times\sqrt{\Delta t}} - e^{-0.2\times\sqrt{\Delta t}}}.$$

(3) 构建二叉树,计算标的资产的价格.

(4) 通过二叉树倒推计算期权的价格.

```
// 程序调用:
void main()
{
    double F = 50.0;
    double X = 45.0;
    double r = 0.08;
    double sigma = 0.2;
    double time = 0.5;
    int no_steps = 100;

    cout<<"期货期权的价格："
        <<futures_option_price_call_american_binomial (F, X, r, sigma, time, no_steps)<<endl;
}
```

输出结果:
   期货期权的价格: 5.74254

以上我们只给出了美式看涨期权的定价程序,参照这些程序,读者可给出美式看跌期权的定价程序,我们在这里就不再进行讨论了.

6.2.7 对冲参数的估计

这里仅讨论美式期权的对冲参数计算问题. 下面程序包含美式看涨期权和看跌期权对冲参数的计算程序,读者可根据需要调用其中之一,或全部.

程序 6.2.9 美式看涨期权对冲参数(Delta,Gamma,Theta,Vega,Rho).

```
#include <math.h>
#include <vector>
#include <iostream>
using namespace std;
// 求两数中的最大者;
double max(double x,double y)
{
    if(x>y) return x;else return y;
}

// 美式看涨期权的对冲参数;
void option_price_partials_american_call_binomial(const double &S,    // 标的资产价格;
                                                   const double &X,    // 行权价格;
                                                   const double &r,    // 无风险利率;
                                                   const double &sigma, // 波动率;
                                                   const double &time,  // 权利期间;
                                                   const int &no_steps, // 二叉树步数;
                                                   double &delta,
                                                   double &gamma,
                                                   double &theta,
                                                   double &vega,
                                                   double &rho)
{
    vector<double> prices(no_steps+1);
    vector<double> call_values(no_steps+1);
```

```
double delta_t = (time/no_steps);
double R = exp(r * delta_t);
double Rinv = 1.0/R;
double u = exp(sigma * sqrt(delta_t));
double d = 1.0/u;
double uu = u * u;
double pUp = (R-d)/(u-d);
double pDown = 1.0 - pUp;
prices[0] = S * pow(d, no_steps);
for (int i = 1; i<= no_steps; ++i) prices[i] = uu * prices[i-1];
for (int j = 0; j<= no_steps; ++j) call_values[j] = max(0.0, (prices[j]-X));
for (int CurrStep = no_steps-1; CurrStep>= 2; --CurrStep)
{
    for (int i = 0; i<= CurrStep; ++i)
    {
        prices[i] = d * prices[i+1];
        call_values[i] =
                    (pDown * call_values[i] + pUp * call_values[i+1]) * Rinv;
        call_values[i] = max(call_values[i], prices[i]-X);
                                    // 检查是否行权;
    }
}
double f22 = call_values[2];
double f21 = call_values[1];
double f20 = call_values[0];
for (int k = 0; k<= 1; k++)
{
    prices[k] = d * prices[k+1];
    call_values[k] = (pDown * call_values[k] + pUp * call_values[k+1]) * Rinv;
    call_values[k] = max(call_values[k], prices[k]-X);
                                    // 检查是否行权;
}
double f11 = call_values[1];
double f10 = call_values[0];
prices[0] = d * prices[1];
call_values[0] = (pDown * call_values[0] + pUp * call_values[1]) * Rinv;
```

```cpp
        call_values[0] = max(call_values[0], S-X);
                                                          // 检查第一次行权;
        double f00 = call_values[0];
        delta = (f11-f10)/(S*u-S*d);
        double h = 0.5 * S * ( uu - d*d);
        gamma = ( (f22-f21)/(S*(uu-1)) - (f21-f20)/(S*(1-d*d)) ) / h;
        theta = (f21-f00) / (2*delta_t);
        double diff = 0.02;
        double tmp_sigma = sigma+diff;
        double tmp_prices =
            option_price_call_american_binomial(S,X,r,tmp_sigma,time,no_steps);
        vega = (tmp_prices-f00)/diff;
        diff = 0.05;
        double tmp_r = r+diff;
        tmp_prices =
            option_price_call_american_binomial(S,X,tmp_r,sigma,time,no_steps);
        rho = (tmp_prices-f00)/diff;
    }

    // 美式看跌期权对冲参数;
    void option_price_partials_american_put_binomial(const double &S,    // 标的资产价格;
                                const double &X,            // 行权价格;
                                const double &r,            // 无风险利率;
                                const double &sigma,        // 波动率;
                                const double &time,         // 权利期间;
                                const int &no_steps,        // 二叉树步数;
                                double &delta,
                                double &gamma,
                                double &theta,
                                double &vega,
                                double &rho)
    {
        vector<double> prices(no_steps+1);
        vector<double> put_values(no_steps+1);
        double delta_t = (time/no_steps);
        double R = exp(r*delta_t);
        double Rinv = 1.0/R;
```

第6章 期权定价的数值方法

```
double u = exp(sigma * sqrt(delta_t));
double d = 1.0/u;
double uu = u * u;
double pUp = (R - d)/(u - d);
double pDown = 1.0 - pUp;
prices[0] = S * pow(d, no_steps);
int i;
for (i = 1; i <= no_steps; ++i) prices[i] = uu * prices[i-1];
for (i = 0; i <= no_steps; ++i) put_values[i] = max(0.0, (X - prices[i]));
for (int CurrStep = no_steps - 1 ; CurrStep >= 2; --CurrStep)
{
    for (i = 0; i <= CurrStep; ++i)
    {
        prices[i] = d * prices[i+1];
        put_values[i] = (pDown * put_values[i] + pUp * put_values[i+1]) * Rinv;
        put_values[i] = max(put_values[i], X - prices[i]);
    }
}
double f22 = put_values[2];
double f21 = put_values[1];
double f20 = put_values[0];
for (i = 0; i <= 1; i++)
{
    prices[i] = d * prices[i+1];
    put_values[i] = (pDown * put_values[i] + pUp * put_values[i+1]) * Rinv;
    put_values[i] = max(put_values[i], X - prices[i]);
}
double f11 = put_values[1];
double f10 = put_values[0];
prices[0] = d * prices[1];
put_values[0] = (pDown * put_values[0] + pUp * put_values[1]) * Rinv;
put_values[0] = max(put_values[0], X - prices[i]); // check for exercise
double f00 = put_values[0];
delta = (f11 - f10)/(S * (u - d));
double h = 0.5 * S * ( uu - d * d);
gamma = ( (f22 - f21)/(S * (uu - 1.0)) - (f21 - f20)/(S * (1.0 - d * d)) ) / h;
```

```
        theta = (f21-f00)/(2*delta_t);
        double diff = 0.02;
        double tmp_sigma = sigma+diff;
        double tmp_prices =
                option_price_put_american_binomial(S,X,r,tmp_sigma,time,no_steps);
        vega = (tmp_prices-f00)/diff;
        diff = 0.05;
        double tmp_r = r+diff;
        tmp_prices = option_price_put_american_binomial(S,X,tmp_r,sigma,time,no_steps);
        rho = (tmp_prices-f00)/diff;
}
```

例 6.2.9 考虑一份 1 年期的美式看涨期权，其标的资产的价格是 $100，行权价格是 $100，无风险年利率是 10%，标的资产价格的年波动率是 25%. 试用二叉树法计算该期权的对冲参数.

解 在本例中，$S=100, X=100, r=0.1, \sigma=0.25, T-t=1$. 我们按照如下步骤计算期权对冲参数：

(1) 设定时间步数和时间步长. 我们将 $T-t$ 分成 100 等份，每步步长为
$$\Delta t = (T-t)/N = 1/100.$$
(2) 计算二叉树的相关参数：
$$u = e^{\sigma\sqrt{\Delta t}} = e^{0.25 \times \sqrt{\Delta t}}, \quad d = e^{-\sigma\sqrt{\Delta t}} = e^{-0.25 \times \sqrt{\Delta t}},$$
$$a = e^{r\Delta t} = e^{0.1 \times \Delta t}, \quad P = \frac{a-d}{u-d} = \frac{e^{0.1 \times \Delta t} - e^{-0.25 \times \sqrt{\Delta t}}}{e^{0.25 \times \sqrt{\Delta t}} - e^{-0.25 \times \sqrt{\Delta t}}}.$$
(3) 构建二叉树形图，计算标的资产的价格.
(4) 通过树形图倒推计算期权的价格.
(5) 计算对冲参数.

下面调用程序 6.2.9 中的美式看涨期权的对冲参数算法给出本例计算结果.

```
// 程序调用；
void main()
{
    double S = 100.0;
    double X = 100.0;
    double r = 0.1;
    double sigma = 0.25;
    double time = 1.0;
```

```
    int no_steps = 100;

    double delta,gamma,theta,vega,rho;

    option_price_partials_american_call_binomial
                    (S,X,r,sigma,time,no_steps,delta,gamma,theta,vega,rho);

    cout<<"Delta = "<<delta<<endl;
    cout<<"Gamma = "<<gamma<<endl;
    cout<<"Theta = "<<theta<<endl;
    cout<<"Vega = "<<vega<<endl;
    cout<<"Rho = "<<rho<<endl;
}
```

输出结果：

   Delta = 0.699792

   Gamma = 0.0140407

   Theta = − 9.89067

   Vega = 34.8536

   Rho = 56.9652

例 6.2.10 考虑一份 1 年期的欧式看跌期权，其标的资产的价格是 \$100，行权价格是 \$100，无风险年利率是 10%，标的资产价格的年波动率是 25%，试用二叉树法计算该期权的对冲参数.

解 在本例中，$S=100, X=100, r=0.1, \sigma=0.25, T-t=1$. 我们按照如下步骤计算期权对冲参数：

(1) 设定时间步数和时间步长. 我们将 $T-t$ 分成 100 等份，每步步长为
$$\Delta t = (T-t)/N = 1.0/100.$$

(2) 计算二叉树的相关参数：
$$u = e^{\sigma\sqrt{\Delta t}} = e^{0.25 \times \sqrt{\Delta t}}, \quad d = e^{-\sigma\sqrt{\Delta t}} = e^{-0.25 \times \sqrt{\Delta t}},$$
$$a = e^{r\Delta t} = e^{0.1 \times \Delta t}, \quad P = \frac{a-d}{u-d} = \frac{e^{0.1 \times \Delta t} - e^{-0.25 \times \sqrt{\Delta t}}}{e^{0.25 \times \sqrt{\Delta t}} - e^{-0.25 \times \sqrt{\Delta t}}}.$$

(3) 构建二叉树，计算标的资产价格.

(4) 通过二叉树倒推计算期权的价格.

(5) 计算对冲参数.

下面调用程序 6.2.9 中的函数"option_price_partials_american_put_binomial(S, X, r, sigma, time, no_steps, delta, gamma, theta, vege, rho)给出美式看跌期权的对冲参数的

计算结果.

```cpp
// 程序调用；
void main()
{
    double S = 100.0;
    double X = 100.0;
    double r = 0.1;
    double sigma = 0.25;
    double time = 1.0;
    int no_steps = 100;
    double delta,gamma,theta,vega,rho;
    option_price_partials_american_put_binomial(S,X,r,sigma,time,no_steps,delta,gamma,theta,vega,rho);
    cout<<"delta: "<<delta<<endl;
    cout<<"gamma: "<<gamma<<endl;
    cout<<"theta: "<<theta<<endl;
    cout<<"vega: "<<vega<<endl;
    cout<<"rho: "<<rho<<endl;
}
```

输出结果：

　　　　Delta = −0.387636
　　　　Gamma = 0.0209086
　　　　Theta = −1.99027
　　　　Vega = 35.3943
　　　　Rho = −21.5433

至此，我们使用二叉树法分别对欧式期权和美式期权进行了定价. 欧式期权可以使用 Black-Scholes 期权定价公式、蒙特卡罗法和二叉树法三种方法进行定价. 但是，美式期权，应首选二叉树法，尤其是美式看跌期权只能用二叉树法求解. 通过引入二叉树法，我们原来感到棘手的一些问题迎刃而解了. 至此，衍生证券的定价问题大致可以解决了.

§6.3 有限差分法

有限差分法是独立于蒙特卡罗法和二叉树法的一种新的衍生证券定价方法. 有限差分法包括内含有限差分法和外推有限差分法. 在本节中我们将介绍这两种方法，并利用它们解决相同的问题,从而便于读者了解它们之间的差异.

6.3.1 有限差分法的基本思想

有限差分方法的基本思想是:先将衍生证券所满足的偏微分方程转化为一系列近似的差分方程,再用迭代法求解这些差分方程,最后得出衍生证券的价格.

为了说明这种方法,我们考虑一个不支付红利的股票期权.由式(5.3.8),股票期权的价格所满足的偏微分方程是

$$\frac{\partial f}{\partial t} + r\frac{\partial f}{\partial S}S + \frac{1}{2} \cdot \frac{\partial^2 f}{\partial S^2}\sigma^2 S^2 = rf. \tag{6.3.1}$$

假设现在是 0 时刻,我们把从 0 时刻至期权的到期日 T 分成 N 个等间隔的时间段,每段步长是 $\Delta t = T/N$,这样总共有 $N+1$ 个时点:

$$0, \Delta t, 2\Delta t, 3\Delta t, \cdots, T.$$

假设 S_{max} 为股票价格所能达到的最大值,定义价格步长为 $\Delta S = S_{max}/M$,其中 M 为给定的价格步数.这样就有 $M+1$ 个股票价格点:

$$0, \Delta S, 2\Delta S, 3\Delta S, \cdots, S_{max}.$$

上述价格点与时间点构成了一个共有 $(M+1) \times (N+1)$ 坐标点的方格,如图 6.3.1 所示.图中的任意点 (i,j) 对应的时间是 $i\Delta t$,股票价格是 $j\Delta S$.

我们用 f_{ij} 表示点 (i,j) 的期权价格.这样,就可以用离散算子逼近 $\frac{\partial f}{\partial t}, \frac{\partial f}{\partial S}, \frac{\partial^2 f}{\partial S^2}$ 各项,从而把上述偏微分方程转化为离散方程.

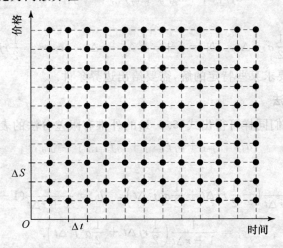

图 6.3.1 有限差分法的坐标方格

6.3.2 内含有限差分法和外推有限差分法

有限差分法有内含有限差分法和外推有限差分法两种. 内含有限差分法和外推有限差分法的区别可用图 6.3.2 和图 6.3.3 形象地表示. 由图 6.3.2 和图 6.3.3, 内含有限差分法在 $i\Delta t$ 时刻的三个不同的期权价格 $f_{i,j-1}, f_{ij}$ 和 $f_{i,j+1}$ 对应着 $(i+1)\Delta t$ 时刻的一个期权价格 $f_{i+1,j}$; 外推的有限差分法在 $i\Delta t$ 时刻的一个期权价格 f_{ij} 对应着 $(i+1)\Delta t$ 时刻的三个不同期权价格 $f_{i+1,j+1}, f_{i+1,j}$ 和 $f_{i+1,j-1}$.

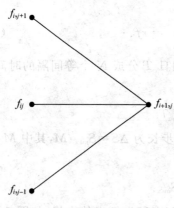
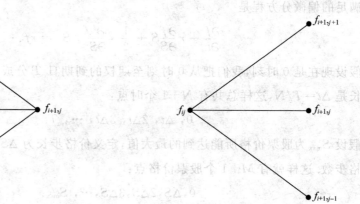

图 6.3.2 内含有限差分法　　　　图 6.3.3 外推有限差分法

1. 内含有限差分法

通过对式 (6.3.1) 进行差分处理, 我们得出内含有限差分法的表达式

$$a_j f_{i,j-1} + b_j f_{ij} + c_j f_{i,j+1} = f_{i+1,j}, \tag{6.3.2}$$

式中

$$a_j = \frac{1}{2} rj\Delta t - \frac{1}{2}\sigma^2 j^2 \Delta t, \quad b_j = 1 + \sigma^2 j^2 \Delta t + r\Delta t, \quad c_j = -\frac{1}{2} rj\Delta t - \frac{1}{2}\sigma^2 j^2 \Delta t.$$

式 (6.3.2) 的解很多. 要求某些特定的解, 需要给出边界条件.

2. 外推有限差分法

经过差分处理, 我们同样可得出式 (6.3.1) 的外推有限差分法的表达式

$$a_j f_{i+1,j-1} + b_j f_{i+1,j} + c_j f_{i+1,j+1} = f_{ij}, \tag{6.3.3}$$

式中

$$a_j = \frac{1}{1+r\Delta t}\left(-\frac{1}{2}rj\Delta t + \frac{1}{2}\sigma^2 j^2 \Delta t\right), \quad b_j = \frac{1}{1+r\Delta t}(1-\sigma^2 j^2 \Delta t),$$

$$c_j = \frac{1}{1+r\Delta t}\left(\frac{1}{2}rj\Delta t + \frac{1}{2}\sigma^2 j^2 \Delta t\right).$$

式 (6.3.3) 也有很多解, 求特定的解同样要给出边界条件.

3. 差分方程的求解步骤

差分方程(6.3.2)和(6.3.3)的求解步骤如下：

(1) 将衍生证券的有效期分成 N 步，每步步长为 Δt，这样就有 $N+1$ 个时间点：

$$0, \Delta t, 2\Delta t, \cdots, T.$$

估计标的资产价格所能达到的最大值 S_{max}，并将价格分成 M 步，每步步长为 S_{max}/M，这样就有 $M+1$ 个价格点：

$$0, \Delta S, 2\Delta S, \cdots, S_{max}.$$

(2) 求式(6.3.2)或(6.3.3)中的参数 a_j, b_j 和 c_j.

(3) 给出边界条件并根据边界条件求特定解.

(4) 使用迭代方程(6.3.2)或(6.3.3)求解衍生证券价格的其他值.

4. 内含有限差分法与外推有限差分法的比较

内含有限差分法的优点：当 $\Delta t \to 0$ 时，$\Delta S \to 0$，差分方程(6.3.2)的解总是收敛于偏微分方程(6.3.1)的解.

内含有限差分法的缺点：由 $f_{i+1,j}$ 计算 $f_{i,j}$，要同时求解 $M-1$ 个方程，增加了计算量.

外推有限差分法的优点：由于点 (i,j) 的 $\dfrac{\partial f}{\partial S}$ 和 $\dfrac{\partial^2 f}{\partial S^2}$ 与点 $(i+1,j)$ 的相应值相同，所以可以克服内含有限差分法的上述不足.

外推有限差分法的缺点：由于与二叉树有关的概率可能为负值，故存在着差分方程(6.3.2)的解不收敛于偏微分方程(6.3.1)的解的情况.

6.3.3 期权的外推有限差分法定价

我们先讨论欧式期权的定价问题，因为这时通过有限差分法给出的解有可参照的解析解，便于比较和算法改进，然后再讨论美式期权的定价问题. 以下所有程序设计遵从我们前面提到的差分方程求解步骤.

1. 欧式期权定价

按照有限差分法的计算步骤，给出如下欧式期权定价程序. 它包含两大部分：一是欧式看涨期权定价的程序；二是欧式看跌期权定价的程序. 读者在使用的时候，可根据需要调用其中之一，或全部.

程序 6.3.1 欧式期权定价.

```
# include <math.h>
# include <vector>
# include <iostream.h>

using namespace std;
```

```cpp
// 求两数中的最大者;
double max(double x,double y)
{
    if(x>y) return x;else return y;
}

// 欧式看涨期权定价;
double option_price_call_european_finite_diff_explicit(const double &S,   // 标的资产价格;
                                   const double &X,          // 行权价格;
                                   const double &r,          // 无风险利率;
                                   const double &sigma,      // 波动率;
                                   const double &time,       // 权利期间;
                                   const int &no_S_steps,    // 价格步数;
                                   const int &no_t_steps)    // 时间步数;
{
    double sigma_sqr = sigma * sigma;
    unsigned int M;                                                         // 价格步数;
    if ((no_S_steps % 2) == 1) { M = no_S_steps + 1; } else { M = no_S_steps; };
    double delta_S = 2.0 * S/M;                                             // 价格步长;
    vector<double> S_values(M+1);
    for (unsigned m = 0;m<=M;m++) { S_values[m] = m * delta_S; };
    int N = no_t_steps;                                                     // 时间步数;
    double delta_t = time/N;                                                // 时间步长;
    vector<double> a(M);                                                    // a[M]
    vector<double> b(M);                                                    // b{M};
    vector<double> c(M);                                                    // c[M];
    double r1 = 1.0/(1.0 + r * delta_t);
    double r2 = delta_t/(1.0 + r * delta_t);
    for (unsigned int j = 1;j<M;j++)
    {
        a[j] = r2 * 0.5 * j * (-r + sigma_sqr * j);                         // a[j];
        b[j] = r1 * (1.0 - sigma_sqr * j * j * delta_t);                    // b[j];
        c[j] = r2 * 0.5 * j * (r + sigma_sqr * j);                          // c[j];
    }
    vector<double> f_next(M+1);
    for (unsigned int n = 0;n<=M; ++n) { f_next[n] = max(0.0,S_values[n] - X); };
    vector<double> f(M+1);
    for (int t = N-1;t>=0; --t)// 迭代计算 f[ ];
```

第6章 期权定价的数值方法

```cpp
    {
        f[0] = 0;
        for (unsigned m = 1;m<M; ++m)
        {
            f[m] = a[m] * f_next[m-1] + b[m] * f_next[m] + c[m] * f_next[m+1];
        }
        f[M] = 0;
        for (unsigned n = 0;n< = M; ++n) { f_next[n] = f[n]; };
    }
    return f[M/2];
}

// 欧式看跌期权定价;
double option_price_put_european_finite_diff_explicit(const double &S, // 标的资产价格;
                                    const double &X,                  // 行权价格;
                                    const double &r,                  // 无风险利率;
                                    const double &sigma,              // 波动率;
                                    const double &time,               // 距到期时间;
                                    const int &no_S_steps,            // 价格步数;
                                    const int &no_t_steps)            // 时间步数;
{
    double sigma_sqr = sigma * sigma;
    unsigned int M; // 价格步数;
    if ((no_S_steps % 2) = = 1) { M = no_S_steps + 1; } else { M = no_S_steps; };
    double delta_S = 2.0 * S/M;             // 价格步长;
    vector<double> S_values(M+1);
    for (unsigned m = 0;m< = M;m++) { S_values[m] = m * delta_S; };
    int N = no_t_steps;                     // 时间步数;
    double delta_t = time/N;                // 时间步长;

    vector<double> a(M);                    // a[M]
    vector<double> b(M);                    // b[M]
    vector<double> c(M);                    // c[M]
    double r1 = 1.0/(1.0 + r * delta_t);
    double r2 = delta_t/(1.0 + r * delta_t);
    for (unsigned int j = 1;j<M;j++)
    {
        a[j] = r2 * 0.5 * j * (-r + sigma_sqr * j);        // a[j];
        b[j] = r1 * (1.0 - sigma_sqr * j * j * delta_t); // b[j];
```

```cpp
        c[j] = r2 * 0.5 * j * (r + sigma_sqr * j);        // c[j];
    }
    vector<double> f_next(M + 1);
    for (unsigned n = 0;n<= M; ++n) { f_next[n] = max(0.0,X - S_values[n]); };
    vector<double> f(M + 1);
    for (int t = N - 1;t>= 0; --t)       // 迭代计算 f[];
    {
        f[0] = X;
        for (unsigned m = 1;m<M; ++m)
        {
            f[m] = a[m] * f_next[m - 1] + b[m] * f_next[m] + c[m] * f_next[m + 1];
        }
        f[M] = 0;
        for (unsigned n = 0;n<= M; ++n) { f_next[n] = f[n]; };
    }
    return f[M/2];
}
```

例 6.3.1 考虑一个 5 个月期的欧式期权,其标的资产价格是 $50,行权价格是 $50,无风险年利率是 10%,年波动率是 40%. 试求欧式看涨期权和看跌期权的价格.

解 在本例中,$S=50, X=50, r=0.1, \sigma=0.4, T-t=0.4167$.

我们按照如下步骤计算期权的价格:

(1) 取 $S_{\max}=2S$,价格步数为 $M=20$,则价格步长为
$$\Delta S = S_{\max}/M = 2S/M = 2 \times 50/20;$$
取时间步数为 $N=11$,则时间步长为
$$\Delta t = (T-t)/N = 0.4167/11.$$

(2) 计算参数 a_j, b_j 和 c_j. 根据外推有限差分法,有
$$a_j = \frac{1}{1+r\Delta t}\left(-\frac{1}{2}rj\Delta t + \frac{1}{2}\sigma^2 j^2 \Delta t\right) = \frac{1}{1+0.1\Delta t}\left(-\frac{1}{2}\times 0.1j\Delta t + \frac{1}{2}\times 0.4^2 j^2 \Delta t\right),$$
$$b_j = \frac{1}{1+r\Delta t}(1-\sigma^2 j^2 \Delta t) = \frac{1}{1+0.1\Delta t}(1-0.4^2 j^2 \Delta t),$$
$$c_j = \frac{1}{1+r\Delta t}\left(\frac{1}{2}rj\Delta t + \frac{1}{2}\sigma^2 j^2 \Delta t\right) = \frac{1}{1+0.1\Delta t}\left(\frac{1}{2}\times 0.1j\Delta t + \frac{1}{2}\times 0.4^2 j^2 \Delta t\right).$$

给出 j,将 Δt 值代入上式,就可求出三个参数值.

(3) 根据欧式看涨期权和看跌期权的边界条件求特定解.

欧式看涨期权的边界条件为
$$f_{i0} = 0, \quad i = 0, 1, \cdots, N \quad (S = 0 \text{ 时});$$

$$f_{Nj} = \max\{0, j\Delta S - X\}, \quad j = 0, 1, \cdots, M \quad (T \text{ 时刻});$$
$$f_{iM} = S_{\max}, \quad i = 0, 1, \cdots, N \quad (S = S_{\max}).$$

欧式看跌期权的边界条件为
$$f_{i0} = X, \quad i = 0, 1, \cdots, N \quad (S = 0 \text{ 时});$$
$$f_{Nj} = \max\{0, X - j\Delta S\}, \quad j = 0, 1, \cdots, M \quad (T \text{ 时刻});$$
$$f_{iM} = 0, \quad i = 0, 1, \cdots, N \quad (S = S_{\max}).$$

(4) 求期权价格在其他格点的值. 由上述边界条件,再由式(6.3.3)逐步递推其他格点的值.

```
// 程序调用；
void main()
{
    double S = 50.0;
    double X = 50.0;
    double r = 0.1;
    double sigma = 0.4;
    double time = 0.4167;
    int no_S_steps = 20;
    int no_t_steps = 11;
    cout<<"欧式看涨期权的价格："
        <<option_price_call_european_finite_diff_explicit(S,X,r,sigma,time,no_S_steps,
                                                            no_t_steps)<<endl;
    cout<<"欧式看跌期权的价格："
        <<option_price_put_european_finite_diff_explicit(S,X,r,sigma,time,no_S_steps,
                                                            no_t_steps)<<endl;
}
```

输出结果：
  欧式看涨期权的价格：5.52312
  欧式看跌期权的价格：4.03667

读者可尝试调用 Black-Scholes 期权定价公式相关程序,并将计算结果与这里的结果进行一下比较.

2. 美式期权定价

下面我们使用外推有限差分法为美式期权定价. 美式期权的边界条件如下：
(1) 美式看涨期权的边界条件：
在期权到期日期权的价值为 $\max\{S_T - X, 0\}$,其中 S_T 是 T 时刻的股票价格,因此
$$f_{Nj} = \max\{j\Delta S - X, 0\}.$$

当股票价格为 0 时,看涨期权的价格为 0,因此
$$f_{i0} = 0, \quad i = 0, 1, \cdots, N;$$
当股票价格 $S = S_{\max}$ 时,看涨期权的价格为 $S_{\max}$,因此有
$$f_{iM} = S_{\max}, \quad i = 0, 1, \cdots, N.$$

(2) 美式看跌期权的边界条件:

在期权到期日期权的价值为 $\max\{X - S_T, 0\}$,其中 S_T 是 T 时刻的股票价格,因此
$$f_{Nj} = \max\{X - j\Delta S, 0\}.$$
当股票价格为 0 时,看跌期权的价格为 X,因此
$$f_{i0} = X, \quad i = 0, 1, \cdots, N;$$
当股票价格趋近于无穷大时,看跌期权的价格为 0,因此有
$$f_{iM} = 0, \quad i = 0, 1, \cdots, N.$$

根据上述边界条件及式(6.6.3),并按照差分方程的求解步骤,给出如下程序.

程序 6.3.2 美式看涨期权与看跌期权定价.

```cpp
#include <math.h>
#include <vector>
#include <iostream.h>
using namespace std;
// 求两数中的最大者;
double max(double x, double y)
{
    if(x>y) return x;else return y;
}

// 美式看涨期权定价;
double option_price_call_american_finite_diff_explicit(const double &S,
                                                       // 标的资产价格;
                        const double &X,         // 行权价格;
                        const double &r,         // 无风险利率;
                        const double &sigma,     // 波动率;
                        const double &time,      // 权利期间;
                        const int &no_S_steps,   // 价格步数;
                        const int &no_t_steps)   // 时间步数;
{
    double sigma_sqr = sigma * sigma;
    int M = no_S_steps;
    if ((no_S_steps % 2) == = 1) { M = no_S_steps + 1; } else { M = no_S_steps; };
```

```cpp
    double delta_S = 2.0*S/M;
    vector<double> S_values(M+1,0.0);
    for (int m=0;m<=M;m++) { S_values[m] = m*delta_S; };
    int N = no_t_steps;
    double delta_t = time/N;
    vector<double> a(M,0.0);
    vector<double> b(M,0.0);
    vector<double> c(M,0.0);
    double r1 = 1.0/(1.0+r*delta_t);
    double r2 = delta_t/(1.0+r*delta_t);
    for (int j=1;j<M;j++)
    {
        a[j] = r2*0.5*j*(-r+sigma_sqr*j);
        b[j] = r1*(1.0-sigma_sqr*j*j*delta_t);
        c[j] = r2*0.5*j*(r+sigma_sqr*j);
    }
    vector<double> f_next(M+1,0.0);
    for (int n=0;n<=M;++n) { f_next[n]=max(0.0,S_values[n]-X); };
    vector<double> f(M+1,0.0);
    for (int t=N-1;t>=0;--t)
    {
        f[0]=0;
        for (int m=1;m<M;++m)
        {
            f[m] = a[m]*f_next[m-1]+b[m]*f_next[m]+c[m]*f_next[m+1];
            f[m] = max(f[m],S_values[m]-X);   // 检查是否行权;
        }
        f[M] = S_values[M]-X;
        for (int n=0;n<=M;++n) { f_next[n] = f[n]; };
    }
    double C2 = f[M/2];
    return C2;
}

// 美式看跌期权定价;
double option_price_put_american_finite_diff_explicit (const double &S,// 标的资产价格;
                        const double &X,                // 行权价格;
                        const double &r,                // 无风险利率;
                        const double &sigma,            // 波动率;
```

```cpp
                            const double &time,              // 权利期间;
                            const int &no_S_steps,           // 价格步数;
                            const int &no_t_steps)           // 时间步数;
{
    double sigma_sqr = sigma * sigma;
    int M; // need M = no_S_steps to be even;
    if ((no_S_steps % 2) == 1) { M = no_S_steps + 1; } else { M = no_S_steps; };
    double delta_S = 2.0 * S/M;
    vector<double> S_values(M + 1);
    for (int m = 0; m <= M; m++) { S_values[m] = m * delta_S; };
    int N = no_t_steps;
    double delta_t = time/N;
    vector<double> a(M);
    vector<double> b(M);
    vector<double> c(M);
    double r1 = 1.0/(1.0 + r * delta_t);
    double r2 = delta_t/(1.0 + r * delta_t);
    for (int j = 1; j < M; j++)
    {
        a[j] = r2 * 0.5 * j * (-r + sigma_sqr * j);
        b[j] = r1 * (1.0 - sigma_sqr * j * j * delta_t);
        c[j] = r2 * 0.5 * j * (r + sigma_sqr * j);
    }
    vector<double> f_next(M + 1);
    for (int n = 0; n <= M; ++n) { f_next[n] = max(0.0, X - S_values[n]); };
                            // 边界条件;
    vector<double> f(M + 1);
    for (int t = N - 1; t >= 0; --t)
    {
        f[0] = X;
        for (int m = 1; m < M; ++m)
        {
            f[m] = a[m] * f_next[m-1] + b[m] * f_next[m] + c[m] * f_next[m+1];
            f[m] = max(f[m], X - S_values[m]);// 检查是否行权;
        }
        f[M] = 0;
        for (int k = 0; k <= M; ++k) { f_next[k] = f[k]; };
    }
```

```
        return f[M/2];
}
```

例 6.3.2 考虑 5 个月期的美式看涨期权和看跌期权,其标的资产价格是 \$50,行权价格是 \$50,无风险年利率是 10%,年波动率是 40%. 试求美式看涨期权和看跌期权的价格.

解 在本例中,$S=50, X=50, r=0.1, \sigma=0.4, T-t=0.4167$.
下面我们按照如下步骤计算期权的价格:

(1) 取 $S_{\max}=2S$,价格步数为 $M=20$,则价格步长为
$$\Delta S = S_{\max}/M = 2S/M = 2\times 50/20;$$
取时间步数为 $N=11$,则时间步长为
$$\Delta t = (T-t)/N = 0.4167/11.$$

(2) 计算参数 a_j, b_j 和 c_j. 根据外推有限差分法,有
$$a_j = \frac{1}{1+r\Delta t}\left(-\frac{1}{2}rj\Delta t + \frac{1}{2}\sigma^2 j^2 \Delta t\right) = \frac{1}{1+0.1\Delta t}\left(-\frac{1}{2}\times 0.1 j\Delta t + \frac{1}{2}\times 0.4^2 j^2 \Delta t\right),$$
$$b_j = \frac{1}{1+r\Delta t}(1-\sigma^2 j^2 \Delta t) = \frac{1}{1+0.1\Delta t}(1-0.4^2 j^2 \Delta t),$$
$$c_j = \frac{1}{1+r\Delta t}\left(\frac{1}{2}rj\Delta t + \frac{1}{2}\sigma^2 j^2 \Delta t\right) = \frac{1}{1+0.1\Delta t}\left(\frac{1}{2}\times 0.1 j\Delta t + \frac{1}{2}\times 0.4^2 j^2 \Delta t\right).$$
给出 j,将 Δt 值代入上式,就可求出三个参数值.

(3) 根据美式看涨期权和看跌期权的边界条件求特定解(略).

(4) 由边界条件求期权价格在其他格点的值. 由式(6.3.3)逐步递推可得其他格点的值.

```
// 程序调用;
void main()
{
    double S = 50.0;
    double X = 50.0;
    double r = 0.1;
    double sigma = 0.4;
    double time = 0.4167;
    int no_S_steps = 20;
    int no_t_steps = 11;
    cout<<"美式看涨期权的价格:"
        <<option_price_call_american_finite_diff_explicit(S,X,r,sigma,time,
                             no_S_steps,no_t_steps)<<endl;
    cout<<"美式看跌期权的价格:"
        <<option_price_put_american_finite_diff_explicit( S,X,r,sigma,time,
```

no_S_steps,no_t_steps)<<endl;
}

输出结果：

  美式看涨期权的价格：6.07151

  美式看跌期权的价格：4.25085

6.3.4 内含有限差分法

如前所述，内含的有限差分法中由 $f_{i+1,j}$ 计算 f_{ij}，要同时求解 $M+1$ 个方程，计算量很大. 为了解决这个问题，需要引入矩阵类库"newmat".

1. 欧式期权定价

由内含有限差分法的计算公式(6.3.2)及欧式期权的边界条件，给出如下程序. 注意：在本程序中要用到矩阵运算.

程序 6.3.3 欧式看涨期权和看跌期权定价.

```cpp
#include <math.h>
#include "lib\newmat.h"    // newmat 矩阵类库函数；
#include "normdist.h"
#include <vector>
#include <iostream>

using namespace std;
// 求两数之中的最大者；
double max(double x,double y)
{
    if(x>y) return x;else return y;
}

// 欧式看涨期权定价(内含有限差分法)；
double option_price_call_european_finite_diff_implicit(const double &S,    // 标的资产价格；
                          const double &X,           // 行权价格；
                          const double &r,           // 无风险利率；
                          const double &sigma,       // 波动率；
                          const double &time,        // 权利期间；
                          const int &no_S_steps,     // 价格步数；
                          const int &no_t_steps)     // 时间步数；
{
```

```cpp
    double sigma_sqr = sigma * sigma;
    // need no_S_steps to be even:
    int M; if ((no_S_steps % 2) = = 1) { M = no_S_steps + 1; } else { M = no_S_steps; };
    double delta_S = 2.0 * S/M;
    vector<double> S_values(M + 1, 0.0);
    for (int m = 0; m< = M; m + + ) { S_values[m] = m * delta_S; };
    int N = no_t_steps;
    double delta_t = time/N;
    BandMatrix A(M + 1,1,1); A = 0.0;
    A.element(0,0) = 1.0;
    for (int j = 1; j<M; + + j)
    {
        A.element(j,j - 1) = 0.5 * j * delta_t * (r - sigma_sqr * j);   // a[j];
        A.element(j,j) = 1.0 + delta_t * (r + sigma_sqr * j * j);       // b[j];
        A.element(j,j + 1) = 0.5 * j * delta_t * ( - r - sigma_sqr * j); // c[j];
    }
    A.element(M,M) = 1.0;
    ColumnVector B(M + 1);
    for (m = 0; m< = M; + + m){ B.element(m) = max(0.0, S_values[m] - X); };
    ColumnVector F = A.i() * B;
    for(int t = N - 1; t>0; - - t)
    {
        B = F;
        F = A.i() * B;
    }
    return F.element(M/2);
}

// 欧式看跌期权定价(内含有限差分法):
double option_price_put_european_finite_diff_implicit(const double &S,
                        const double &X,
                        const double &r,
                        const double &sigma,
                        const double &time,
                        const int &no_S_steps,
                        const int &no_t_steps)
{
    double sigma_sqr = sigma * sigma;
```

```cpp
int M; if ((no_S_steps % 2) = = 1) { M = no_S_steps + 1; } else { M = no_S_steps; };
double delta_S = 2.0 * S/M;
vector<double> S_values(M + 1);
for (int m = 0; m< = M; m + +) { S_values[m] = m * delta_S; };
int N = no_t_steps;
double delta_t = time/N;
BandMatrix A(M + 1,1,1); A = 0.0;
A.element(0,0) = 1.0;
for (int j = 1; j<M; + + j)
{
A.element(j,j - 1) = 0.5 * j * delta_t * (r - sigma_sqr * j);    // a[j];
A.element(j,j) = 1.0 + delta_t * (r + sigma_sqr * j * j);        // b[j];
A.element(j,j + 1) = 0.5 * j * delta_t * ( - r - sigma_sqr * j); // c[j];
}
A.element(M,M) = 1.0;
ColumnVector B(M + 1);
for (int n = 0; n< = M; + + n){ B.element(n) = max(0.0, X - S_values[n]); };
ColumnVector F = A.i() * B;
for(int t = N - 1; t>0; - - t)
{
B = F;
F = A.i() * B;
}
return F.element(M/2);
}
```

例 6.3.3 试用内含有限差分法计算例 6.3.1 中欧式看涨期权与看跌期权的价格,并将计算结果与 Black-Scholes 期权定价公式的结果相比较.

解 在本例中,$S=50, X=50, r=0.1, \sigma=0.4, T-t=0.4167$.

下面按照内含有限差分法的计算步骤计算期权价格:

(1) 取 $S_{max}=2S$,价格步数为 $M=200$,则价格步长为

$$\Delta S = S_{max}/M = 2S/M = 2 \times 50/200;$$

取时间步数 $N=200$,则时间步长为

$$\Delta t = (T - t)/N = 0.4167/200.$$

(2) 计算参数 a_j, b_j 和 c_j(略).

(3) 根据欧式看涨期权和看跌期权的边界条件求特定解(略).

(4) 由边界条件和差分方程(6.3.2)求期权在其他格点的值(略).

```
// 程序调用;
void main()
{
    double S = 50.0;
    double X = 50.0;
    double r = 0.1;
    double sigma = 0.4;
    double time = 0.4167;
    int no_S_steps = 200;
    int no_t_steps = 200;
    cout<<"欧式看涨期权的价格(Black-Scholes期权定价公式):"
        <<option_price_call_black_scholes(S,X,r,sigma,time)<<endl;
    cout<<"欧式看涨期权的价格(内含有限差分法):"
        <<option_price_call_european_finite_diff_implicit(S,X,r,sigma,time,
                            no_S_steps,no_t_steps)<<endl;
    cout<<"欧式看跌期权的价格(Black-Scholes期权定价公式):"
        <<option_price_put_black_scholes(S,X,r,sigma,time)<<endl;
    cout<<"欧式看跌期权的价格(内含有限差分法):"
        <<option_price_put_european_finite_diff_implicit(S, X, r,sigma,time,
                            no_S_steps,no_t_steps)<<endl;
}
```

输出结果:

　　欧式看涨期权的价格(Black-Scholes期权定价公式):6.11678

　　欧式看涨期权的价格(内含有限差分法):6.10947

　　欧式看跌期权的价格(Black-Scholes期权定价公式):4.07609

　　欧式看跌期权的价格(内含有限差分法):4.07195

计算结果显示:内含有限差分法给出的结果与Black-Scholes期权定价公式的结果较为接近.通过将外推有限差分法和内含有限差分法进行比较,我们发现外推有限差分法存在如下不足:(1)外推有限差分法计算步数不能太多,否则结果将溢出;(2)由于(1)的原因外推有限差分法在有限的步数下计算精度不容易达到要求,而内含有限差分法能够克服这一缺陷,就是在运行200次的情况下也没有发现结果溢出的现象.

2. 美式期权定价

根据内含有限差分法的计算公式,计算步骤和美式期权的边界条件,我们给出如下程序.

程序 6.3.4 美式看涨期权与看跌期权定价的内含有限差分法.

```cpp
#include <math.h>
#include "lib\newmat.h"    // newmat 矩阵类库函数;
#include "normdist.h"
#include <vector>
#include <iostream>
using namespace std;
// 求两数之中的最大者;
double max(double a,double b)
{
    if(a>b) return a;else return b;
}
// 美式看涨期权定价(内含有限差分法);
double option_price_call_american_finite_diff_implicit(const double &S,
                                                        // 标的资产价格;
                                        const double &K,    // 行权价格;
                                        const double &r,    // 无风险利率;
                                        const double &sigma,    // 波动率;
                                        const double &time,    // 权利期间;
                                        const int &no_S_steps,    // 价格步数;
                                        const int &no_t_steps)    // 时间步数;
{
    double sigma_sqr = sigma*sigma;
    int M; if ((no_S_steps%2)==1) { M=no_S_steps+1; } else { M=no_S_steps; };
    double delta_S = 2.0*S/M;
    vector<double> S_values(M+1);
    for (unsigned m=0;m<=M;m++) { S_values[m] = m*delta_S; };
    int N = no_t_steps;
    double delta_t = time/N;
    BandMatrix A(M+1,1,1); A=0.0;
    A.element(0,0) = 1.0;
    for (int j=1;j<M;++j)
    {
        A.element(j,j-1) = 0.5*j*delta_t*(r-sigma_sqr*j);    // a[j]
        A.element(j,j) = 1.0 + delta_t*(r+sigma_sqr*j*j);    // b[j];
```

```cpp
        A.element(j,j+1) = 0.5*j*delta_t*(-r-sigma_sqr*j);    // c[j];
    }
    A.element(M,M) = 1.0;
    ColumnVector B(M+1);
    for (unsigned n = 0;n<=M;++n){ B.element(n) = max(0.0,S_values[n]-K); };
    ColumnVector F = A.i() * B;
    for(int t=N-1;t>0;--t)
    {
    B = F;
    F = A.i() * B;
    for (unsigned m = 1;m<M;++m)
        { // now check for exercise
        F.element(m) = max(F.element(m), S_values[m]-K);
        }
    }
    return F.element(M/2);
}

// 美式看跌期权定价(内含有限差分法);
double option_price_put_american_finite_diff_implicit(const double &S,
                        const double &K,
                        const double &r,
                        const double &sigma,
                        const double &time,
                        const int &no_S_steps,
                        const int &no_t_steps)
{
    double sigma_sqr = sigma*sigma;
    int M;   // need no_S_steps to be even:
    if ((no_S_steps%2)==1) { M=no_S_steps+1; } else { M=no_S_steps; };
    double delta_S = 2.0*S/M;
    vector<double> S_values(M+1,0.0);
    //double S_values[M+1];
    for (int m=0;m<=M;m++) { S_values[m] = m*delta_S; };
    int N = no_t_steps;
    double delta_t = time/N;
    BandMatrix A(M+1,1,1); A = 0.0;
```

```cpp
A.element(0,0) = 1.0;
for (int j = 1;j<M;++j)
{
    A.element(j,j-1) = 0.5*j*delta_t*(r-sigma_sqr*j);// a[j];
    A.element(j,j)   = 1.0 + delta_t*(r+sigma_sqr*j*j);// b[j];
    A.element(j,j+1) = 0.5*j*delta_t*(-r-sigma_sqr*j); // c[j];
}
A.element(M,M) = 1.0;
ColumnVector B(M+1);
for (int n = 0;n<=M;++n){ B.element(n) = max(0.0,K-S_values[n]); };
ColumnVector F = A.i() * B;
for(int t = N-1;t>0;--t)
{
    B = F;
    F = A.i() * B;
    for (int m = 1;m<M;++m) { // now check for exercise
        F.element(m) = max(F.element(m), K-S_values[m]); }
}
return F.element(M/2);
}
```

例 6.3.4 试用内含有限差分法计算满足例 6.3.1 相关条件的美式期权价格.

解 在本例中, $S=50, X=50, r=0.1, \sigma=0.4, T-t=0.4167$.

下面按照有限差分法的计算步骤计算美式期权价格：

(1) 取 $S_{max}=2S$, 价格步数为 $M=200$, 则价格步长为
$$\Delta S = S_{max}/M = 2S/M = 2 \times 50/200;$$
取时间步数 $N=200$, 则时间步长为
$$\Delta t = (T-t)/N = 0.4167/200.$$

(2) 计算参数 a_j, b_j 和 c_j (略).

(3) 根据美式看涨期权和看跌期权的边界条件求特定解(略). 注意：检查每个格点是否有行权情况发生.

(4) 由边界条件和差分方程(6.3.2)求期权在其他格点的值(略).

```cpp
// 程序调用；
void main()
{
    double S = 50.0;
```

```
    double X = 50.0;
    double r = 0.1;
    double sigma = 0.4;
    double time = 0.4167;
    int no_S_steps = 200;
    int no_t_steps = 200;
    cout<<"美式看涨期权的价格："
        <<option_price_call_american_finite_diff_implicit(S,X,r,sigma,time,
                                    no_S_steps,no_t_steps)<<endl;
    cout<<"美式看跌期权的价格："
        <<option_price_put_american_finite_diff_implicit(S,X,r,sigma,time,
                                    no_S_steps,no_t_steps)<<endl;
}
```

输出结果：
   美式看涨期权的价格：6.10947
   美式看跌期权的价格：4.27633

  我们将本例结果与例 6.3.2 的结果进行比较后发现：两种方法的计算结果有一定差距,但差距不大.

§6.4 本章小结

  在本章,我们分别介绍了三种基本的期权定价的数值方法：蒙特卡罗法、二叉树法和有限差分法.在介绍蒙特卡罗法时又进一步介绍了两种改进的蒙特卡罗法：控制变量法和对偶变量法.蒙特卡罗法的优点是能够处理报酬形态很复杂的衍生证券问题,它的不足是只能为欧式期权定价.为了克服这种不足,我们介绍了二叉树法和有限差分法.这两种方法既可用于欧式期权定价,也可用于美式期权定价,它们的引入,可以使我们原来感到棘手的美式看跌期权定价问题得到解决.

  至此,衍生证券定价的基本方法我们全部介绍完了.这些方法与前面介绍过的 Black-Scholes 期权定价公式一起构成了金融衍生证券定价的基本方法.更为复杂的衍生证券定价问题一般都是在上述四种方法的基础上进行的.这种思路在以后的章节中将会得到体现.

第 7 章 利率衍生证券

利率衍生证券是一种在盈亏上依赖于利率变化的证券. 利率衍生证券的定价可分为传统的定价方法与考虑利率期限结构的定价方法. 传统的定价方法不考虑债券价格波动特性, 直接应用 Black-Scholes 期权定价公式, 或者利用 Black-Scholes 期权定价公式的拓展模型进行定价. 考虑利率期限结构的定价方法必须先对债券价格波动的整个利率期限结构给予描述, 然后利用其来确定期权价格. 考虑利率期限结构的定价模型主要有均衡模型和无套利定价模型. 本章主要介绍传统定价模型和均衡模型及相应的程序.

§7.1 利率衍生证券概述

利率衍生证券的品种很多, 主要有债券期权、可赎回债券、可转换债券、抵押债券、互换期权、利率上限、利率下限和利率双限等.

债券期权是指交易双方在合约中事先规定在约定的日期或约定的到期日之前的任意时间, 按照预先约定的价格买入或卖出一定数量的某一种债券的权利.

可赎回债券是一种包含允许发债公司在未来的某一时间内按照预先确定的价格购回债券条款的利率衍生证券. 这种债券的持有者出售给发行公司一个看涨期权, 看涨期权的价值体现在债券的收益率上, 因此可赎回债券给投资者提供了一个比没有赎回条款的债券更高的收益率. 还有一种可退还债券, 它允许持有者在未来的一段时间内以预先约定的价格提前收回现金. 这种债券相当于投资者在购买债券的同时还购买了该债券的看跌期权. 由于看跌期权增加了债券持有者手中债券的价值, 所以这类债券的收益率比没有退还条款债券的收益率低.

可转换债券是一种可以在特定的时间、按特定的转换条件转换为普通股的特殊的企业债券, 具有债券和股票的双重性质. 可转换债券通常具有较低的票面利率, 因为可以转换成股票的权利是对债券持有人的一种补偿. 另外, 将可转换债券转换为普通股时, 所换得的股票价值一般远大于原债券的价值. 从本质上讲, 可转换债券是在发行公司债券的基础上, 附加了一份期权, 并允许购买人在规定的时间范围内将其购买的债券转换成指定公司的股票.

抵押债券是指先将抵押资产打包成资产池, 然后以其作为债券抵押品的一种资产支持债券, 包括抵押转手债券、抵押担保债券、分离抵押债券等. 抵押债券中的抵押品具有某种提前付款特权, 这意味着抵押债券的持有者给予抵押资金的借入者一系列利率期权. 一般来说, 投资者对抵押债券有比对其他固定收益证券更高要求的利率以补偿这种提前付款特权.

互换期权赋予了持有者在未来某一段时间内进行某个确定利率互换的权利. 一个互换

期权可以看成是一个把固定利率债券换成互换本金的期权.如果一个互换期权给予了其持有者支付固定利息和收取浮动利息的权利,它就是一个行权价格等于本金的固定利率债券的看跌期权.如果一个互换期权赋予了其持有者支付浮动利息和收取固定利息的权利,它就是一个行权价格等于本金的固定利率债券的看涨期权.

利率上限是为了保证浮动利率贷款的利率不超过某一利率水平(上限利率)而设计的一种衍生证券.它保证贷款者在任何给定的时刻所支付的贷款利率是市场当前利率与上限利率中的最小者.

利率下限与利率上限类似,是为保证浮动利率贷款的利率不低于某一利率水平而设定的一个下限.

利率双限与利率上限和利率下限类似,是为了保证浮动利率贷款的利率能够维持在某一设定利率区间而设计的一种衍生证券.

除了上述介绍的之外,还有利率远期,利率期货和利率掉期等利率衍生证券,我们就不再一一介绍了.

§7.2 利率衍生证券定价

在本节,我们仅讨论利率上限、债券期权的定价问题.对于欧式利率衍生证券一般采用传统的定价方法,即应用 Black-Scholes 期权定价公式,或者是其拓展模型进行定价.

7.2.1 利率上限定价

利率上限可以看成是一个基于浮动利率的看涨期权组合.假设利率上限为 R_X,本金为 L,利率上限从有效期开始在 $\tau, 2\tau, \cdots, n\tau$ 时刻支付利息,则利率上限出售方在 $k+1$ 时刻需支付的金额是:

$$\tau L \max\{R_k - R_X, 0\}, \tag{7.2.1}$$

其中 R_k 是 $k\tau$ 时刻将被利率上限盯住的利率值.设 F_k 是 $k\tau$ 至 $(k+1)\tau$ 时刻之间的远期利率值,利率 R_X, R_k 和 F_k 都用 τ 的复利率来表示.作为近似,我们用 F_k 作为 $k\tau$ 至 $(k+1)\tau$ 时刻之间的贴现率,所以在 $(k+1)\tau$ 时刻的支付额等于在 $k\tau$ 时刻的支付额

$$\frac{\tau L}{1+\tau F_k} \max\{R_k - R_X, 0\}. \tag{7.2.2}$$

由式(7.2.2),我们就可以把每个利率上限看成是一个基于 τ 期间的欧式利率看涨期权.该期权标的资产是远期利率 F_k,在到期日 τ 取得回报,期权的本金是 $\tau L/(1+\tau F_k)$.假设远期利率 F_k 的标准差是 σ_F,则根据 Black-Scholes 期权定价公式,看涨期权的价格为

$$c = \frac{\tau L}{1+\tau F_k} e^{-r\tau} [F_k N(d_1) - R_X N(d_2)], \tag{7.2.3}$$

其中 $N(x)$ 是正态分布的累积分布函数，d_1 和 d_2 分别为

$$d_1 = \frac{\ln(F_k/R_X) + \sigma_F^2 k\tau/2}{\sigma_F \sqrt{k\tau}}, \quad d_2 = \frac{\ln(F_k/R_X) + \sigma_F^2 k\tau/2}{\sigma_F \sqrt{k\tau}} = d_1 - \sigma_F \sqrt{k\tau}.$$

分析：式(7.2.3)是 Black-Scholes 期权定价模型的拓展模型，故将相应程序略加修改即可给出该式的程序．

程序 7.2.1 利率上限定价．

```cpp
#include <math.h>
#include "normdist.h"
#include <iostream.h>
double option_price_cap_rate_european (const double &Fk,      // 远期利率；
                                       const double &Rx,      // 利率上限；
                                       const double &L,       // 本金；
                                       const double &r,       // 无风险利率；
                                       const double &sigma,   // Fk 的波动率；
                                       const double &tau,     // 有效期；
                                       const double &k)       // 付息期数；
{
    double sigma_sqr = sigma * sigma;
    double tau_sqrt = sqrt(k * tau);
    double d1 = (log(Fk/Rx) + 0.5 * sigma_sqr * k * tau)/(sigma * tau_sqrt);
    double d2 = d1 - (sigma * tau_sqrt);
    double call_price = (tau * L)/(1 + tau * Fk) * exp(-r * k * tau) * (Fk * N(d1) - Rx * N(d2));
    return call_price ;
}
```

例 7.2.1 考虑一个贷款金额是 \$10000，1 年后开始将上限利率限制在年利率 8%（每季度计复利一次）的 3 个月贷款合约．假设 1 年后开始的 3 个月远期利率是每年 7%（每季度计复利一次），现在的 1 年期利率是 6.5%（每季度计复利一次），90 天期的远期利率的年标准差是 20%．试计算该利率上限的价格．

解 在本例中，$F_k = 0.07$，$\tau = 0.25$，$L = 10000$，$R_X = 0.08$，$r = 0.065$，$k\tau = 1$. 由式(7.2.3)，利率上限的价格为

$$\begin{aligned}
c &= \frac{\tau L}{1 + \tau F_k} e^{-r k \tau} [F_k N(d_1) - R_X N(d_2)] \\
  &= \frac{0.25 \times 10000}{1 + 0.25 \times 0.07} e^{-0.065 \times 1} [0.07 \times N(d_1) - 0.08 \times N(d_2)],
\end{aligned}$$

其中

$$d_1 = \frac{\ln(F_k/R_X) + \sigma_F^2 k\tau/2}{\sigma_F \sqrt{k\tau}} = \frac{\ln(0.07/0.08) + 0.2^2 \times 1.0/2}{0.2\sqrt{1}},$$

$$d_2 = \frac{\ln(F_k/R_X) + \sigma_F^2 k\tau/2}{\sigma_F \sqrt{k\tau}} = d_1 - \sigma_F \sqrt{k\tau} = d_1 - 0.2 \times \sqrt{1}.$$

```
// 程序调用;
void main()
{
    double Fk = 0.07;
    double Rx = 0.08;
    double L = 10000;
    double r = 0.065;
    double sigma = 0.2;
    double tau = 0.25;
    double k = 4;
    cout<<"利率上限的价格:"
        <<option_price_cap_rate_european(Fk,Rx,L,r,sigma,tau,k)<<endl;
}
```

输出结果:

利率上限的价格:5.18

更准确的定价方法是把利率上限看做是一个基于贴现债券的看跌期权组合. 由式 (7.2.1)可知, 在$(k+1)\tau$ 时刻的收益等于 $k\tau$ 时刻的收益 $\frac{\tau L}{1+\tau F_k}\max\{R_k - R_X, 0\}$, 经过变换简化为

$$\max\left\{L - \frac{L(1+R_X\tau)}{1+\tau R_k}, 0\right\}, \tag{7.2.4}$$

其中 $\frac{L(1+R_X\tau)}{1+\tau R_k}$ 是在$(k+1)\tau$ 时刻收益为 $L(1+R_X\tau)$ 的贴现债券在 $k\tau$ 时刻的价值. 这样, 我们就可以把利率上限看成是一个到期期限是 $k\tau$, $(k+1)\tau$ 时刻到期的贴现债券的看跌期权, 其面值为 $L(1+R_X\tau)$, 行权价格是 L. 根据 Black-Scholes 期权定价公式, 利率上限的价格

$$p = Le^{-r k\tau}N(-d_2) - \frac{L(1+R_X\tau)}{1+\tau R_k}N(-d_1), \tag{7.2.5}$$

其中

$$d_1 = \frac{\ln\left(\frac{1+R_X\tau}{1+R_k\tau}\right) + (r + \sigma_L^2/2)k\tau}{\sigma_L \sqrt{k\tau}}, \quad d_2 = d_1 - \sigma_L \sqrt{k\tau},$$

这里 σ_L 是贴现债券的波动率.

式(7.2.5)的程序设计也十分简单,只需将 Black-Scholes 期权定价公式的相关程序稍加改进即可.

除了上述利率上限之外,经常见到的还有利率下限和利率双限. 利率下限为应支付利率设置一个下限. 一个利率下限是一个基于利率的看跌期权的组合或者是一个基于贴现债券的看涨期权的组合,可以用类似利率上限的方法定价. 利率下限的出售方通常是浮动利率资金的借款方. 利率双限为将要支付的利率既规定上限又规定下限. 一个利率双限可由一个利率上限的多头和一个利率下限的空头组合而成,我们可以分别给出利率上限和利率下限的价格,然后将二者价格合成即可得出利率双限的价格.

7.2.2 债券期权定价

债券期权是一种盈亏依赖于债券价格的期权. 欧式债券期权一般可直接应用 Black-Scholes 期权定价公式进行定价.

1. 零息债券期权定价

在零息债券的情况下,任意 t 时刻看涨期权的价格 c 和看跌期权的价格 p 可以由 Black-Scholes 期权定价公式给出:

$$c = BN(d_1) - Xe^{-R(T-t)} N(d_2),$$
$$p = Xe^{-R(T-t)} N(-d_2) - BN(-d_1), \tag{7.2.6}$$

其中

$$d_1 = \frac{\ln(B/X) + (R + \sigma^2/2)(T-t)}{\sigma\sqrt{T-t}},$$

$$d_2 = \frac{\ln(B/X) + (R - \sigma^2/2)(T-t)}{\sigma\sqrt{T-t}} = d_1 - \sigma\sqrt{T-t}.$$

式中各字母的含义如下:

B:债券现价;

T:期权到期日;

σ:债券价格的标准差;

X:期权的行权价格;

R:T 时刻到期的无风险利率的当前值.

分析:式(7.2.6)是 Black-Scholes 期权定价模型的拓展模型,故将程序略加修改即可给出该式的程序. 该程序包含看涨期权和看跌期权两个子程序,在使用的时候可根据需要调用其中之一或者全部.

程序 7.2.2 零息债券期权定价.

```cpp
#include <math.h>
#include "normdist.h"
#include <iostream.h>
// 看涨期权定价;
double bond_option_price_call_zero_black_scholes(const double &B,    // 债券价格;
                                                  const double &X,    // 行权价格;
                                                  const double &R,    // 无风险利率;
                                                  const double &sigma, // 波动率;
                                                  const double &time)  // 权利期间;
{
    double sigma_sqr = sigma * sigma;
    double time_sqrt = sqrt(time);
    double d1 = (log(B/X) + (R + 0.5 * sigma_sqr) * time)/(sigma * time_sqrt);
    double d2 = d1 - sigma * time_sqrt;
    double c = B * N(d1) - X * exp(-R * time) * N(d2);
    return c;
}

// 看跌期权定价;
double bond_option_price_put_zero_black_scholes(const double &B,    // 债券价格;
                                                 const double &X,    // 行权价格;
                                                 const double &R,    // 无风险利率;
                                                 const double &sigma, // 波动率;
                                                 const double &time)  // 权利期间;
{
    double sigma_sqr = sigma * sigma;
    double time_sqrt = sqrt(time);
    double d1 = (log(B/X) + (R + 0.5 * sigma_sqr) * time)/(sigma * time_sqrt);
    double d2 = d1 - sigma * time_sqrt;
    double p = X * exp(-R * time) * N(-d2) - B * N(-d1);
    return p;
}
```

例 7.2.2 考虑基于零息债券的欧式看涨期权和看跌期权. 已知债券的价格是 \$864.55, 行权价格是 \$1000, 无风险年利率为 10%, 年波动率是 9%, 距离期权到期时间 10 个月. 试求债券欧式期权的价格.

解 在本例中, $B = 864.55$, $X = 1000$, $R = 0.1$, $\sigma = 0.09$, $T - t = 0.833$. 将上述数值代

入式(7.2.6),有

$$c = 864.55 N(d_1) - 1000 e^{-0.1 \times 0.833} N(d_2),$$
$$p = 1000 e^{-0.1 \times 0.833} N(-d_2) - 864.55 N(-d_1),$$
$$d_1 = \frac{\ln\left(\frac{864.55}{1000}\right) + \left(0.1 + \frac{0.09^2}{2}\right) \times 0.833}{0.09\sqrt{0.833}},$$
$$d_2 = d_1 - 0.09\sqrt{0.833}.$$

```
// 程序调用:
void main()
{
    double B = 864.55;
    double X = 1000;
    double R = 0.1;
    double sigma = 0.09;
    double time = 0.8333;
    cout<<"零息债券看涨期权的价格:"
        <<bond_option_price_call_zero_black_scholes(B,X,R,sigma,time)<<endl;
    cout<<"零息债券看跌期权的价格:"
        <<bond_option_price_put_zero_black_scholes(B,X,R,sigma,time)<<endl;
}
```

输出结果:
  零息债券看涨期权的价格:9.48593
  零息债券看跌期权的价格:64.9834

2. 附息债券期权定价

如果债券在有效期内支付利息,则利息可按照股票红利来处理.这样,从债券价格 B 中减去利息的现值,其标准差是债券价格减掉利息现值后的标准差,就可给出附息债券看涨期权的价格 c 和看跌期权的价格 p 的定价公式,即

$$c = \left[B - \sum_{i=1}^{T} D_i e^{-R(T-t_i)}\right] N(d_1) - X e^{-R(T-t)} N(d_2),$$
$$p = X e^{-R(T-t)} N(-d_2) - \left[B - \sum_{i=1}^{T} D_i e^{-R(T-t_i)}\right] N(-d_1),$$
(7.2.7)

式中 D_i 为 t_i 时刻所付利息,t_i 为利息发生时间,其他符号的意义与式(7.2.6)相同.

分析:式(7.2.7)比式(7.2.6)多了一项 $\sum_{i=1}^{T} D_i e^{-R(T-t_i)}$,故要在程序的开头部分要用指

令"include"嵌入向量容器"vector",在函数的输入参数列表中增加"const vector⟨double⟩ coupon_times"和"const vector⟨double⟩ coupon_amounts",在函数内部用 for 语句实现循环计算.另外,由于在用债券价格 B 减去 $\sum_{i=1}^{T} D_i \mathrm{e}^{-R(T-t_i)}$ 后该式与式(7.2.6)形式一样,所以在程序中还要调用零息债券定价程序.

程序 7.2.3 付息债券期权定价.

```
#include <math.h>
#include <vector>
#include "normdist.h"
#include <iostream>
using namespace std;
// 看涨期权定价;
double bond_option_price_call_coupon_bond_black_scholes (const double &B,     // 债券价格;
                        const double &X,                    // 行权价格;
                        const double &r,                    // 无风险利率;
                        const double &sigma,                // 波动率;
                        const double &time,                 // 权利期间;
                        const vector<double> coupon_times,  // 付息时间;
                        const vector<double> coupon_amounts) // 利息;
{
    double adjusted_B = B;
    for (unsigned int i = 0; i < coupon_times.size(); i++)
    {
        if (coupon_times[i] <= time)
        {
            adjusted_B -= coupon_amounts[i] * exp(-r * coupon_times[i]);
        }
    }
    return
        bond_option_price_call_zero_black_scholes(adjusted_B,X,r,sigma,time);
}
// 看跌期权定价;
double bond_option_price_put_coupon_bond_black_scholes (const double &B,     // 债券价格;
                        const double &X,                    // 行权价格;
```

```
                        const double &r,                              //无风险利率；
                        const double &sigma,                          // 波动率；
                        const double &time,                           // 权利期间；
                        const vector<double> coupon_times,     // 付息时间；
                        const vector<double> coupon_amounts)
{                                                                     // 利息；
    double adjusted_B = B;
    for (unsigned int i = 0;i<coupon_times.size();i++)
    {
        if (coupon_times[i]< = time)
        {
            adjusted_B - = coupon_amounts[i] * exp(-r * coupon_times[i]);
        }
    }
    return
        bond_option_price_put_zero_black_scholes(adjusted_B,X,r,sigma,time);
}
```

例 7.2.3 考虑债券欧式看涨期权和看跌期权. 已知债券的价格是 $100,行权价格是 $100,无风险年利率是 5%,年波动率是 10%,距离到期时间是 1 年,支付利息时间还有 6 个月,支付利息额是 $1. 试计算债券期权的价格,并将计算结果与相同条件下零息债券期权的价格相比较.

解 在本例中,$B=100, X=100, R=0.05, \sigma=0.1, T-t=1, D=1, t=0.5$.
将上述数据代入式(7.2.7),可求出相关结果：

$$c = (100 - 1 \times e^{-0.05 \times 0.5}) N(d_1) - 100 e^{-0.05 \times 1} N(d_2),$$

$$p = 100 \times e^{-0.05 \times 1} N(-d_2) - (100 - 1 \times e^{-0.05 \times 0.5}) N(-d_1),$$

$$d_1 = \frac{\ln\left[\frac{100 - 1 \times e^{-0.05 \times 0.5}}{100}\right] + \left(0.05 + \frac{0.1^2}{2}\right) \times 1}{0.1\sqrt{1}},$$

$$d_2 = d_1 - 0.05\sqrt{1}.$$

```
// 程序调用；
void main()
{
    double B = 100;
    double X = 100;
    double R = 0.05;
    double sigma = 0.1;
```

```
    double time = 1;
vector<double>coupon_times;
    coupon_times.push_back(0.5);      // 支付利息时间;
vector<double> coupon_amounts;
    coupon_amounts.push_back(1);      // 支付利息额;
cout<<"零息债券看涨期权的价格:"
    <<bond_option_price_call_zero_black_scholes(B,X,r,sigma,time)<<endl;
cout<<"零息债券看跌期权的价格:"
    <<bond_option_price_put_zero_black_scholes(B,X,r,sigma,time)<<endl;
cout<<"付息债券看涨期权的价格:"
    <<bond_option_price_call_coupon_bond_black_scholes(B,X,r,sigma,time
                    ,coupon_times,coupon_amounts)<<endl;
cout<<"付息债券看跌期权的价格:"
    <<bond_option_price_put_coupon_bond_black_scholes(B,X,r,sigma,time,
                    coupon_times,coupon_amounts)<<endl;
}
```

输出结果:

    零息债券看涨期权的价格: 6.80496

    零息债券看跌期权的价格: 1.92791

    付息债券看涨期权的价格: 6.13027

    付息债券看跌期权的价格: 2.22852

3. 使用远期债券价格定价

  上述两个债券定价模型是建立在假设债券价格的标准差为常数的基础上的. 然而实际上, 债券价格的标准差要依赖于债券到期时间的长短. 债券到期时间越长, 债券价格的标准差就越大. 因此, 当期权的有效期与其标的债券的有效期相比显得很重要时, 假设债券标准差在期权有效期内为常数显然是不合理的.

  在这种情况下, 对欧式期权定价的方法之一是, 认为该期权是按照期权行权时交割债券的远期价格卖出的. 这个价格是在期权到期日和债券到期日之间延续的债券远期的价格 F. 当期权到期时, 远期债券价格等于标的债券的价格, 这意味着我们所考虑的远期债券期权与所要定价的现货债券期权是一样的. 这种方法使得我们可以直接使用 Black-Scholes 期权定价公式进行定价, 这时欧式看涨期权和看跌期权的价格分别为

$$c = e^{-R(T-t)}[FN(d_1) - XN(d_2)],$$
$$p = e^{-R(T-t)}[XN(-d_2) - FN(-d_1)],$$
(7.2.8)

式中, 远期价格 $F = (B-I)e^{-R(T-t)}$,

$$d_1 = \frac{\ln(F/X) + \sigma^2(T-t)/2}{\sigma\sqrt{T-t}}; \quad d_2 = \frac{\ln(F/X) - \sigma^2(T-t)/2}{\sigma\sqrt{T-t}} = d_1 - \sigma\sqrt{T-t};$$

I：期权有效期内附息债券利息的现值； σ：远期债券价格 F 的标准差；

T：权利期间； X：期权的行权价格；

R：T 时刻到期的无风险利率的当前值.

分析：式(7.2.8)是 Black-Scholes 期权定价模型的拓展模型，故将相关程序略加修改即可给出该式的程序．

程序 7.2.4 使用远期债券价格的债券期权定价．

```cpp
#include <math.h>
#include "normdist.h"
#include <iostream.h>

// 债券看涨期权定价；
double bond_option_price_call_future_black_scholes(const double &F,     // 远期价格；
                                                    const double &X,     // 行权价格；
                                                    const double &R,     // 无风险利率；
                                                    const double &sigma, // 波动率；
                                                    const double &time)  // 权利期间；
{
    double time_sqrt = sqrt(time);
    double sigma_sqr = sigma * sigma;
    double d1 = (log(F/X) + 0.5 * sigma_sqr * time)/(sigma * time_sqrt);
    double d2 = d1 - (sigma * time_sqrt);
    double c = exp(-R * time) * (F * N(d1) - X * N(d2));
    return c;
}

// 债券看跌期权定价；
double bond_option_price_put_future_black_scholes (const double &F,     // 远期价格；
                                                    const double &X,     // 行权价格；
                                                    const double &R,     // 无风险利率；
                                                    const double &sigma, // 波动率；
                                                    const double &time)  // 权利期间；
{
    double time_sqrt = sqrt(time);
    double sigma_sqr = sigma * sigma;
    double d1 = (log(F/X) + 0.5 * sigma_sqr * time)/(sigma * time_sqrt);
    double d2 = d1 - (sigma * time_sqrt);
```

```
    double c = exp(-R*time)*(X * N(-d2)-F * N(-d1));
    return c;
}
```

例 7.2.4 考虑一个 3 年期的欧式看涨期权,该期权的标的资产是某个面值为 \$100,票面年利率是 10% 的 5 年期债券. 假设期权被执行的远期债券的价格是 \$95,行权价格是 \$98,3 年期的无风险年利率是 11%,远期债券价格的年标准差为 2.5%. 试求该债券期权的价格.

解 在本例中,$F=95, X=98, R=0.11, \sigma=0.025, T-t=3$. 将上述数值代入式 (7.2.8),可计算出相关结果:

$$c = e^{-0.11 \times 3}[95N(d_1) - 98N(d_2)],$$

$$d_1 = \frac{\ln(95/98) + 0.025^2 \times \frac{1}{2} \times 3}{0.025\sqrt{3}}, \quad d_2 = d_1 - 0.025\sqrt{3}.$$

```
// 程序调用;
void main()
{
    double F = 95;
    double X = 98;
    double R = 0.11;
    double sigma = 0.025;
    double time = 3.0;
    cout<<"债券看涨期权的价格:"
        <<bond_option_price_call_future_black_scholes
                                    (F,X,R,sigma,time)<<endl;
}
```

输出结果:

债券看涨期权的价格:0.416178

在主函数中调用程序 7.2.4 中的"债券看跌期权定价"可给出相应债券看跌期权的价格,计算结果是 2.57295.

§7.3 均衡模型及相关的期权定价模型

目前为止,我们给出的利率衍生证券定价模型不是 Black-Scholes 期权定价公式的直接应用,就是它的拓展模型. 这样处理问题有方便的一面,但同时也存在不少问题. 最为突出的是,这种方法仅适用于欧式期权定价. 如果对美式期权进行定价,就存在着一个如何处理在债券期权的有效期内债券价格的不确定性问题.这种不确定性与利率的期限结构有关,所以在解决这类问题之前必须先要解决债券的期限结构问题,然后由债券期限结构模型给出债券期权定价模型.在本节讨论的所有债券期权定价中,首先要给出关于利率期限结构的均衡模型,如 Rendlmen-Bartter 模型、Vasicek 模型等;然后在此基础上给出债券价格波动的表达式;最后给出期权的定价模型.

7.3.1 Rendlmen-Bartter 模型与债券期权定价

在 Rendlmen 和 Bartter 之前,通常假设在风险中性的世界中利率 r 的演化形式是:
$$\mathrm{d}r = m(r)\mathrm{d}t + s(r)\mathrm{d}z, \tag{7.3.1}$$
式中 $m(r)$ 为瞬间漂移率,$s(r)$ 为瞬间标准差,z 服从维纳过程,也称布朗运动.

Rendleman 和 Bartter 对式(7.3.1)中的 $m(r)$ 和 $s(r)$ 做了非常假单的假设,即假设 $m(r) = Mr$,$s(r) = Sr$,其中 M 和 S 为常数.这意味着 r 服从几何布朗运动,它们在风险中性的世界里有固定的期望增长率 M 和固定的标准差 S,即
$$\mathrm{d}r = Mr\mathrm{d}t + Sr\mathrm{d}z. \tag{7.3.2}$$
Rendleman-Bartter 模型可以用一个类似股票的二叉树来构造.各个参数的选择如下:
$$P = \frac{a-d}{u-d}, \quad u = \mathrm{e}^{S\sqrt{\Delta t}}, \quad d = \mathrm{e}^{-S\sqrt{\Delta t}}, \quad a = \mathrm{e}^{M\Delta t}. \tag{7.3.3}$$
若已知利率初值,则由以上参数可以构建利率二叉树.必须强调的是:二叉树所表现的利率变动是在风险中性的世界中,而不是在真实的世界中的利率变动.

分析:使用 Rendleman-Bartter 模型计算美式期权价格的步骤如下:(1)计算利率二叉树的各个参数;(2)构造利率二叉树图;(3)计算二叉树每一结点上的债券价格;(4)通过利率二叉树倒推计算期权价格.

程序 7.3.1 基于 Rendleman-Bartter 模型的美式看涨期权定价.

```cpp
#include <math.h>
#include <vector>
#include <iostream.h>

using namespace std;
// 求两数中的较大者;
double max(double a, double b)
{
    if(a>b) return a;else return b;
}
// 债券期权定价;
double bond_option_price_call_zero_american_rendleman_bartter
```

```cpp
                            (const double &X,           // 行权价格；
                             const double &option_maturity,
                                                        // 权利期间；
                             const double &S,           // 利率标准差；
                             const double &M,           // 利率期望增长率；
                             const double &interest,
                                                        // 短期利率当前值；
                             const double &bond_maturity,
                                                        // 债券的期限；
                             const double &maturity_payment,
                                                        // 债券到期面值；
                             const int &no_steps)       //二叉树步数；
{
    double delta_t = bond_maturity/no_steps;
    double u = exp(S * sqrt(delta_t));
    double d = 1/u;
    double p_up = (exp(M * delta_t) - d)/(u - d);
    double p_down = 1.0 - p_up;
    vector<double> r(no_steps + 1);
    r[0] = interest * pow(d,no_steps);
    double uu = u * u;
    for (int i = 1;i<= no_steps;++ i) { r[i] = r[i-1] * uu;};
    vector<double> P(no_steps + 1);
    for (int j = 0;j<= no_steps;++ j) { P[j] = maturity_payment; };
    int no_call_steps = int(no_steps * option_maturity/bond_maturity);
    for (int curr_step = no_steps;curr_step>no_call_steps; -- curr_step)
    {
        for (int i = 0;i<curr_step;i++)
        {
            r[i] = r[i] * u;
            P[i] = exp(-r[i] * delta_t) * (p_down * P[i] + p_up * P[i+1]);
        }
    }
    vector<double> C(no_call_steps + 1);
    for (int k = 0;k<= no_call_steps;++ k) { C[k] = max(0.0,P[k] - X); };
    for (int curr_step_ = no_call_steps;curr_step_ >= 0; -- curr_step_)
    {
        for (int i = 0;i<curr_step;i++)
```

```
        {
            r[i] = r[i] * u;
            P[i] = exp( - r[i] * delta_t) * (p_down * P[i] + p_up * P[i+1]);
            C[i] = max(P[i] - X, exp( - r[i] * delta_t) * (p_up * C[i+1] + p_down * C[i]));
        }
    }
    return C[0];
}
```

例 7.3.1 考虑一个 4 年期的零息债券美式看涨期权，标的债券 5 年后到期，面值是 \$1000，行权价格是 \$950，利率的期望增长率是 5%，标准差是 15%，短期利率的初值是 10%. 试求该债券期权的价格.

解 在本例中，$V=1000, X=950, M=0.05, S=0.15, r=0.1, T_1=4, T_2=5.$
根据 Rendleman-Bartter 模型，计算债券期权价格的步骤如下：

(1) 确定二叉树步数、步长并计算利率二叉树参数：

将当前日至债券到期日分成 100 等份，则步长为 $\Delta t = 5/100$；利率二叉树各参数为

$$u = e^{S\sqrt{\Delta t}} = e^{0.15\sqrt{\Delta t}}, \quad d = e^{-S\sqrt{\Delta t}} = e^{-0.15\sqrt{\Delta t}},$$

$$a = e^{M\Delta t} = e^{0.05\Delta t}, \quad P = \frac{a-d}{u-d} = \frac{e^{0.05\Delta t} - e^{-0.15\sqrt{\Delta t}}}{e^{0.15\sqrt{\Delta t}} - e^{-0.15\sqrt{\Delta t}}}.$$

(2) 构造利率二叉树.

(3) 计算利率二叉树中每个结点对应的债券价格. 已知在债券到期日，债券面值为 \$1000，上一时刻的价值可通过利率二叉树倒推求得.

(4) 计算零息债券美式看涨期权的价格.

```
// 程序调用；
void main()
{
    double X = 950;
    double S = 0.15;
    double M = 0.05;
    double r = 0.10;
    double option_maturity = 4;
    double bond_maturity = 5;
    double maturity_payment = 1000;
    int no_steps = 100;

    cout<<"零息债券期权的价格："
        <<bond_option_price_call_zero_american_rendleman_bartter(X, option_maturity, S, M, interest, bond_maturity, maturity_payment, no_steps)<<endl;
```

}

输出结果：

  零息债券期权的价格：0.00503

7.3.2   Vasicek 债券期权定价模型

Rendleman-Bartterlil 模型的缺陷是，没有刻画出利率随着时间的推移而向某个长期平均水平收敛的趋势，即均值回复性。当利率 r 较高时，均值回复性使得利率 r 具有负的漂移率；当利率 r 较低时，均值回复性会使得利率 r 具有正的漂移率。

为了弥补上述模型的不足，Vasicek 提出过一个模型。该模型假设当 a,b 和 σ 为常数时，$\mathrm{d}r=m(r)\mathrm{d}t+s(r)\mathrm{d}z$ 中的 $m(r)=a(b-r)$，$s(r)=\sigma$。因此，短期利率的风险中性过程为

$$\mathrm{d}r = a(b-r)\mathrm{d}t + \sigma \mathrm{d}z \tag{7.3.4}$$

这个模型称为 **Vasicek 模型**。在该模型中，短期利率以速率 a 被拉向 b 水平，在这个"拉"项上还加上了一个正态分布随机项 $\sigma \mathrm{d}z$。

定义在 T 时刻支付一单位货币的零息债券在任意 t 时刻的价格为

$$P(t,T) = \hat{\mathrm{E}}\left[\mathrm{e}^{-\bar{r}(T-t)}\right], \tag{7.3.5}$$

式中 $\bar{r}$ 为 t 时刻到 T 时刻时间内 r 的平均值，$\hat{\mathrm{E}}$ 为风险中性世界的期望值。

Vasicek 通过解方程(7.3.5)得到了这种零息债券价格的解析式：

$$P(t,T) = A(t,T)\mathrm{e}^{-B(t,T)r(t)}, \tag{7.3.6}$$

式中 $r(t)$ 为 r 在 t 时刻的值，当 $a \neq 0$ 时，

$$B(t,T) = \frac{1-\mathrm{e}^{-a(T-t)}}{a},$$

$$A(t,T) = \exp\left[\frac{(B(t,T)-T+t)(a^2 b - \sigma^2/2)}{a^2} - \frac{\sigma^2 B(t,T)^2}{4a}\right];$$

当 $a=0$ 时，$B(t,T)=T-t$，$A(t,T)=\exp\left[\frac{\sigma^2(T-t)^3}{6}\right]$。

选择 a,b 和 σ，整个期限结构就可以由一个 $r(t)$ 的函数确定，其图形可以是上升形状、下降形状或具有轻微"驼峰"形状。

分析：式(7.3.6)包含 C++ 的基本运算和指数运算，实现起来不难，但是由于该式有 $a=0$ 和 $a \neq 0$ 两种情况，在编写程序时要用到在本书中较少使用的"if"选择语句，故要引起读者的注意。

程序 7.3.2   Vasicek 模型。

```
#include<math.h>
#include<iostream.h>
//using namespace std;
double term_structure_discount_factor_vasicek(const double &time,// 期限；
```

```
                    const double &r,              // 利率；
                    const double &a,              // 参数；
                    const double &b,              // 参数；
                    const double &sigma)          // 波动率；
{
    double A,B;
    double sigma_sqr = sigma * sigma;
    double aa = a * a;
    if (a = = 0.0){
    B = time;
    A = exp(sigma_sqr * pow(time,3))/6.0;
    }
    else {
    B = (1.0 - exp(- a * time))/a;
    A = exp( ((B - time) * (aa * b - 0.5 * sigma_sqr))/aa - ((sigma_sqr * B * B)/(4 * a)));
    }
    double dfact = A * exp( - B * r);
    return dfact;
}
```

Jamshidian 指出,贴现债券期权的价格可由 Vasicek 模型求出. 设某贴现债券面值为 \$1,到期日为 s,在 t 时刻基于该贴现债券的 T 时刻到期的欧式看涨期权和看跌期权的价格分别为

$$c = P(t,s)N(h) - XP(t,T)N(h - \sigma_p),$$
$$p = XP(t,T)N(-h + \sigma_p) - P(t,s)N(-h), \tag{7.3.7}$$

其中 X 为行权价格,而

$$h = \frac{1}{\sigma_p} \ln \frac{P(t,s)}{P(t,T)X} + \frac{\sigma_p}{2}, \quad \sigma_p = v(t,T)B(T,s), \quad v(t,T)^2 = \frac{\sigma^2(1 - e^{-2a(T-t)})}{2a} \quad (a \neq 0);$$

当 $a = 0$ 时, $v(t,T) = \sigma\sqrt{T-t}, \sigma_p = \sigma(s-T)\sqrt{T-t}$.

分析:式(7.3.7)是 Black-Scholes 期权定价模型的拓展模型,编写程序不难. 需要注意的有两方面:(1) 该式中包含 $P(t,x)(x = s,T)$,要调用程序 7.3.2;(2) 该式有 $a = 0$ 和 $a \neq 0$ 两种情况,要用到在本书中较少使用的"if"选择语句.

程序 7.3.3 基于 Vasicek 模型的看涨期权定价.

```
# include <math.h>
# include "normdist.h"
# include <iostream>

using namespace std;
```

```
double bond_option_price_call_zero_vasicek(const double &X,    // 行权价格
                                           const double &r,    //无风险利率;
                                           const double &option_time_to_maturity,
                                                               // 权利期间;
                                           const double &bond_time_to_maturity,
                                                               //债券到期时间;
                                           const double &a,    // 参数;
                                           const double &b,    // 参数;
                                           const double &sigma)  //波动率;
{
    double T_t = option_time_to_maturity;
    double s_t = bond_time_to_maturity;
    double T_s = s_t - T_t;
    double v_t_T;
    double sigma_P;
    if (a = = 0.0)
    {
        v_t_T = sigma * sqrt ( T_t );
        sigma_P = sigma * T_s * sqrt(T_t);
    }
    else
    {
        v_t_T = sqrt (sigma * sigma * (1 - exp( - 2 * a * T_t))/(2 * a));
        double B_T_s = (1 - exp( - a * T_s))/a;
        sigma_P = v_t_T * B_T_s;
    }
    double h = (1.0/sigma_P)
              * log (term_structure_discount_factor_vasicek(s_t,r,a,b,sigma)
              /(term_structure_discount_factor_vasicek(T_t,r,a,b,sigma) * X) );
    double c = term_structure_discount_factor_vasicek(s_t,r,a,b,sigma) * N(h)
     - X * term_structure_discount_factor_vasicek(T_t,r,a,b,sigma) * N(h - sigma_P);
    return c;
}
```

例 7.3.2 考虑一个标的债券期限是 5 年,行权价格是 \$0.9 的 1 年期欧式看涨期权. 设无风险年利率为 5%,利率变化服从 Vasicek 模型,各参数分别为 $a=0.1, b=0.1$,年波动率是 2%. 试求该债券期权的价格.

解 在本例中,$a=0.1, b=0.1, \sigma=0.02, S=5, T=1, r=0.05, X=0.9$. 债券期权价格

计算步骤如下:

(1) 计算各参数:

$$h = \frac{1}{\sigma_p} \ln \frac{P(t,s)}{P(t,T)X} + \frac{\sigma_p}{2}, \quad \sigma_p = v(t,T)B(T,s), \quad v(t,T)^2 = \frac{\sigma^2(1-e^{-2a(T-t)})}{2a},$$

其中 $P(t,s), P(t,T)$ 和 $B(T,s)$ 由式(7.3.6),(7.3.7)和(7.3.8)得出. 注意: 当 $a=0$ 时, $v(t,T) = \sigma\sqrt{T-t}, \sigma_p = \sigma(s-T)\sqrt{T-t}$.

(2) 将上述结果代入式(7.3.9),可得该债券看涨期权的价格.

```
// 程序调用:
void main()
{
    double a = 0.1;
    double b = 0.1;
    double sigma = 0.02;
    double r = 0.05;
    double X = 0.9;
    double option_time_to_maturity = 1;
    double bond_time_to_maturity = 5;

    cout<<"欧式债券看涨期权的价格:"
        <<bond_option_price_call_zero_vasicek(X,r,option_time_to_maturity,
        bond_time_to_maturity,a, b,sigma)<<endl;
}
```

输出结果:

    欧式债券看涨期权的价格: 0.000226044

§7.4 无套利模型

上一节所讨论的利率期限结构模型的缺点在于无法与当前的利率期限结构相吻合,而无套利模型能弥补这种不足. 代表性的无套利模型包括: Heath-Jarrow-Morton 模型, Ho-Li 模型, Hull-White 模型, 等等. 在本节, 我们仅讨论后两个模型, 而且仅讨论贴现债券的情形.

7.4.1 Ho-Li 模型

Ho 和 Li 在 1986 年的一篇论文中首先提出了关于期限结构的无套利模型——Ho-Li 模型. 这个模型是一个二叉树模型, 其中包含两个参数, 一个是短期利率的标准差 σ, 另一个是短期利率的风险市场价格. 可以证明, Ho-Li 模型在连续时间的极限为

$$dr = \theta(t)dt + \sigma dz, \tag{7.4.1}$$

其中短期利率 r 的瞬间标准差 σ 是常数,而 $\theta(t)=F'_t(0,t)+\sigma^2 t$,其选取标准是确保模型与初期的期限结构相吻合,式中 $F(0,t)$ 为时间 0 所观察到的在 t 时刻的远期利率.

在 Ho-Li 模型中,贴现债券和贴现债券欧式期权的价格都可以给出解析式,其中贴现债券价格为
$$P(t,T) = A(t,T)\mathrm{e}^{-r(T-t)}, \tag{7.4.2}$$
这里
$$\ln A(t,T) = \ln\frac{P(0,T)}{P(0,t)} - (T-t)\frac{\partial \ln P(0,t)}{\partial t} - \frac{1}{2}\sigma^2 t(T-t)^2;$$
贴现债券欧式看涨期权和看跌期权的价格则分别为
$$c = P(t,s)N(h) - XP(t,T)N(h-\sigma_p), \tag{7.4.3}$$
$$p = XP(t,T)N(-h+\sigma_p) - P(t,s)N(-h),$$
这里 X 为行权价格,而
$$h = \frac{1}{\sigma_p}\ln\frac{P(t,s)}{P(t,T)X} + \frac{\sigma_p}{2}, \quad \sigma_p = \sigma(s-T)\sqrt{T-t}, \quad v(t,T)^2 = \frac{\sigma^2(1-\mathrm{e}^{-2a(T-t)})}{2a}.$$

附息债券的欧式期权可以通过把它们分解为贴现债券欧式期权组合进行定价,方法与前几节 Jamshidian 的方法相同. 美式期权可以通过二叉树法定价,二叉树的画法用 Ho 和 Lee 所述的方法.

Ho-Li 模型的优点是:它是解析的马尔可夫过程的扩展模型,其应用简便而且能够比较准确地符合当前的利率期限结构.该模型的缺陷之一是:它不具有均值回复性.

7.4.2 Hull-White 模型

Hull 和 White(1990) 探讨了如何将 Vasicek 期限结构模型推广到与初期期限结构相吻合的情形. 他们所考虑的是 Vasicek 期限结构模型的一种扩展形式:
$$\mathrm{d}r = [\theta(t) - ar]\mathrm{d}t + \sigma\mathrm{d}z,$$
其中 a,σ 是常数,Z 服从维纳过程. 通常这个模型被称为 **Hull-White 模型**.

在 Hull-White 模型中,t 时刻的债券价格为
$$P(t,T) = A(t,T)\mathrm{e}^{-B(t,T)r},$$
其中
$$B(t,T) = \frac{1-\mathrm{e}^{-a(T-t)}}{a},$$
$$\ln A(t,T) = \ln\frac{P(0,T)}{P(0,t)} - B(t,T)\frac{\partial \ln P(0,t)}{\partial t} - \frac{1}{4a^3}\sigma^2(\mathrm{e}^{-aT}-\mathrm{e}^{-at})^2(\mathrm{e}^{2at}-1).$$

基于 Hull-White 模型的贴现债券的欧式期权价格与式(7.4.3)给出的定价公式一样. 附息债券的欧式期权可以用 Jamshidian 的方法分解成贴现债券的期权来估价.

至此,我们介绍了两个无套利模型. 基于这两种模型的欧式期权价格均是 Black-Scholes

期权定价公式的拓展模型,程序开发十分简单,故这里就不再进一步介绍了.

§7.5 本章小结

在本章,我们利用 Black-Scholes 期权定价公式及拓展模型解决利率衍生证券定价问题.这类定价模型尽管可以解决许多问题,但是不可避免地存在着局限性.最为突出的是这类模型只适用于欧式期权定价.克服这种局限性的方法之一是先构建利率期限结构模型,例如 Rendleman-Bartter 模型,Vasicek 模型,再使用二叉树法或者 Black-Scholes 期权定价公式为利率衍生证券定价.然而,利率期限结构模型仍然存在着与标的资产价格的实际运行不符的情况,因此人们提出了无套利定价模型.本章介绍了两个比较典型的模型:Ho-Li 模型和 Hull-White 模型.在这两个模型中,欧式债券期权通过适当的转换之后可以利用 Black-Scholes 期权定价公式定价,美式期权可以使用二叉树来定价.

第8章 奇异期权

在前面,我们介绍了欧式期权、美式期权等一些常见的衍生证券的定价,它们作为基础性金融资产在更复杂衍生证券的开发过程中得到了非常广泛的应用.本章将介绍更高级的衍生证券的定价及其数值计算方法.这些衍生证券的定价很复杂,故本章仅给出部分衍生证券定价的程序供大家参考.

§8.1 奇异期权的特点

奇异期权(exotic options)是比标准欧式期权或美式期权报酬形态更加复杂的期权(前面章节涉及的期权均是标准欧式期权或美式期权).奇异期权通常是在场外交易或附加在债券中以增加对市场的吸引力.奇异期权通常是为了满足市场特殊需求而开发的,有很多金融机构热衷于开发和推销奇异期权.

奇异期权有如下类别:

(1) **亚式期权**(asian options):是当今金融衍生品市场上交易最为活跃的奇异期权之一.亚式期权的重要特点是到期收益依赖于标的资产在一段特定时间(整个期权有效期或其中部分时段)内的平均价格.

(2) **回望期权**(lookback options):收益与在期权有效期内标的资产价格的最大值或最小值有关的期权.

(3) **非标准美式期权**:标准美式期权在有效期内任何时间都可以行权且行权价格总是相同.但是,实际中交易的美式期权并不一定总是具有这些标准特征.例如,Bermudan 期权,这类期权的提前行权只限于在期权有效期内的特定日期.还有些非标准美式期权,行权价格随着时间的增长而增长.例如,5年期的认股权证,其行权价格在头两年里是 \$30,在后两年里是 \$32,而在最后一年为 \$33.

(4) **障碍期权**:收益依赖于标的资产价格在一段特定时间内是否达到了某个特定的水平(临界值),即"障碍"水平的期权.

(5) **复合期权**:复合期权是期权的期权.复合期权主要有四种类型:看涨期权的看涨期权、看涨期权的看跌期权、看跌期权的看涨期权和看跌期权的看跌期权.

(6) **资产交换期权**:放弃一定价值的资产而获得另外一项资产价值的期权.

除了上述期权外,还有打包期权、远期开始期权、任选期权、两值期权以及根据客户需求专门定制的期权等,我们在此就不一一列举了.

§8.2 亚式期权

亚式期权是收益依赖于标的资产在有效期内至少一段时间平均价格的期权. 最常见的亚式期权有平均价格期权和平均行权价格期权. 本节我们主要讨论平均价格期权. 根据计算平均价格的方法的不同, 可以将平均价格期权进一步分为几何平均价格期权和算术平均价格期权.

8.2.1 几何平均价格期权

几何平均价格看涨期权和看跌期权的收益分别为
$$c_T = \max\{0, \bar{S} - X\}, \qquad (8.2.1)$$
$$p_T = \max\{0, X - \bar{S}\}, \qquad (8.2.2)$$
这里 $\bar{S}$ 是按预定时间计算的标的资产价格的平均值, X 为行权价格.

假设标的资产价格 S 服从对数正态分布, 且 $\bar{S}$ 是 S 的几何平均值, 如果 S 的标准差为 σ, 标的资产的红利率为 q, 无风险利率为 r, 则在风险中性的世界里, 欧式几何平均价格期权可以按标准差 $\sigma/\sqrt{3}$, 红利率 $\frac{1}{2}\left(r + q + \frac{\sigma^2}{6}\right)$ 处理. 将它们代入欧式看涨期权定价公式, 就可以得到权利期间为 T, 行权价格为 X 的欧式平均价格看涨期权定价的解析式, 即
$$c = \bar{S}e^{-q'(T-t)}N(d_1) - Xe^{-r(T-t)}N(d_2), \qquad (8.2.3)$$
其中
$$d_1 = \frac{\ln(\bar{S}/X) + (r - q' + \sigma'^2/2)(T-t)}{\sigma'\sqrt{T-t}}, \quad d_2 = d_1 - \sigma\sqrt{T-t},$$
$$\sigma' = \sigma/\sqrt{3}, \qquad q' = \frac{1}{2}\left(r + q + \frac{\sigma^2}{6}\right).$$

分析: 式(8.2.3)是 Black-Scholes 期权定价模型的拓展模型, 故参照 Black-Scholes 期权定价模型的程序即可给出该式的程序. 在这里, 我们仅给出了欧式几何平均价格看涨期权的定价程序, 欧式几何平均价格看跌期权的定价程序类似, 读者可参照上述程序自己来完成.

程序 8.2.1 几何平均价格看涨期权定价.

```cpp
#include <math.h>
#include "normdist.h"
#include <iostream.h>

double option_price_asian_geometric_average_price_call (const double &Save,
    // 标的资产平均价格;
```

```
                           const double &X,       // 行权价格；
                           const double &r,       // 无风险利率；
                           const double &q,       // 红利率；
                           const double &sigma,   // 波动率；
                           const double &time)    // 权利期间；
{
    double sigma_sqr = pow(sigma,2);
    double adj_div_yield = 0.5 * (r + q + sigma_sqr/6);
    double adj_sigma = sigma/sqrt(3.0);
    double adj_sigma_sqr = pow(adj_sigma,2);
    double time_sqrt = sqrt(time);
    double d1 = (log(Save/X) + (r - adj_div_yield + 0.5 * adj_sigma_sqr) * time)
                                                        /(adj_sigma * time_sqrt);
    double d2 = d1 - adj_sigma * time_sqrt;
    double call_price = Save * exp( - adj_div_yield * time) * N(d1)
                                                - X * exp( - r * time) * N(d2);
    return call_price;
}
```

例 8.2.1 考虑一个几何平均价格欧式看涨期权，其标的资产平均价格是 \$100，行权价格是 \$100，无风险年利率是 6%，年红利率 2%，年波动率 25%，权利期间是 1 年. 试求该期权的价格.

解 在本例中，$\bar{S}=100, X=100, r=0.06, q=0.02, \sigma=0.25, T-t=1$. 我们按照如下步骤计算期权的价格：

(1) 计算各个参数：

$$\sigma' = \sigma/\sqrt{3} = 0.25/\sqrt{3}, \quad q' = \frac{1}{2}\left(r+q+\frac{\sigma^2}{6}\right) = \frac{1}{2}(0.06+0.02+0.25^2/6),$$

$$d_1 = \frac{\ln(\bar{S}/X)+(r-q'+\sigma'^2/2)(T-t)}{\sigma'\sqrt{T-t}} = \frac{\ln(100/100)+(0.06-q'+\sigma'^2/2)\times 1.0}{\sigma'\sqrt{1.0}},$$

$$d_2 = d_1 - \sigma\sqrt{T-t} = d_1 - 0.25\times\sqrt{1.0}.$$

(2) 计算期权价格：

$$c = \bar{S}e^{-q'(T-t)}N(d_1) - Xe^{-r(T-t)}N(d_2) = 100e^{-q'\times 1}N(d_1) - 100e^{-0.06\times 1}N(d_2).$$

```
// 程序调用；
void main()
{
    double Save = 100.0;
    double X = 100.0;
```

```
    double r = 0.06;
    double q =  0.02;
    double sigma = 0.25;
    double time = 1;
    cout<<"几何平均价格看涨期权的价格:"
        <<option_price_asian_geometric_average_price_call(Save,X,r,q,sigma,
                                                          time)<<endl;
}
```

输出结果：

几何平均价格看涨期权的价格：6.18884

8.2.2 算术平均价格期权

算术平均价格期权是一种比几何平均价格期权更普遍的一种期权. 这种期权的价格是没有解析定价公式的, 因为我们不能用解析式来表示对数正态分布变量的算术平均值所服从的分布. 但是这一分布可近似为对数正态分布, 并可以得出一个很好的解析近似公式.

考虑一个刚刚开始的亚式期权, 期权在 T 时刻(到期日)的收益基于 $0\sim T$ 时刻的标的资产价格 S 的算术平均值. 在风险中性的世界里, 可以证明, 期权价格的算术平均值的一阶矩和二阶矩的计算公式分别为

$$M_1 = \frac{\mathrm{e}^{(r-q)T}-1}{(r-q)T}S,$$

$$M_2 = \frac{2\mathrm{e}^{[2(r-q)+\sigma^2]T}S^2}{(r-q+\sigma^2)(2r-2q+\sigma^2)T^2} + \frac{2S^2}{(r-q)T^2}\left[\frac{1}{2(r-q)+\sigma^2} - \frac{\mathrm{e}^{(r-q)T}}{r-q+\sigma^2}\right].$$

以上公式假定 $r \neq q$, 其中 r 为无风险利率, q 为红利率.

如果假定平均价格的分布为对数正态分布, 则可以将算术平均价格期权处理为关于期货的期权, 即其看涨期权的价格

$$c = \mathrm{e}^{-rT}[F_0 N(d_1) - X N(d_2)], \tag{8.2.4}$$

式中 X 为行权价格, 而

$$F_0 = M_1, \qquad \sigma^2 = \frac{1}{T}\ln\frac{M_2}{M_1^2},$$

$$d_1 = \frac{\ln(F/X)+(\sigma^2/2)T}{\sigma\sqrt{T}}, \quad d_2 = \frac{\ln(F/X)-(\sigma^2/2)T}{\sigma\sqrt{T}} = d_1 - \sigma\sqrt{T}.$$

分析：式(8.2.4)是 Black-Scholes 期权定价模型的拓展模型, 实现起来不难, 但是由于该式参数计算较繁琐, 故在编写程序时应该格外小心. 在这里, 我们仅给出了算术平均价格看涨期权的定价程序, 算术平均价格看跌期权的定价程序类似, 读者可参照上述程序自己来完成.

第 8 章 奇异期权

程序 8.2.2 算术平均价格看涨期权定价.

```
#include <math.h>
#include "normdist.h"
#include <iostream.h>
double option_price_arithmetic_average_price_call (const double &S,    //标的资产价格；
                                                   const double &X,    // 行权价格；
                                                   const double &r,    // 无风险利率；
                                                   const double &q,    // 红利率；
                                                   const double &sigma, // 波动率；
                                                   const double &time) // 权利期间；
{
    double sigma_sqr = sigma * sigma;
    double time_sqrt = sqrt(time);
    double m1 = S * (exp((r - q) * time) - 1)/((r - q) * time);
    double m2 = S * S * (2 * exp((2 * (r - q) + sigma_sqr) * time))
                    / ((r - q + sigma_sqr) * (2 * r - 2 * q + sigma_sqr) * time * time)
                    + 2 * S * S/((r - q) * time * time) *
                      (1/(2 * (r - q) + sigma_sqr) - exp((r - q) * time)/(r - q + sigma_sqr));
    double F = m1;
    double sigma_a = 1/time * log(m2/(m1 * m1));
    double d1 = (log(F/X) + (0.5 * sigma_a * sigma_a) * time)
                    /(sqrt(sigma_a) * time_sqrt);
    double d2 = d1 - sqrt(sigma_a) * time_sqrt;
    double c = exp(-r * time) * (F * N(d1) - X * N(d2));
    return c;
}
```

例 8.2.2 考虑一个算术平均价格看涨期权,其标的资产价格是 \$100,行权价格 \$30, 无风险年利率 5%,年红利率 3%,年波动率 30%,期权的到期日是 1 年.试求该看涨期权的价格.

解 在本例中,$S=100, X=30, r=0.05, q=0.03, \sigma=0.3, T=1$. 我们按照如下步骤计算期权的价格:

(1) 计算各参数:

$$M_1 = \frac{e^{(r-q)T} - 1}{(r-q)T} S = \frac{e^{(0.05-0.03)\times 1} - 1}{(0.05-0.03)\times 1} \times 100,$$

$$M_2 = \frac{2e^{[2(r-q)+\sigma^2]T} S^2}{(r-q+\sigma^2)(2r-2q+\sigma^2)T^2} + \frac{2S^2}{(r-q)T^2} \left[\frac{1}{2(r-q)+\sigma^2} - \frac{e^{(r-q)T}}{r-q+\sigma^2}\right]$$

$$= \frac{2e^{[2(0.05-0.03)+0.3^2]\times 1} \times 100^2}{(0.05-0.03+0.3^2)(2\times 0.05-2\times 0.03+0.3^2)\times 1^2}$$
$$+\frac{2S^2}{(0.05-0.03)\times 1^2}\left[\frac{1}{2(0.05-0.03)+0.03^2}-\frac{e^{(0.05-0.03)\times 1}}{0.05-0.03+0.3^2}\right],$$

$$F_0 = M_1, \qquad \sigma^2 = \frac{1}{T}\ln\frac{M_2}{M_1^2},$$

$$d_1 = \frac{\ln(F_0/X)+\left(\frac{1}{2}\sigma^2\right)T}{\sigma\sqrt{T}}, \quad d_2 = \frac{\ln(F_0/X)-\left(\frac{1}{2}\sigma^2\right)T}{\sigma\sqrt{T}} = d_1 - \sigma\sqrt{T},$$

（2）计算算术平均价格看涨期权的价格：
$$c = e^{-rT}[F_0 N(d_1) - XN(d_2)]$$
$$= e^{-0.05\times 1}[F_0 N(d_1) - 30N(d_2)].$$

```
// 程序调用：
void main()
{
    double S = 100.0;
    double X = 30.0;
    double r = 0.05;
    double q = 0.03;
    double sigma = 0.3;
    double time = 1;

    cout<<"看涨期权的价格："
    <<option_price_arithmetic_average_price_call(S,X,r,q,sigma,time)<<endl;
}
```

输出结果：

　　看涨期权的价格：67.5437

§8.3 回望期权

　　回望期权的收益依赖于期权在有效期内标的资产达到的最大价格或最小价格. 如果 S_1 是曾经达到过的最小价格，S_2 是曾经达到过的最大价格，S_T 是到期的最终价格，则回望看涨期权和看跌期权的收益分别为
$$\max\{0, S_T - S_1\}, \quad \max\{0, S_2 - S_T\}.$$

　　欧式回望期权现在已经有精确的定价公式. 假设现在是 t 时刻，则欧式回望看涨期权的定价公式为

$$c = Se^{-q(T-t)}N(a_1) - Se^{-q(T-t)}\frac{\sigma^2}{2(r-q)}N(-a_1) - S_{\min}e^{-r(T-t)}\left(N(a_2) - \frac{\sigma^2}{2(r-q)}e^{Y_1}N(-a_3)\right), \tag{8.3.1}$$

式中 $S_{\min}$ 为截止到现在的价格的最小值,S 为标的资产价格,q 为红利率,而

$$a_1 = \frac{\ln(S/S_{\min}) + (r-q+\sigma^2/2)(T-t)}{\sigma\sqrt{T-t}}, \quad a_2 = a_1 - \sigma\sqrt{T-t},$$

$$a_3 = \frac{\ln(S/S_{\min}) + (-r+q+\sigma^2/2)(T-t)}{\sigma\sqrt{T-t}}, \quad Y_1 = -\frac{2(r-q-\sigma^2/2)\ln(S/S_{\min})}{\sigma^2},$$

欧式回望看跌期权的价格为

$$p = S_{\max}e^{-r(T-t)}\left(N(b_1) - \frac{\sigma^2}{2(r-q)}e^{Y_2}N(-b_3)\right) + Se^{-q(T-t)}\frac{\sigma^2}{2(r-q)}N(-b_2) - Se^{-q(T-t)}N(b_2), \tag{8.3.2}$$

式中 $S_{\max}$ 为截止到现在价格的最大值,而

$$b_1 = \frac{\ln(S_{\max}/S) + (-r+q+\sigma^2/2)(T-t)}{\sigma\sqrt{T-t}}, \quad b_2 = b_1 - \sigma\sqrt{T-t},$$

$$b_3 = \frac{\ln(S_{\max}/S) + (r-q-\sigma^2/2)(T-t)}{\sigma\sqrt{T-t}}, \quad Y_2 = \frac{2(r-q-\sigma^2/2)\ln(S_{\max}/S)}{\sigma^2}.$$

分析:式(8.3.1)和式(8.3.2)形式较繁琐,但运算并不十分复杂,故程序实现起来并不难.注意:在编写程序时不要漏写相关内容.

程序 8.3.1 欧式回望看涨期权定价.

```
# include <math.h>
# include "normdist.h"
# include <iostream.h>
double option_price_european_lookback_call (const double &S,        // 标的资产价格;
                                            const double &Smin,     // 价格最小值;
                                            const double &r,        // 无风险利率;
                                            const double &q,        // 红利率;
                                            const double &sigma,    // 波动率;
                                            const double &time)     // 权利期间;
{
    if (r = = q) return 0;
    double sigma_sqr = sigma * sigma;
    double time_sqrt = sqrt(time);
    double a1 = (log(S/Smin) + (r-q+ sigma_sqr/2.0) * time)/(sigma * time_sqrt);
    double a2 = a1 - sigma * time_sqrt;
```

```
    double a3 = (log(S/Smin) + (-r+q+sigma_sqr/2.0)*time)/(sigma*time_sqrt);
    double Y1 = 2.0 * (r-q-sigma_sqr/2.0) * log(S/Smin)/sigma_sqr;
    return S * exp(-q*time) * N(a1)
        -S * exp(-q*time) * (sigma_sqr/(2.0*(r-q))) * N(-a1)
        - Smin * exp(-r*time) * (N(a2)-(sigma_sqr/(2*(r-q))) * exp(Y1) * N(-a3));
}
```

例 8.3.1 考虑一个权利期间还有 1 年的欧式回望看涨期权,其标的资产价格是 $100,标的资产价格截止到现在的最小值是 $100,红利率是 0,无风险年利率是 6%,年波动率是 34.6%. 试求该期权的价格.

解 在本例中,$S=100, S_{\min}=100, q=0, r=0.06, \sigma=0.346, T-t=1$,则有

$$a_1 = \frac{\ln(S/S_{\min}) + (r-q+\sigma^2/2)(T-t)}{\sigma\sqrt{T-t}}$$

$$= \frac{\ln(100/100) + (0.06-0+0.346^2/2) \times 1}{0.346 \times \sqrt{1}},$$

$$a_2 = a_1 - 0.346 \times \sqrt{1},$$

$$a_3 = \frac{\ln(S/S_{\min}) + (-r+q+\sigma^2/2)(T-t)}{\sigma\sqrt{T-t}}$$

$$= \frac{\ln(100/100) + (-0.06+0+0.346^2/2) \times 1}{0.346 \times \sqrt{1}},$$

$$Y_1 = -\frac{2(r-q-\sigma^2/2)\ln(S/S_{\min})}{\sigma^2} = -\frac{2 \times (0.06-0-0.346^2/2) \times \ln(100/100)}{0.346^2}.$$

将上述结果代入式(8.3.1),得该欧式回望看涨期权的价格为

$$c = Se^{-q(T-t)}N(a_1) - Se^{-q(T-t)}\frac{\sigma^2}{2(r-q)}N(-a_1) - S_{\min}e^{-r(T-t)}\left(N(a_2) - \frac{\sigma^2}{2(r-q)}e^{Y_1}N(-a_3)\right)$$

$$= 100e^{-0 \times 1}N(a_1) - 100e^{-0 \times 1}\frac{0.346^2}{2(0.06-0)}N(-a_1)$$

$$- 100e^{-0.06 \times 1}\left(N(a_2) - \frac{0.346^2}{2(0.06-0)}e^{Y_1}N(-a_3)\right).$$

```
// 程序调用;
void main()
{
    double S = 100;
    double Smin = S;
    double q = 0;
    double r = 0.06;
```

```
    double sigma = 0.346;
    double time = 1.0;
    cout<<"看涨期权的价格："
        <<option_price_european_lookback_call(S,Smin,r,q,sigma,time)<<endl;
}
```

输出结果：

　　看涨期权的价格：27.0713

§8.4　Bermudan 期权

　　Bermudan 期权是一种欧式期权和美式期权的混合期权. 这种期权的持有者只能在期权到期日前的一个或多个指定交易日行权. Bermudan 期权不能使用 Black-Scholes 期权定价公式或者其拓展模型定价, 而只能利用二叉树法或者有限差分法定价.

　　分析：Bermudan 期权是一种混合期权, 故应该使用二叉树法或者有限差分法定价. 这里选择使用二叉树法定价, 步骤如下：(1) 计算二叉树参数；(2) 构建二叉树；(3) 通过二叉树倒推计算期权价格.

程序 8.4.1　Bermudan 期权定价.

```cpp
#include<math.h>
#include<vector>
#include<iostream.h>
using namespace std;
// 求两数中的最大者；
double max(double x,double y)
{
    if(x>y) return x;else return y;
}
// Bermudan 看涨期权定价；
double option_price_call_bermudan_binomial( const double &S,  // 标的资产价格；
                    const double &X,                          // 行权价格；
                    const double &r,                          // 无风险利率；
                    const double &q,                          // 连续红利率；
                    const double &sigma,                      // 波动率；
                    const double &time,                       // 权利期间；
                    const vector<double> &potential_exercise_times,
```

```cpp
                        const int& steps)           // 潜在行权时间；
                                                    // 二叉树步数；
{
    double delta_t = time/steps;
    double R = exp(r * delta_t);
    double Rinv = 1.0/R;
    double u = exp(sigma * sqrt(delta_t));
    double uu = u * u;
    double d = 1.0/u;
    double p_up = (exp((r - q) * (delta_t)) - d)/(u - d);
    double p_down = 1.0 - p_up;
    vector<double> prices(steps + 1);
    vector<double> call_values(steps + 1);
    vector<int> potential_exercise_steps;
    for (int i = 0; i<potential_exercise_times.size(); ++i)
    {
        double t = potential_exercise_times[i];
        if ((t>0.0) && (t<time))
        {
            potential_exercise_steps.push_back(int(t/delta_t));
        }
    }
    prices[0] = S * pow(d, steps);// fill in the endnodes.
    for (int j = 1; j<= steps; ++j) prices[j] = uu * prices[j-1];
    for (int k = 0; k<= steps; ++k) call_values[k] = max(0.0, (prices[k] - X));
    for (int step = steps - 1; step>= 0; --step)
    {
        bool check_exercise_this_step = false;
        for (int j = 0; j<potential_exercise_steps.size(); ++j)
        {
            if(step == potential_exercise_steps[j])
            { check_exercise_this_step = true; };
        }
        for (int i = 0; i<= step; ++i)
        {
            call_values[i] = (p_up * call_values[i+1] + p_down * call_values[i]) * Rinv;
            prices[i] = d * prices[i+1];
            if (check_exercise_this_step) call_values[i]
                        = max(call_values[i], prices[i] - X);
```

```cpp
    }
    }
    return call_values[0];
}

// Bermudan 看跌期权定价；
double option_price_put_bermudan_binomial (const double &S,        // 标的资产价格；
                                           const double &X,        // 行权价格；
                                           const double &r,        // 无风险利率；
                                           const double &q,        // 连续红利率；
                                           const double &sigma,    // 波动率；
                                           const double &time,     // 权利期间；
                                           const vector<double> &potential_exercise_times,
                                                                   // 潜在行权时间；
                                           const int &steps)       // 二叉树步数；
{
    double delta_t = time/steps;
    double R = exp(r * delta_t);
    double Rinv = 1.0/R;
    double u = exp(sigma * sqrt(delta_t));
    double uu = u * u;
    double d = 1.0/u;
    double p_up = (exp((r - q) * delta_t) - d)/(u - d);
    double p_down = 1.0 - p_up;
    vector<double> prices(steps + 1);
    vector<double> put_values(steps + 1);
    vector<int> potential_exercise_steps;
    for (int i = 0;i<potential_exercise_times.size(); ++i)
    {
        double t = potential_exercise_times[i];
        if ((t>0.0) && (t<time) )
        {
            potential_exercise_steps.push_back(int(t/delta_t));
        }
    }
    prices[0] = S * pow(d, steps);
    for (int j = 1; j<= steps; ++j) prices[j] = uu * prices[j-1];
    for (int k = 0; k<= steps; ++k) put_values[k] = max(0.0, (X - prices[k]));
    for (int step = steps - 1; step>= 0; --step)
```

```
{
    bool check_exercise_this_step = false;
    for (int j = 0;j<potential_exercise_steps.size(); + + j)
    {
        if (step = = potential_exercise_steps[j])
                          {check_exercise_this_step = true;};
    }
    for (int i = 0; i< = step; + + i)
    {
        put_values[i] = (p_up * put_values[i + 1] + p_down * put_values[i]) * Rinv;
        prices[i] = d * prices[i + 1];
        if (check_exercise_this_step) put_values[i] =
                          max(put_values[i],X - prices[i]);
    }
    }
    return put_values[0];
}
```

例 8.4.1 考虑一份权利期间还有 1 年的 Bermudan 看涨期权和一份 Bermudan 看跌期权,它们的标的资产价格是 $80,行权价格是 $100,年红利率是 0,无风险年利率是 20%,年波动率是 25%,潜在行权时间分别是 3 个月,6 个月和 9 个月. 试求这两份期权的价格.

解 在本例中,$S=80, X=100, q=0, r=0.2, \sigma=0.25, t_1=0.25, t_2=0.5, t_3=0.75, T-t=1$. 下面我们使用二叉树法计算期权的价格步骤如下:

(1) 将权利期间分成 500 步等间隔时间段,每步步长 $=\frac{1}{500}$. 这样我们需要考虑 501 个时间点:

$$0, \Delta t, 2\Delta t, \cdots, T.$$

(2) 计算构建二叉树的参数 u, d 和 P:

$$u = e^{\sigma\sqrt{\Delta t}} = e^{0.25\sqrt{\Delta t}}, \qquad d = e^{-\sigma\sqrt{\Delta t}} = e^{-0.25\sqrt{\Delta t}},$$

$$a = e^{(r-q)\Delta t} = e^{(0.2-0)\Delta t}, \qquad P = \frac{a-d}{u-d} = \frac{e^{(0.2-0)\Delta t} - e^{-0.25\sqrt{\Delta t}}}{e^{0.25\sqrt{\Delta t}} - e^{-0.25\sqrt{\Delta t}}}.$$

(3) 构造二叉树并通过倒推计算期权的价格. 注意:在二叉树中的每个结点处要检查是否行权.

```
// 程序调用;
void main()
{
    double S = 80.0;
```

```
    double X = 100.0;
    double r = 0.2;
    double time = 1.0;
    double sigma = 0.25;
    int steps = 500;
    double q = 0.0;

    vector<double>potential_exercise_times;
      potential_exercise_times.push_back(0.25);
      potential_exercise_times.push_back(0.5);
      potential_exercise_times.push_back(0.75);

    cout<<"Bermudan看涨期权的价格:"
        <<option_price_call_bermudan_binomial(S,X,r,q,sigma,time,
                              potential_exercise_times,steps)<<endl;
    cout<<"Bermudan看跌期权的价格:"
        <<option_price_put_bermudan_binomial(S,X,r,q,sigma,time,
                              potential_exercise_times,steps)<<endl;
}
```

输出结果:

  Bermudan看涨期权的价格:7.14016
  Bermudan看跌期权的价格:15.8869

§8.5 障 碍 期 权

  障碍期权的收益取决于标的资产价格在一段特定时间内是否达到某一特定水平.这种特定水平称做障碍.障碍期权可分为敲出障碍期权和敲入障碍期权两类.敲出障碍期权是当标的资产价格达到一定障碍 H 时自动作废的期权;敲入障碍期权是当标的资产价格达到一定障碍 H 时才开始存在的期权.

  在敲出障碍看涨期权情况下,障碍一般低于行权价格($H<X$),这类期权有时称为**下降敲出障碍期权**(down-and-out options);在敲出看跌期权情况下,障碍一般高于行权价格($H>X$),这类期权一般称为**上升敲出障碍期权**(up-and-out options).在敲入障碍看涨期权情况下($H<X$),当标的资产价格碰到障碍 H 时才存在的看涨期权,称为**下降敲入障碍期权**(down-and-in options);在敲入看跌情况下($H>X$),当标的资产价格碰到障碍 H 时才存在的看跌期权,称为上升敲入障碍期权(up-and-in options).美式障碍期权定价较为复杂,这里仅给出欧式障碍期权的定价公式和程序.

当标的资产价格服从几何布朗运动时,欧式下降敲入障碍看涨期权的价格为

$$c = Se^{-q(T-t)}(H/S)^{2\lambda}N(y) - Xe^{-r(T-t)}(H/S)^{2\lambda-2}N(y-\sigma\sqrt{T-t}), \quad (8.5.1)$$

欧式上升敲入障碍看跌期权的价格为

$$p = Xe^{-r(T-t)}(H/S)^{2\lambda-2}N(-y+\sigma\sqrt{T-t}) - Se^{-q(T-t)}(H/S)^{2\lambda}N(-y), \quad (8.5.2)$$

其中 r 为市场年利率,r_f 为无风险利率,而

$$\lambda = \frac{r - r_f + \sigma^2/2}{\sigma^2}, \quad y = \frac{\ln[H^2/(SX)]}{\sigma\sqrt{T-t}} + \lambda\sigma\sqrt{T-t},$$

式(8.5.1)和式(8.5.2)都是用来计算欧式期权价格,程序实现起来不难,但在编写程序的时候要注意不要遗漏相关的内容. 下面程序同时给出了欧式下降敲入障碍看涨期权和上升敲入障碍看跌期权的价格,在使用的时候可根据情况调用其中之一,或者全部.

程序 8.5.1 欧式下降敲入障碍看涨期权与上升敲入障碍看跌期权定价.

```
#include <math.h>
#include "normdist.h"
#include <iostream.h>

//欧式下降敲入看涨期权定价;
double barrier_option_price_call_down_and_in (const double &S,      // 标的资产价格;
                                              const double &X,      // 行权价格;
                                              const double &H,      // 障碍;
                                              const double &r,      // 市场年利率;
                                              const double &rf,     // 无风险利率;
                                              const double &q,      // 红利率;
                                              const double &sigma,  // 波动率;
                                              const double &time)   // 权利期间;
{
    double sigma_sqr = sigma * sigma;
    double time_sqrt = sqrt(time);
    double lambda = (r - rf + 0.5 * sigma_sqr)/sigma_sqr;
    double y = (log((H*H)/(S*X)))/(sigma * time_sqrt);
    double c = S * exp(-q*time) * pow(H/S,2*lambda) * N(y) - X * exp(-r*time) *
               pow(H/S,(2*lambda-2)) * N(y- sigma * time_sqrt);
    return c;
}

// 欧式下降敲入看跌期权定价;
double barrier_option_price_put_up_and_in (const double &S,        // 标的资产价格;
```

```
                            const double &X,     // 行权价格；
                            const double &H,     // 障碍；
                            const double &r,     // 市场年利率；
                            const double &rf,    // 无风险利率；
                            const double &q,     // 红利率；
                            const double &sigma, // 波动率；
                            const double &time)  // 权利期间；
{
    double sigma_sqr = sigma * sigma;
    double time_sqrt = sqrt(time);
    double lambda = (r - rf + 0.5 * sigma_sqr);
    double y = (log((H*H)/(S*X)))/(sigma * time_sqrt);
    double p = S * exp(-q*time) * pow(H/S,2*lambda) * N(y) - X * exp(-r*time) *
               pow(H/S,2*lambda-2) * N(y- sigma * time_sqrt);
    return p;
}
```

例 8.5.1 考虑权利期间还有 1 年期的一份欧式下降敲入看涨期权与一份欧式上升敲入障碍看跌期权，它们的标的资产的价格是 \$80，行权价格是 \$100，特定障碍是 \$90，无风险年利率是 1%，年红利率是 3%，市场年利率是 2%，年波动率 25%. 试求这两份期权的价格.

解 在本例中，$S=80, X=100, H=90, r=0.02, r_f=0.01, q=0.03, T-t=1, \sigma=0.25$. 我们按照如下步骤计算期权价格：

(1) 计算各个参数：
$$\lambda = \frac{r - r_f + \sigma^2/2}{\sigma^2} = \frac{0.02 - 0.01 + 0.25^2/2}{0.25^2},$$
$$y = \frac{\ln[H^2/(SX)]}{\sigma\sqrt{T-t}} + \lambda\sigma\sqrt{T-t} = \frac{\ln[90^2/(80\times 90)]}{0.25\sqrt{1}} + 0.25\lambda\sqrt{1}.$$

(2) 欧式下降敲入障碍看涨期权的价格为
$$c = Se^{-q(T-t)}(H/S)^{2\lambda}N(y) - Xe^{-r(T-t)}(H/S)^{2\lambda-2}N(y-\sigma\sqrt{T-t})$$
$$= 80e^{-0.03\times 1}(90/80)^{2\lambda}N(y) - 100e^{-0.02\times 1}(90/80)^{2\lambda-2}N(y-0.25\sqrt{1}),$$

欧式上升敲入障碍看跌期权的价格为
$$p = Xe^{-r(T-t)}(H/S)^{2\lambda-2}N(-y+\sigma\sqrt{T-t}) - Se^{-q(T-t)}(H/S)^{2\lambda}N(-y)$$
$$= 100e^{-0.02\times 1.0}(90/80)^{2\lambda-2}N(-y+0.25\sqrt{1.0}) - 80e^{-0.03\times 1}(90/80)^{2\lambda}N(-y).$$

```
// 程序调用；
void main()
```

```
{
    double S = 80.0;
    double X = 100.0;
    double H = 90.0;
    double r = 0.02;
    double rf = 0.01;
    double q = 0.03;
    double time = 1.0;
    double sigma = 0.25;
    cout<<"欧式下降敲入看涨期权的价格:"
        <<(barrier_option_price_call_down_and_in( S,X,H,r,rf,q,sigma,time)<<endl;
    cout<<"欧式下降敲入看跌期权的价格:"
        <<(barrier_option_price_put_up_and_in( S,X,H,r,rf,q,sigma,time)<<endl;
}
```

输出结果:

  欧式下降敲入看涨期权的价格: 9.08889

  欧式下降敲入看跌期权的价格: 7.85614

§8.6 复 合 期 权

复合期权是期权的期权,这类期权主要有下面四种类型:

	看涨期权	看跌期权
看涨期权	看涨期权的看涨期权	看跌期权的看涨期权
看跌期权	看涨期权的看跌期权	看跌期权的看跌期权

  复合期权有两个行权价格和两个到期日,一个是标的期权的行权价格和到期日,另一个是依赖于标的期权的衍生期权的行权价格和到期日. 在本节,我们仅讨论欧式看涨期权的看涨期权和看跌期权的看跌期权的定价问题.

  考虑期权 1 和期权 2 两个欧式股票看涨期权,期权 1 是标的资产,期权 2 是复合期权. 假设股票价格服从几何布朗运动时,则欧式看涨期权的看涨期权的价格为

$$c = Se^{-q(T_2-t)}M(a_1,b_1;\sqrt{(T_1-t)/(T_2-t)}) \\ - X_2 e^{-r(T_2-t)}M(a_2,b_2;\sqrt{(T_1-t)/(T_2-t)}) - e^{-r(T_1-t)}X_1 N(a_2), \quad (8.6.1)$$

式中

$$a_1 = \frac{\ln(S/S^*) + (r-q+\sigma^2/2)(T_1-t)}{\sigma\sqrt{T_1-t}} ; \quad a_2 = a_1 - \sigma\sqrt{T_1-t};$$

第8章 奇异期权

$$b_1 = \frac{\ln(S/X_2) + (r - q + \sigma^2/2)(T_2 - t)}{\sigma\sqrt{T_2 - t}}; \quad b_2 = b_1 - \sigma\sqrt{T_2 - t};$$

T_1：期权1的到期日； T_2：期权2的到期日；
X_1：期权1的行权价格； X_2：期权2的行权价格；
M：二维正态分布的累计分布函数；
S^*：T_1 时刻的期权价格等于 X_1 的股票价格（在 T_1 时刻，如果股票价格大于 S^*，则期权1行权；如果股票价格小于 S^*，期权1无效）．

运用与式(8.6.1)类似的符号，可得欧式看跌期权的看跌期权价格为

$$\begin{aligned} p = &\ Se^{-q(T_2-t)}M(a_1, -b_1; -\sqrt{(T_1-t)/(T_2-t)}) \\ & - X_2 e^{-r(T_2-t)}M(a_2, -b_2; -\sqrt{(T_1-t)/(T_2-t)}) + e^{-r(T_1-t)}X_1 N(a_2). \end{aligned}$$

(8.6.2)

分析：式(8.6.1)和式(8.6.2)编程的难点是二维正态分布的累积分布函数的实现问题，这个问题在第五章已经介绍过了，这里不再重复．本程序直接给出了欧式看涨期权的看涨期权和欧式看跌期权的看跌期权的定价，读者在使用的时候可根据情况调用其中之一或者全部．

程序 8.6.1 欧式看涨期权的看涨期权和看跌期权的看跌期权定价．

```
#include <math.h>
#include "normdist.h"
#include <iostream.h>

// 欧式看涨期权的看涨期权定价；
double option_price_call_and_call_european
                            (const double &S,       // 标的资产价格；
                             const double &X1,      // 期权1的行权价格；
                             const double &X2,      // 期权2的行权价格；
                             const double &S_time1, // S*的取值；
                             const double &r,       // 无风险利率；
                             const double &q,       // 红利率；
                             const double &sigma,   // 波动率；
                             const double &time1,   // 权利期间1；
                             const double &time2 )  // 权利期间2；
{
    double sigma_sqr = sigma * sigma;
    double time_sqrt = sqrt(time1/time2);
```

```cpp
    double a1 = (log(S/S_time1) + ( - r + q + 0.5 * sigma_sqr) * time1)/(sigma * sqrt(time1));
    double a2 = a1 - sigma * sqrt(time1);
    double b1 = (log(S/X2) + (r - q - 0.5 * sigma_sqr) * time2)/(sigma * sqrt(time2));
    double b2 = b1 - sigma * sqrt(time2);
    double call_price = S * exp( - q * time2) * N(a1,b1,time_sqrt) -
        X2 * exp( - r * time2) * N(a2,b2,time_sqrt) - X1 * exp( - r * time1) * N(a2);
    return call_price;
}

// 欧式看跌期权的看跌期权定价;
double option_price_put_and_put_european (const double &S,        // 标的资产价格;
                                          const double &X1,       // 期权 1 的行权价格;
                                          const double &X2,       // 期权 2 的行权价格;
                                          const double &S_time1,  // S* 的取值;
                                          const double &r,        // 无风险利率;
                                          const double &q,        // 红利率;
                                          const double &sigma,    // 波动率;
                                          const double &time1,    // 权利期间 1;
                                          const double &time2 )   // 权利期间 2;
{
    double sigma_sqr = sigma * sigma;
    double time_sqrt = sqrt(time1/time2);
    double a1 = (log(S/S_time1) + ( - r + q + 0.5 * sigma_sqr) * time1)/(sigma * sqrt(time1));
    double a2 = a1 - sigma * sqrt(time1);
    double b1 = (log(S/X2) + (r - q - 0.5 * sigma_sqr) * time2)/(sigma * sqrt(time2));
    double b2 = b1 - sigma * sqrt(time2);
    double put_put = S * exp( - q * time2) * N(a1, - b1, - time_sqrt)
        - X2 * exp( - r * time2) * N(a2, - b2, - time_sqrt) + X1 * exp( - r * time1) * N(a2);
    return put_put;
}
```

例 8.6.1 假设标的期权的价格为 \$150,标的期权的行权价格为 \$50,复合期权的行权价格为 \$100,无风险年利率为 6%,红利率为 3%,年波动率为 3%,标的期权到期日为 1 年,复合期权到期日 2 年,标的期权到期时其价格等于其行权价格时的标的变量值是 \$60. 试求看涨期权的看涨期权和看跌期权的看跌期权的价格.

解 在本例中,$S=150, X_1=50, X_2=100, r=0.06, q=0.03, \sigma=0.03, T_1-t=1, T_2-t=2, S^*=60$.

根据式(8.6.1)和(8.6.2),计算步骤如下:
(1) 计算各参数:

$$a_1 = \frac{\ln(S/S^*) + (r-q+\sigma^2/2)(T_1-t)}{\sigma\sqrt{T_1-t}}$$

$$= \frac{\ln(150/60) + (0.06-0.03+0.03^2/2)\times 1}{0.03\sqrt{1}},$$

$$a_2 = a_1 - \sigma\sqrt{T_1-t} = a_1 - 0.03\sqrt{1},$$

$$b_1 = \frac{\ln(S/X_2) + (r-q+\sigma^2/2)(T_2-t)}{\sigma\sqrt{T_2-t}}$$

$$= \frac{\ln(150/100) + (0.06-0.03+0.03^2/2)\times 2}{0.03\sqrt{2}},$$

$$b_2 = b_1 - \sigma\sqrt{T_2-t} = b_1 - 0.03\sqrt{2}.$$

(2) 将计算出来的各参数代入式(8.6.1)和(8.6.2),可求出期权的价格:

$$c = Se^{-q(T_2-t)}M(a_1,b_1;\sqrt{(T_1-t)/(T_2-t)})$$
$$- X_2 e^{-r(T_2-t)}M(a_2,b_2;\sqrt{(T_1-t)/(T_2-t)}) - e^{-r(T_1-t)}X_1 N(a_2)$$
$$= 150e^{-0.03\times 2}M(a_1,b_1;\sqrt{1/2}) - 100e^{-0.06\times 2}M(a_2,b_2;\sqrt{1/2}) - e^{-0.06\times 1}50N(a_2),$$

$$p = Se^{-q(T_2-t)}M(a_1,-b_1;-\sqrt{(T_1-t)/(T_2-t)})$$
$$- X_2 e^{-r(T_2-t)}M(a_2,-b_2;-\sqrt{(T_1-t)/(T_2-t)}) + e^{-r(T_1-t)}X_1 N(a_2)$$
$$= 150e^{-0.03\times 2}M(a_1,b_1;-\sqrt{1/2}) - 100e^{-0.06\times 2}M(a_2,b_2;-\sqrt{1/2}) - e^{-0.06\times 1}50N(a_2).$$

```
// 程序调用;
void main()
{
    double S = 150.0;
    double X1 = 50.0;
    double X2 = 100.0;
    double S_time1 = 60.0;
    double r = 0.06;
    double q = 0.03;
    double sigma = 0.03;
    double time1 = 1;
    double time2 = 2;
    cout<<"欧式看涨期权的看涨期权的价格:"
        <<option_price_call_and_call_european(S,X1,X2,S_time1,r,q,sigma,time1,time2 )<<endl;
```

```
cout<<"欧式看跌期权的看跌期权的价格："
    <<option_price_put_and_put_european(S,X1,X2,S_time1,r,q,sigma,time1,time2 )<<endl;
}
```

输出结果：

  欧式看涨期权的看涨期权的价格：5.48441
  欧式看跌期权的看跌期权的价格：47.0882

§8.7 资产交换期权

  资产交换期权是放弃一项资产 1 而获得另外一项资产 2 的期权. 假设两项资产的价格 S_1 和 S_2 均遵循几何布朗运动，它们的标准差分别是 σ_1 和 σ_2，瞬间相关系数是 ρ，S_1 和 S_2 提供的收益率分别为 q_1 和 q_2，则该资产交换欧式看涨期权的价格为

$$c = S_2 e^{-q_2(T-t)} N(d_1) - S_1 e^{-q_1(T-t)} N(d_2), \qquad (8.7.1)$$

式中

$$d_1 = \frac{\ln(S_2/S_1) + (q_1 - q_2 + \sigma^2/2)(T-t)}{\sigma\sqrt{T-t}}, \quad d_2 = d_1 - \sigma\sqrt{T-t},$$

$$\sigma = \sqrt{\sigma_1^2 + \sigma_2^2 - 2\rho\sigma_1\sigma_2}.$$

  分析：式(8.7.1)是 Black-Scholes 期权定价模型的拓展模型，实现起来十分容易. 这里仅给出了欧式资产交换看涨期权的定价程序，欧式资产交换看跌期权程序类似，由读者自己来完成.

  程序 8.7.1 资产交换期权定价.

```
#include <math.h>
#include "normdist.h"
#include <iostream.h>

double asset_exchange_option__price_call (const double &S1,     // 资产 1 的价格；
                                          const double &S2,     // 资产 2 的价格；
                                          const double &q1,     // 资产 1 的红利率；
                                          const double &q2,     // 资产 2 的红利率；
                                          const double &sigma1, // 资产 1 的波动率；
                                          const double &sigma2, // 资产 2 的波动率；
                                          const double &rho,    // 相关系数，
                                          const double &time)   // 权利期间；
{
    double sigma1_sqr = sigma1 * sigma1;
```

```
    double sigma2_sqr = sigma2 * sigma2;
    double time_sqrt = sqrt(time);
    double sigma = sqrt(sigma1_sqr + sigma2_sqr - 2 * rho * sigma1 * sigma2);
    double d1 = (log(S2/S1) + (q1 - q2 + 0.5 * sigma * sigma) * time)/(sigma * time_sqrt);
    double d2 = d1 - sigma * time_sqrt;
    return S2 * exp(-q2 * time) * N(d1) - S1 * exp(-q1 * time) * N(d2);
}
```

例 8.7.1 考虑一权利期间还有 1 年的欧式资产交换看涨期权. 设资产 1 为放弃的资产,资产 2 为收回的资产,资产 1 的价格是 \$90,收益率是 2.5%,年波动率是 2%,资产 2 的价格是 \$100,年收益率是 3%,年波动率是 1%,资产 1 和资产 2 的相关系数是 0.89. 试求该期权的价格.

解 在本例中,$S_1=90, S_2=100, q_1=0.025, q_2=0.03, T-t=1, \sigma_1=0.02, \sigma_2=0.01, \rho=0.89$. 根据式(8.7.1),有

$$c = S_2 e^{-q_2(T-t)} N(d_1) - S_1 e^{-q_1(T-t)} N(d_2) = 100 e^{-0.03 \times 1} N(d_1) - 90 e^{-0.025 \times 1} N(d_2),$$

$$\sigma = \sqrt{\sigma_1^2 + \sigma_2^2 - 2\rho\sigma_1\sigma_2} = \sqrt{0.02^2 + 0.01^2 - 2 \times 0.89 \times 0.02 \times 0.03},$$

$$d_1 = \frac{\ln(S_2/S_1) + (q_1 - q_2 + \sigma^2/2)(T-t)}{\sigma\sqrt{T-t}} = \frac{\ln(100/90) + (0.025 - 0.03 + \sigma^2/2) \times 1}{\sigma\sqrt{1}},$$

$$d_2 = d_1 - \sigma\sqrt{T-t} = d_1 - \sigma\sqrt{1}.$$

```
// 程序调用;
void main()
{
    double S1 = 90.0;
    double S2 = 100.0;
    double q1 = 0.025;
    double q2 = 0.03;
    double sigma1 = 0.02;
    double sigma2 = 0.01;
    double rho = 0.89;
    double time = 1;
    cout<<"资产交换期权的价格:"
        <<asset_exchange_option_price_call(S1,S2,q1,q2,sigma1,sigma2,rho,time)<<endl;
}
```

输出结果:

　　资产交换期权的价格:9.26666

§8.8 本章小结

奇异期权是比欧式期权和美式期权报酬形态更加复杂的期权.这种期权的种类很多,本章仅介绍其中的一小部分,包括亚式期权、回望期权、Bermudan 期权、障碍期权、复合期权和资产交换期权等.奇异期权定价很复杂,需要综合运用前面所介绍的 Black-Scholes 定价公式、蒙特卡罗法、二叉树法和有限差分法等知识.

至此,从第 5 章开始到本章,我们介绍了衍生证券定价的基本原理和程序设计,这些程序是更复杂衍生证券定价的基础.掌握了这些基本方法,并不断地吸收和借鉴自然科学的其他方法,开发复杂衍生证券定价的程序并有效地利用衍生证券对冲风险是可以做得到的.

第 9 章 金融危机中的衍生证券

在本章,我们首先介绍一下经济学家、金融学家和投资家对本次金融危机的解读;然后结合本书前面几章内容谈谈在金融危机中充当重要角色的几种金融衍生证券及其定价;最后介绍三个案例.

§9.1 金融危机的成因分析

对于发端于美国、正在全球蔓延的这场金融危机,目前已经有许多的讨论和反思.有人把危机主因归结为放松银根,有人把金融创新(尤其是证券化与信用衍生工具的普及)看成是危机的元凶,有人指杠杆率过高,有人认为金融机构风险管理薄弱,有人抨击评级机构失职,有人指责会计制度的缺陷,还有人批评美国政府对于危机处置的失误(集中表现在雷曼兄弟问题的处理上)加剧了危机……

那么,本次金融危机主因究竟是什么?我们在这里提供了一些专家和学者的观点供大家参考.

诺贝尔经济学奖得主保罗·克鲁格曼[6]认为,过度储蓄是金融危机祸根,而"次贷"仅是问题的一小部分.低息贷款资金俯拾皆是,大量"廉价"资金四处寻求投资对象,大部分流向了美国.这种单边的资本流入,造成了美国巨大的贸易赤字.大批涌入的资本一度给美国造成了"财富幻觉",就像给美国房主们带来的幻觉一样:资产价格不断上涨,货币坚挺,一切看起来都很美好.但"泡沫"迟早要破灭,昨天的奇迹般发展的经济而今却几近崩溃——财产消失不见,剩下的只有必须要偿还的债务.而且,这些债务尤其沉重,因为它们中的大部分是以外币计算的.我们正遭受着"过剩"的报复,并且过剩储蓄现在依旧存在.事实上,"过剩"的数量比过去更庞大了.在世界范围内,储蓄的数量超过了投资的需要.其结果是全球的经济下降,并且使每个人的状况都更加糟糕.

著名投资家索罗斯[7]指责政策制定者放任市场并让其自动调节是导致目前金融危机的主要原因.他批评美国联邦储备委员会和美国财政部对美国和欧洲陷入经济衰退的"超级气泡"的形成负有责任.索罗斯认为,目前的金融危机并非因为一些外来因素,也不是自然灾害造成的,是体制"发生了内破裂",给自己造成了损失.他指责美联储放任金融创新,长时间使利率保持在过低水平;与此同时美国监管部门给了市场活动家过多的自由,任由一个极度铺张的信贷市场发展.

世界银行首席经济学家林毅夫[8]分析说,美国刺激房地产消费的政策给经济带来繁荣,但也累积了"泡沫",而"泡沫"没有不破灭的,这就出现了美国次级抵押市场危机.金融创新非但没能分散和抑制风险,反而加重了风险,使次贷危机引发连锁反应,导致一场国际金融危机.

独立经济学家谢国忠[9]认为,美国经济陷入困境的原因,除了格林斯潘主导的货币政策的失败,还有美国人提前消费的理念.谢国忠的观点是,格林斯潘在执掌美联储的18年间,一直倾向于放松银根,对衍生品未能实施积极有力的监管,对次级债的猛增也手下留情.但是,如果不是美国家庭借贷心切,"泡沫"并不一定会产生.美国陷入今天的困境,是因为花了太多的钱,这些钱比他们创造的财富还要多.美国人为什么要借这么多钱,根源在于,大多数美国人,在面临日益加速的全球化时,都想维持他们的生活水平.但是,自由贸易中是存在输家的.美国的经济增长得不够快,收入差距的拉大速度却很快.基尼系数①从1990年的0.428上升到2005年的0.469.基尼系数的陡增说明,美国大部分人的生活水平都相对下降了.同时,美国的医疗费用迅速上涨,已经超过了GDP的16%,比起25年前高出1倍.医疗费用居高不下,又导致低收入人群比高收入人群的负担更为沉重.受到全球化和医疗费用的阻碍,一般的美国家庭要靠收入增长来提高生活水平,是非常困难的.但是,美国人仍然相信生活水平应该永远在提高.泡沫的出现加速了经济增长,并使生活水平的提高更为可能.但为此付出的代价,却是巨大的贸易逆差和不断积累的外债.这时"金融创新"出现了.通过多样化和套期保值等手段,"金融创新"使人们低估借债的风险,减少借贷融资需要的资本.当危机来临时,所有的事情都扯了进来,多样化在这个时候只是帮了倒忙,而套期保值在真正需要的时候却不听使唤了.

美国耶鲁大学教授陈志武[10]认为,这次危机在本质上,其起因跟中国很多国有企业失败的原因很相似,就是当委托代理关系链太长或被扭曲之后,没有人会在乎交易的最终损失,时间久了就要酿成危机.过去70年里,围绕住房按揭贷款的多种金融创新为美国社会提供了巨大的购房资金,其贡献自不必多说.但是,也带来了严重的结构性问题,尤其是这一长条的按揭贷款衍生证券链,使资金的最终提供方与最终使用方之间的距离太远.在资金的最终提供方与最终使用方之间的距离太远之后,多环节的委托代理关系必然导致道德风险、不负责任的程度严重上升,其隐含的结构性系统风险总有一天要爆发.陈志武同时还认为,格林斯潘时代的货币政策不是主因,而不负责任的放贷行为、受利益冲突的证券评级等才是这次危机的主因.判断货币政策是否适当的唯一最合适的指标是通货膨胀率.由市场化和金融资本化所引发的流动性上升跟中央银行货币政策无关,而是跟市场化进程和资本化发展有关,这种流动性的增加是事出有因,所以,不一定带来通货膨胀.换个角度看,其意思是,只要

---

① 基尼系数是用来综合考察居民内部收入分配差异状况的一个重要分析指标.其经济含义是:在全部居民收入中,用于进行不平均分配的那部分收入占总收入的百分比.基尼系数最大为"1",最小等于"0".前者表示居民之间的收入分配绝对不平均,即100%的收入被一个单位的人全部占有了;而后者则表示居民之间的收入分配绝对平均,即人与人之间收入完全平等,没有任何差别.但这两种情况只是在理论上的绝对化形式,在实际生活中一般不会出现.因此,基尼系数的实际数值只能介于0~1之间.

通货膨胀不是问题,单纯的流动性增加就不是问题,中央银行货币政策必须以控制当前和未来的通货膨胀率为目标.按照这一标准,虽然 2000 年网络股"泡沫"之后,美联储让基准利率停在 1% 的水平上达一年之久,但美国通货膨胀率在 2001 年为 2.85%,2002 年为 1.58%,2003 年为 2.28%,随后的几年里从没超出 3.4%.实际上,在 1992 年至 1999 年间,美国的通货膨胀率最高只有 3.01%,最低为 1.56%.从这些指标看,格林斯潘的美联储至少在货币政策上尽到了它的职责,成绩突出.

美国高盛(亚洲)董事总经理胡祖六[11]认为,这次金融危机的根本成因属于宏观层面,而不是某单一或多元的局部因素或微观因素所引起的.归根结底,美国宏观经济的严重失衡和长期低利率所触发的信贷膨胀、美国(和世界范围的)巨大房地产"泡沫",是这次全球金融危机的根本性和系统性的原因.从这个角度审视,这次危机并非特殊,而是与日本 20 世纪 90 年代所经历的金融危机,甚至与 1997 年和 1998 年的亚洲金融危机有共同之处.它们尽管在传播机制、波及范围与影响程度有较大差异,但在危机机理上其实非常地类似:"泡沫"的形成酝酿了危机,而"泡沫"的最终破灭触发了危机.

美国康纳尔大学终身教授黄明[12]认为,本次危机的导火索,虽然在宏观层面上有一定的原因,但很大程度上是微观层面上的原因.危机初期表现是美国次债市场狂跌,致使全球金融市场一起下跌,很多金融机构破产或财务危机,股票市场继续下滑.由于西方资本市场的发展使得企业的融资依赖于股市和债市(特别是债市),相比股市冻结来说,更严重的是债市冻结,而债市的冻结使得实体经济受到了很大的冲击.黄明重点强调,不能因为这次金融危机而片面的否认资产证券化.资产证券化作为一种创新工具出现,很好地解决了三个问题:投资者有了新的投资渠道;借款者享受低的借款利息;银行不需要暴露于当地风险.对监管部分,中国的资本市场必须要发展,不能因为危机而停止.在发展衍生品市场方面,我们要推动简单的衍生产品,比如股指期货,而复杂的结构性产品是现阶段没有必要推动的.

§9.2 金融危机中的衍生证券及其定价

在第一节,我们介绍了来自不同层面专家和学者们对本次金融危机的解读.从中不难发现,专家和学者们的观点有一定分歧,这主要集中在宏观面和微观面何为诱因上.我们认为,既然本次危机被冠名为"次贷危机",衍生证券无论是不是主因,但至少在本次金融危机的爆发中扮演着重要的角色,而衍生证券的核心问题是其定价问题,所以金融衍生证券的定价失效应该是导致这场危机爆发的重要因素.这也使得我们在对金融体系监管给予高度重视的同时,不得不对已有的金融衍生证券的定价理论进行反思.本次金融危机涉及的衍生证券很多,我们在这里只介绍最近在各种媒体中经常提到的一些金融衍生证券及其定价,它们包括抵押贷款支持证券(MBS,即 Mortgage Backed Securities)、抵押债务债券(CDO,即 Collateralized Debt Obligation)、信用违约互换(CDS,即 Credit Default Swap)等.

9.2.1 MBS——抵押贷款支持证券

MBS 通常是指将缺乏流动性、但具有可预期收入的住房抵押贷款汇集重组为抵押贷款池,由金融机构或其他特定机构以现金方式购入,经过政府担保或其他形式的信用增级后,以证券的形式出售给投资者的融资过程. MBS 是含义更为广泛的资产支持证券(ABS,即 Asset Backed Securities)之一种,其他 ABS 的资产池还包括住房权益贷款、高收益的固定收益债券、普通银行贷款、汽车贷款、助学贷款等.

在次级抵押贷款出现之前,抵押贷款支持证券几乎由房地美、房利美(简称"两房")两大准政府机构包揽."两房"从商业银行收购符合其制定的放贷标准的抵押贷款,再将这些贷款按照偿付次序和信用等级分类打包,出售给华尔街投资者,回笼的现金再用于收购住房抵押贷款. 通过证券化这个渠道,将银行系统内成千上万零散贷款打包成具有定价和流动性的证券,出售到资本市场.

MBS 定价一般以 Black-Scholes 期权定价理论的思想和方法为基础. 大量的实证研究表明,利率和房价是影响 MBS 价格的两个重要变量. 这两个变量联系着借款人的两个期权:一个是与利率相关的 MBS 价格的看涨期权,它赋予债务人提前偿还贷款的权利,行权价格为每月末未付的本金余额;另一个是与房价相关的 MBS 的看跌期权,它赋予了债务人停止偿还的权利,执行价格为未付本金余额的市场价格.

MBS 定价模型分为两大类:结构化模型和简约化模型. 结构化模型强调借款人在提前执行支付期权与违约期权时是理性的,在模型中体现出隐含美式期权;而简约化模型是直接运用实证方法估计出提前支付与违约的概率或其概率分布参数,再把结果运用在模型中. 结构化模型结构化模型又可进一步细分为单因素模型和双因素模型. 单因素模型只考虑了利率的影响,双因素模型既考虑了利率的影响,又考虑了房价的影响.

1. 单因素模型

Dunn,McConnell,Spatt,Singh 和 Stanton 等认为,利率变化引起的提前支付期权是决定 MBS 价格的主要原因,从而提出了基于利率的单因素 MBS 定价模型.

Dunn 和 McConnell 最初的模型是在 Cox,Ingersoll 和 Ross 利率期限结构的一般均衡理论的基础上得到的,它是在无风险即期利率存在的经济中,对无违约的固定利率抵押贷款支持证券的定价[18]. 随后,Dunn 和 McConnell[16]又在无交易成本条件下提出单因素无违约债券定价模型,把次优提前支付行为看做一个泊松过程加入到 MBS 价格的偏微分方程中. Dunn 和 Spatt[19]将交易成本等因素添加到 Cox,Ingersoll 和 Ross 的模型中,使模型更符合现实,因为这将一定程度限制抵押贷款的持有者执行提前还款期权.

Stanton[21]考虑了借款人的异质性,把再融资百分比成本、信用价差等摩擦性成本作为内生因素和借款人次优提前支付等外生因素加入到了模型的边界条件上. Stanton 得出的结论与观察到的美国政府国民抵押协会(GNMA)历史数据相一致,但是模型却低估了

MBS 的价格.

Kariya 和 Kobayashi[22]发展了一种离散时间下的单因素借款人异质 MBS 定价模型. 他们假设利率是触发提前还款阈值(Prepayment-triggering Threshold)的重要组成部分. 通过精心设计,该模型成功地捕捉到了刺激借款人提前还款的异质性,为进一步校正单月偿还率(SMM)提出了新的方法.

Fabozzi,Kalotay 和 Yang[23]认为之前的模型过于偏重研究复杂的利率期限结构模型,而较少关注提前偿付. 他们采用了一个单因素短期利率模型来为 MBS 定价:

$$dr = ra(t)dt + r\sigma dz,$$

其中 $a(t)$ 是时间 t 的函数, r 是短期利率, σ 是波动率, z 是布朗运动过程. 该模型的特色是将提前还款分为两种类型:与利率无关的房屋周转型和与利率相关的再融资型. 进一步,根据再融资情况把资产池划分为三块组成人群:过早再融资者、最优再融资者、再融资过晚者.

2. 双因素模型

Titman,Torous,Kau,Keenan,Muller,Epperson,Kau,Slawson,Downing,Stanton 和 Wallace 等把房价与利率一并作为模型的主要变量,建立了双因素模型([24],[25],[26],[27]). 双因素模型一般仍采用 Cox,Ingersoll 和 Ross 的利率期限结构模型,同时设定房价的变化遵从另外一个几何布朗运动,然后根据无套利定价理论和伊腾引理可以得到一个与单因素类似的双因素偏微分方程. 双因素偏微分方程比单因素模型多了一个违约期权边界条件(贷款本金余额不会大于房屋价值).

Bennett,Peach 和 Peristiani[28]的实证结果表明,MBS 供给竞争加剧、信息不断完备和技术更加先进使得 MBS 市场结构性发生了较大变化,也带来服务费、再融资成本和其他交易成本的不断降低. 相应的在金融市场上,借款人会更加敏捷地执行所拥有的权利. 这些环境变化给期权定价模型带来更广泛的适用性. 但是,上述完全建立在期权定价理论基础上的 MBS 定价方法结果与历史数据之间存在着矛盾.

二、简约化模型为了解决这种矛盾,人们提出利用统计方法从历史数据中估计出提前支付或违约发生的比例函数或概率函数,再把估计结果用到 MBS 定价模型的简约化模型.

简约化模型依赖于这样一种假设:借款人将来的中断行为能够被历史的中断行为所推测. Cox 和 Oakes[29]首先建立了比例风险模型(PHM,即 Proportional Hazard model). Green 和 Shoven 引用比例风险模型描述了借款人的提前清偿行为,并将它用于抵押贷款终止的测算[30]. Quigley,Schwartz 和 Torous[31],[32],[33]等应用比例风险模型,为 MBS 违约和提前偿还风险定价. Schwartz 和 Torous 提出的模型假设每一点上都存在一个提前还款概率,这个条件概率依赖于经济的状态. 通过把提前还款函数综合到评价框架中,提供了一种为 MBS 定价的模型. 为了提高计算效率,Schwartz 和 Torous 利用泊松回归估计比例风险法中所需的参数,估算资产池中贷款提前偿还的比例. 同时,他们还将违约风险吸收进来,考察提前还款行为和违约行为的相互作用及其对 MBS 定价的影响. 最后他们给出了在无套利条件下 MBS 定价模型.简约化模型得到的结果比较好地拟合了历史数据.但是,如果在一个新的经济环境下,这个模型的表现并不好.特别是在预期的期限结构与历史经验并不一致时,这些模型的样本效果较差.因此,在市场特征与历史模式不一致时,这种方法会带来显著的模型风险.

综上所述,MBS 提前偿付和违约现象的存在使得现金流的测算复杂起来,为了解决这些问题,引入了基于期权理论的定价方法.但是,现实不是期权定价理论假设的那样简单,因为并非每个借款人在作决策时都是理性的,在利率和房价因素之外,其他因素如离婚、搬家、失业、交易成本等均可促使借款人在提前还款、违约和继续还款之间选择.仅仅利用单纯的期权理论分析这些复杂的借款人行为时是不够的.在实践中 MBS 的实际价格并没有期权定价模型理论得出的有明确上边界,统计结果与纯期权理论模型价格存在明显差异.因此,期权理论与借款人统计特征,即与借款人"异质性"和"有限理性"的结合研究是该领域的发展趋势.另外,简约化模型强调对贷款资金池中借款人还款行为的统计研究,将借款人历史的统计特征模型化并应用在定价模型上,认为过去的经济行为在将来得到延续.这个结果与历史数据是比较吻合的,但是当经济状态剧烈变化时,简约化模型很难刻画这些经济状态的变化,从而带来较大的模型风险.

9.2.2 CDO——抵押债务债券

CDO 是将若干固定收益资产(MBS,ABS 等)再次打包,重新分配现金流偿付的优先次序,再划分出高层、夹层、权益层等不同层次的金融产品.CDO 的发行人(通常是投资银行)经过优先偿付分级、信用升级等手段,保证高层债券从评级公司获得 AAA 评级.次级抵押贷款经过层层包装后,大部分也进入 CDO 的高层和夹层,打上了投资级评级甚至 AAA 评级的标签.

CDO 的较高层级能够获得投资级评级甚至 AAA/Aaa 评级,且回报率又高于同等评级的传统证券,投资机构为追求利润和在竞争压力下,对这种风险相同但收益不同的 CDO 产品趋之若鹜.对于创设 CDO 的机构而言,通过包装就能够获得购买一揽子资产和发行 CDO 之间的利差,因而也乐此不疲.根据美国证券行业和金融市场协会的统计,CDO 全球累计发行量在 2004 年达到 1570 亿美元,到 2006 年和 2007 年分别达到 5520 亿美元和 5030 亿美元.对 CDO 的火爆需求又推动了对次级抵押贷款及其证券化产品的需求.随着 CDO 产品成为市场上新的投资热点,关于 CDO 产品的定价研究吸引越来越多学者的关注.

在 CDO 的定价中,主要问题是信用风险的衡量,而这牵涉到如何确定资产池中各债务人的违约概率和各债务人间的违约相关性.Cifuentes[34]主要通过二项式扩展法(Binominal Expansion Technique,简称 BET)为 CDO 定价.BET 方法是将多个违约相关性高的资产转化成彼此间同质的资产,得出加权平均回复率、加权平均违约概率、加权平均票面利率与本金,并利用二项式计算各投资层级的信用风险溢酬.但由于其假设过于简化,无法准确评估复杂的违约相关性.

Schonbucher 和 Schubert[35]将违约相关性纳入信用违约强度模型(由 Jarrow 和 Turnbull 在 1995 年提出)中,发展出一套一般化 Copula 函数分析及一致性的个别违约强度动态模式,以推估个别债务人的存活概率与信用溢酬的动态过程.其研究结果显示,信用违约的传染扩张变化将导致原先无违约债权人的信用溢酬急速跳跃上升.尤其在 Clayton copula[①] 下,跳跃幅度与事前违约强度成正比.若假设债务人之间信息不对称,该模型则退化为最一般的个别债务人的违约强度模式,这一特性有利于数据的校准.

综上所述,近年来人们构建了许多 CDO 定价模型,但是这些模型在信用风险的度量方面存在着明显不足,尤其是信用违约相关性方面.在经济出现剧烈波动时期,信用违约相关性呈现出明显的放大的趋势,如何刻画这种现象,不仅是金融领域的一个难题,而且是整个经济领域的一个难题.在这个问题得到解决之前,可以说我们构建的任何模型的效果都是有限的.

9.2.3 CDS——信用违约互换

CDS 是最基本的信用衍生产品之一,是指信用保护买方向信用保护卖方支付一定费用,如果双方约定的"参考资产"或"参考实体"在规定的时间内发生特定"信用事件",信用保护卖方需向信用保护买方支付相应款项的互换交易模式.

CDS 是一个新的信用风险管理工具,如何对其进行较为合理的定价还存在难点,特别是定价理论模型的选择问题.虽然定价理论模型的发展较快,但是这些模型是否能真正合理的对 CDS 进行定价需要长期的实践才能得到验证,而目前 CDS 市场相对狭小,信息披露有限,这些都限制了统一定价模型的形成.

目前,CDS 定价的主流方向为期权定价理论的拓展模型.这类定价模型主要分为结构化模型、强度模型和混合模型.这三类模型从不同的角度对公司信用违约行为进行了解释,对违约概率和清偿率两个关键变量进行了不同的假设.

1. 结构化模型

Merton[36]首先以 Black-Scholes 期权定价理论为基础建立了结构化模型——Merton 模型.该模型假定公司资产价值服从连续时间扩散过程:

$$dV_t = V_t r dt + V_t \sigma(V_t, t) dz_t,$$

其中 r 是无风险利率,$\sigma(V_t,t)$ 是资产收益的波动率,z_t 是一个标准的布朗运动.假定公司通过发行股票和零息票债券进行融资,债券的面值为 F,到期日为 T,在债券到期日公司价值低于其债券面值 F 时发生违约.Merton 模型提供了信用风险定价的一个基本框架,揭示了

---

① Clayton Copula 是 Copula 家族中的一员,Clayton Copula 的密度函数具有非对称性,其密度分布呈"L"字形即上尾低下尾高.Clayton Copula 函数下尾的相关性较强,可用于描述在下尾处具有较强相关关系的现象.

公司违约的触发机制,反映了公司资本结构的变化对公司违约的影响,为信用风险管理的发展奠定了理论基础.

Das[37]依赖 Ho-Lee 期限结构模型提出了一个新的结构模型——Das 模型,使得 CDS 能够作为复合期权定价.在 Das 模型中假设有这样一个期权,其中卖方同意通过事先规定的降低基础债券发行者的信用等级来对买方进行补偿.期权的支付即为,债券在当前无违约风险利率下的价格加上行使价格超出当前债券市场价格的程度所定义的利差.于是 CDS 的价格就可以通过取风险中性测度 Q 的期望值而获得.

Jarrow 和 Turnbull[38],Duffie 和 Singleton[39],Madan 和 Unal[40]等学者提出并发展起来的模型放弃了对公司资产价值的假设,将公司的违约现象看做是不可预测的,并且是服从泊松(Poisson)过程的随机事件.通过泊松过程的特征参数——强度来刻画违约事件发生的可能性.目前,大多数学者倾向于用这个模型给 CDS 定价.

2. 强度模型

强度模型可以通过市场数据得到公司的违约风险,但是对于违约行为缺乏较为合理的经济学解释.同时在强度模型中假设违约后公司的清偿率为外生因素,与违约概率等其他因素无关.但是市场数据表明清偿率与违约概率存在明显的负相关关系,这种假设明显不符合现实情况.

2001 年,Gurdip Bakshi,Dilip Madan 和 Frank Zhang[41]针对清偿率为外生因素这个缺点,对其进行了改进,将清偿率定义为违约强度的函数,并且假定违约强度和无风险利率线性相关.这就将信用风险模型中清偿率、违约强度和无风险利率这三个的重要变量联系在一起,克服了强度模型存在的缺陷之一.

强度模型的另一种思路由 Jessica Cariboni 和 Wim Schoutens[42]于 2004 年提出,它是假设公司价值过程服从纯跳跃的列维过程,并且违约是由于公司价值低于预先设定的一个障碍值而引起的.之所以假设公司价值服从列维过程,是因为列维过程能够很好的描述资产和固定收益债券的分布,而在信用违约互换模型中,列维过程的分布更是非常灵活,能较好地拟合不对称和厚尾现象.假设公司价值低于障碍值时发生违约,从而得出风险中性条件下无违约概率和 CDS 的价值.

由于连续扩散过程不能描述公司资产价值所发生的突然变化,故根据结构化模型公司几乎不可能发生短期违约现象.这会系统性地低估信用价差,而且强度模型缺乏合理的公司违约的经济学解释.

3. 混合模型

Zhou[43]将结构化模型和强度模型结合起来,提出了反映突发事件对公司违约行为的影响的混合模型.混合模型假设公司资产价值服从跳-扩散过程,当公司价值发生下跳时公司会突然违约.在该模型中公司资产价值的变化包括两个随机部分:连续的扩散部分和非连续的跳跃部分.跳-扩散模型中的扩散过程描述了公司资产价值的正常波动,正常波动是由于经济环境的渐变和新信息引起的对公司资产价值的边际变化；而跳跃部分描述的是公司价值的突变，这些突变是因为一些新的重要信息对公司的市场价值产生了较大冲击。即使是公司价值在大多数时候连续变化，但是在违约时戏剧性下降，该模型也能较为合理的对公司的违约风险进行定价。混合模型能够产生与市场实际情况相适应的各种信用价差曲线，也可以通过该模型导出的短期信用价差描述公司短期违约行为。混合模型结合了结构化模型和强度模型的优点，对违约行为的解释更为合理有力，但是其计算非常复杂，尤其是模型中描述突发违约事件的参数，例如跳的频率和强度等，是目前学术界广泛关注的难题。

9.2.4 其他衍生证券

除了上述介绍的衍生证券之外，还有一些衍生证券在危机的扩散中充当了助燃剂的作用。这些金融衍生产品大多数属于场外的复杂衍生金融产品，它们的定价尽管较为复杂，但是大多数的定价基础仍然是我们前面介绍过的各种方法。综合运用这些方法，并进行必要的模型拓展，大致上可以解决相关的定价问题。

至此，我们简要地介绍了在本次金融危机中扮演重要角色的衍生证券定价问题。在这些金融衍生证券定价中，除了少数问题要用到相应的知识外，大部分问题是前八章知识的综合运用。总之，掌握了前八章的内容并灵活运用，可以说金融衍生证券定价的大多数问题可以得到解决。

§9.3 案例分析

本节主要介绍三个案例，它们是在相应报导和对话的基础上整理而成的，有的案例还增加了注释。希望读者能够通过对这些案例的研读，了解衍生证券在金融危机中的角色。

案例1 衍生品气球破裂[①]

美国第五大投资银行贝尔斯登名义持有超过 13 万亿美元衍生品头寸，包括 CDS，各种奇异期权，利率上、下限期权等。总额比美国国民收入还要高。

贝尔斯登的倒下，就像一家普通储蓄银行发生的挤兑，结局很突然。在 2009 年 3 月 13 日 (星期四)，贝尔斯登的 CEO 艾伦·施瓦茨 (Alan Schwartz) 还在电视上称，贝尔斯登有足够的流动性和健康的资产负债表。但是，过了那个周末，一切都结束了。

1. 导火索

该周早些时候就有传闻说，贝尔斯登可能破产。尽管只是谣言，也加速了贝尔斯登的崩溃。投资银行只有在交易对手相信其有能力完成交易的前提下，才能正常运作。因为交易对

[①] 保罗·麦金太尔. 衍生品气球破裂. 金融实务，2008.4.

手纷纷要求贝尔斯登兑现支付并拒绝向它提供贷款,促使它走向失败.贝尔斯登激进好斗的姿态和累积的大量衍生品头寸,使这种失败成为可能.这就像一个不断膨胀的气球,很难预测它破裂时究竟因为什么,但是,破裂总是不可避免,而且还很剧烈.

问题的关键是证券衍生产品,其价值取决于与它关联的其他证券的价值.最出名的证券衍生产品要数股票期权.以定息衍生产品定价理论闻名的斯坦福商学院教授达雷尔·达菲(Darrell Duffie)说:"最根本的原因是,贝尔斯登没有足够资本来满足对手的需求,而它的对手也不愿继续提供融资,因为他们害怕会陷入一个恶性循环或'死亡漩涡'."

2. 贷款池和 CDO

事件的根源是,美国房价在经过多年持续上涨后,开始掉头下跌,房贷违约以及因房贷拖欠导致房屋被没收的数量创出新高.这些房产的抵押贷款来自一张不断扩大的房屋借贷公司交织而成的网络.这些贷款的融资机制是,放款银行把按揭贷款出售给主要的投资银行,这些投资银行再创设新的、由许多住房抵押贷款组成的证券,即成立特殊目的机构(Special Purpose Vehicle,简称 SPV),向市场发行证券筹集资金.于是,房屋贷款公司不再承担由它们发放的按揭贷款的风险,结果是对贷款者的审查标准越来越低.这些风险很高的次级抵押贷款被戏称为"NINJA 抵押贷款"(NINJA 是指:No Income,No Job,no Assets,即借款者无收入、无工作、无资产).

继而,华尔街又依赖 SPV 的现金流,发行一种新证券——债务担保证券(Collateralized Debt Obligations,简称 CDO).投资银行把 SPV 分割为几块,形成"层级"(trenches).每一层级对应不同的风险和回报水平.质量最好的高级层优先获得偿付,随后是中级层,最后是股本层.每一层级会获得不同的信用评级,所以保守的对冲基金、商业银行和养老基金往往会购买质量最高的 CDO,而投机者和一些发行商会购买有时叫做"有毒废物"的股本层级.

CDS 的出现使事情更加复杂.CDS 的购买者只要付出一定的像保费一样的保证金,便可以在对方违约时获得保护.这些场外交易的工具相当于把定息证券的违约风险转嫁给了 CDS 卖方.

3. 杠杆和投机

由于 CDS 卖方收取的保证金仅为所担保债券价值的百分之几,如果债券大幅贬值,卖方将因此损失保证金的许多倍.例如,对于某公司抵押贷款支持债券的持有者,他购入 CDS 作为保护,如果年保证金率为 2%,而一旦债券变得一文不值,CDS 卖方将因此损失对应债券价值的 100%,或者说保证金的 50 倍;若债券下跌 50%,损失就是保证金的 25 倍.

为什么违约的可能性会被低估?部分原因在于,许多 CDO 和其他证券的发行人,以及贷款资产池都被债券评级公司给予很高评级.结果,CDS 卖方信心十足地以相对低的保证金水平出售 CDS.这次的房地产危机和大量低质量的次级抵押贷款的存在,说明保证金水平已经低到了可笑的地步.

CDS 也能用于对卖方信用的单纯投机.投机者可以在不持有任何对应债券工具的情况

下购买 CDS. 这样,实际的 CDS 量比发行商的债券量要高. 具有讽刺意味的是,这些本用来降低风险的互换,实际上增加了风险.

这些多样的衍生产品越来越复杂并相互交织. 例如,"合成"CDO 是购买 CDS 组合,而不是直接购买抵押贷款. 每一层复杂性又都伴随着另一层费用的增加. 这和 1929 年股市崩盘时的情形相似,当时就是杠杆式投资信托投资于其他投资信托.

4. 美联储卷入

为什么贝尔斯登的损失引起美联储如此高的关注? 这是因为它暴露的抵押贷款、贷款资产池及相关的衍生产品,是一个巨大的问题,不仅影响到贝尔斯登,也涉及其他投资银行和商业银行. 这些证券价值庞大.《纽约时报》专栏作家摩根森(Gretchen Morgenson)说: "从 2000 年以来,CDS 市场从 9000 亿美元膨胀到超过 45.5 万亿美元——差不多是整个美国股市的两倍."

美联储主席本·伯南克在本次危机中行动迅速. 他能立即采取行动是因为美联储比国会受到束缚要少. 五位地区储备银行行长的紧急投票就足以提供 300 亿美元的担保.

贝尔斯登名义持有超过 13 万亿美元衍生产品头寸,潜在的损失会低很多,通常预计是不到名义总额的 3%,但是它暴露的绝对规模仍是前所未有的. 即使保守地按价值 2% 估算,贝尔斯登暴露的损失也达 2600 亿美元. 所以,当贝尔斯登的 CEO 施瓦茨称母公司还有 170 亿美元流动资产时,已远不能安抚其债主和交易对手了.

考虑到衍生产品的市场规模和它们的巨大杠杆作用,很显然,美联储介入帮助贝尔斯登,其更深的目的是避免其他金融机构再出问题. 美联储希望,通过低收购价避免人们误会它是在保护贝尔斯登的股东. 因为如果股东在贝尔斯登的管理过程中做出过于草率的商业决定,他们就该遭受损失.

5. 反响

2009 年 3 月 16 日,2 美元一股的收购价格刚宣布,贝尔斯登的股东立即提出抗议. 不可避免地,考虑到这一交易的非公开性,许多其他投行和大型金融机构也奇怪,为何他们不能参与对贝尔斯登的竞购,尤其是在有联储 300 亿美元担保的前提下. 正是在各方重压之下,3 月 24 日,摩根大通将收购价提高到每股 10 美元.

美联储前主席保罗·沃尔克(Paul Volcker)质疑联储提供的担保,他认为,只有美国国会和白宫才适宜提供类似援助.

不管贝尔斯登的收购结果如何,都将不可避免地引发很多问题,还有贝尔斯登员工、股东及交易对手提起的诉讼. 例如,纽约市审计长威廉·汤姆森(William Thompson)就对路透说,由于贝尔斯登的股价下跌,纽约市的公共养老基金损失约 1000 万美元. 他提出问题,贝尔斯登的倒下是否缘于计算失误或欺诈.

美国国会已经在讨论如何更好地管理由商业银行、投资银行、保险公司和对冲基金等构成的复杂市场. 民主党提议,对这些金融机构一律采用商业银行方法监管. 管理者总是会亡羊补牢.

美国众议院金融服务委员会主席、马塞诸塞州议员巴尼·弗兰克(Barney Frank)说："监管必须既适合于创新的范畴，又适合于市场发展的范畴."可以预见,许多业界领导人对过严的监管政策保持警惕,担心这将使他们难以获得投资资金,并会加重当前的经济减速.

案例2 冰山一角——长江商学院黄明教授点评复杂衍生品[①]

近期因投资衍生产品爆出巨亏的企业纷纷浮出水面,还有哪些企业"踩雷"？日前,曾担任中航油(新加坡)资产重组工作小组衍生产品专家顾问的衍生产品专家黄明教授接受本报专访时称,复杂衍生产品是"魔鬼",现在媒体报道的投资衍生品巨亏的公司只是真正亏损企业中的冰山一角.

1. 很多亏损被捂住

经济观察报：对于中信泰富因做澳元期权交易巨亏事件,你是如何看待的？

黄明：首先要明确的是,中信泰富的巨亏应定性为恶性的赌博投机案例.

中信泰富不懂但他们做了,或者懂也做了,结果就是让股民承担了巨额损失.同时,根据分析其交易是极不对称的.一是通过这些交易,中信泰富赚只可以最多赚5154万美元,而亏则是几十倍的亏；二是需求与交易量的不对称,中信泰富只需要约30亿澳元,但最大的仓位却超过90亿澳元,所以是赌博；三是它最担心的是澳元的升值,却要购买澳元去投资,但是它套期保值的方式,正好当澳元升值的时候,对家会取消合约,所以这是非常恶性的赌博；四是使用了复杂的衍生产品.不知道是懂装不懂,还是真的不懂,但其结果就是一个恶性的投机赌博.

经济观察报：四年前,中航油巨亏后,其董事长陈久霖、财务总监均被判入狱,而其他数位董事亦受到罚款.你如何看待这次中信泰富涉及的管理层责任问题,以及这次香港证监会的反应与随后进行的调查？

黄明：作为一名学者,在这件事情的处理上我对香港证监会、香港股市失去一部分信心.一直觉得港股市场是我们大陆市场学习的榜样,现在看来它本身还需要改进,显然在监管上是不够好.假如一个公司因为恶性的衍生产品投资赌博而导致股民超过150多亿港元的巨大亏损而没有犯法行为的话,那么我对香港股市没有信心,显然法律体系不健全.假如犯法了而没有受到相应的制裁,我对香港股市更没有信心.

经济观察报：你曾说过,中航油(新加坡)、中信泰富的故事,在中资企业中绝不是特例,而有着相当的普遍性,为什么？

黄明：能源、外汇、有色金属等市场最近都发生了巨大变化,所以其中存在的企业亏损的风险也迅速放大.现在香港媒体报道说这已经爆出的七八家因衍生产品巨亏的公司只是

[①] 黄明.冰山一角 http://www.ckgsb.edu.cn/Article/Detail.aspx? ColumnId=383 & ArticleId=5414

真正亏损企业中的冰山一角,我非常认同这个说法,我了解的情况也确实是这样.我们见到的是没有捂住的,还有很多是捂住的.最近还会有一家中资企业爆出衍生产品交易是巨亏的.

还有特别要指出的是,在我教的长江商学院的班级中,几乎每个班级都能找到民营企业参与衍生品交易的,而且大部分都承受了亏损,因此民营企业一样也要注意其中存在的巨大风险.

2. 复杂衍生品是"魔鬼"

经济观察报:从四年前中航油(新加坡)巨亏 5.5 亿美元到最近的中信泰富、深南电、中国国航、东方航空出现的金融衍生产品巨亏,中国企业在金融衍生品交易中应吸取什么教训?

黄明:我很后悔四年前没站出来说话.当初中航油事件时是签了保密协议,但如果站出来只是得罪一个公司,却可以提醒更多中资企业衍生产品交易的风险.

现在看来,在中航油事件上,中资企业根本没有吸取到任何教训,或者有的话也是极少极少,也许个别企业吸取到了,最起码中航油自身,但这种吸取教训的面不够广.航空公司、深南电如今出现的亏损,虽然与中航油和中信泰富本质上有些不同,但至少在一个方面,都跟中航油出现的问题一样:同样的对家与同样的复杂场外衍生产品,最终是同样爆出亏损.

深层次的问题是:一是国家监管部门法规不明确,二是风险管理没到位,三是用了不该用的复杂衍生产品.

经济观察报:你在不同场合指出,这些巨亏基本都是复杂金融衍生产品惹的祸,为什么?

黄明:复杂的金融衍生产品,首先是从定价和风险计算的数学复杂性去划分,把期货比喻成"儿子辈",初中数学水平基本上半个小时能讲明白;简单(欧式)期权,就是那种需要用获得诺贝尔奖的理论才能计算的,算是"爸爸辈";但是我们见的中资企业签署的很多场外的合约就是比"爸爸辈"的产品还复杂的,这就过于复杂了.简单的期权和期货互换都算是足够简单的,但是比"爸爸辈"更复杂的期权就没必要.

当你做复杂的衍生产品的时候,你以为是零成本,但事实上你一签单子的时候就意味着国际对家赚了很多钱.中投证券的衍生产品部门大概算了一下中信泰富在今年 7 月份签的衍生品交易中,一签单就意味着累计损失 1 亿美元,而且复杂衍生品一旦出现问题就可能是爆炸性的风险,导致巨亏.

经济观察报:那你认为中资企业应该采取何种方式来满足套期保值的需求?

黄明:简单的金融衍生产品绝对可以满足企业套期保值的需求.

我十几年的教学研究顾问案例,没有见到一个案例有一个企业的正当套期保值需求不能用简单的(包括期货互换与简单期权)金融衍生产品来满足,而非得要用复杂的.香港有做投行的朋友告诉我,现在还在为当初他卖复杂衍生品而愧疚,有一种负罪感.投行的朋友也私下认同,复杂衍生产品就是银行、国际投行创造出来的诱惑投资者做些不该做的东西,同时投行、银行自身可以谋求更大的利润.复杂的利润大是因为,第一缺乏竞争,就几家投行在玩;第二复杂,更容易形成知识不对称性,他懂你不懂,他定价你还以为得到一个香饽饽,结果你被宰了,所以他们更愿意做复杂的,复杂的利润率大多了.

最近在一些研讨会上有人把衍生产品跟酒、跑车去比,认为它们是中性工具而已.但我认为,即使拿"三聚氰胺"去比,我们还能从三聚氰胺中找到一些有益的化学用途,但某些复杂衍生产品,包括航空公司、深南电、中航油(新加坡)签的那种(能源市场的)亚式期权结构的展期期权,这些极其复杂的称为"爷爷辈"的衍生产品,我挑战任何投行、银行企业找出一个正面案例:它可以帮企业解决问题吗?没有,唯一的就是误导和欺骗企业.

复杂衍生品的确是魔鬼,一定要把它们妖魔化!它们给全球金融体系带来了很多问题,也给中资企业带来了不该承受的巨额损失,如果把简单和复杂混为一体的话,就很容易把一些责任也加在那些无辜的简单衍生品上.

3. 券商不当"狼"可当"护羊犬"

经济观察报:美国、欧洲、日本也有同样的问题,也有复杂的衍生产品,为什么中国的法人监管就要加强呢,为什么就不能做呢?

黄明:这是有中国特色的:一是我们中国的机构做衍生产品的能力远远滞后于国外机构,特别是投行,容易被他们利用.二是我们的法庭和政府对国际投行、银行的违规行为,对投资者的误导、欺诈等违规行为没有威慑力,著名的在国际上发生过的衍生产品巨亏的案例,兜售方基本都受到了巨额赔偿,然而在亚洲,自航油(新加坡)事件以来的案例,我看不到任何投行要做赔偿的事.因为你对它没有威慑力,他把你忽悠了,宰了你,赚了巨额利润,没有任何风险,所以亚洲有些地方对衍生产品的复杂程度、风险性比美国、欧洲贩卖得更猛.三是中国的代理人寻租问题,比欧美严重几十倍.代理人的寻租行为比较严重,我知道的就有.导致复杂衍生产品在中国的泛滥程度远超过欧美,因此我们应该加强监管.

经济观察报:证监会人士说,他们只管在境外正规期货交易所做的交易,场外交易、柜台交易、结构性产品证监会不管.这是否意味着监管上存在真空地带?

黄明:证监会有权监管国企在场内市场的交易,但对于场外市场的交易没有明晰的监管权,而复杂的金融衍生产品都是在场外交易的,因此证监会从法律上难以监管.再者,证监会不决定这些企业的"乌纱帽",真正有力度的监管还是得靠中央和地方国资委,因为他们是股东和出资人.现在我们的规定中,没有明确说场外能否做,复杂的能不能做,所以从政策上应该说清,并加强监管.

经济观察报:那企业和监管者又应该如何加强体制政策法律上的监管?

黄明:我是希望大家能明白其中问题的严重性.

如企业确实需要,那董事会也可以批准这些交易来做套保,但需要第三方意见同意,这样券商刚好可以从中参与,作为独立第三方给予专业意见.既可以做这种服务也可以为券商提供新的收入,也是一个很健康的业务.

国内的券商有一批从海外招聘过来懂衍生产品交易的人才.从监管而言,对券商的管制比较严格,我们不允许他们在中资企业面前做"狼",总可以用他们做"护羊犬"吧.

经济观察报:随着美国金融危机爆发,近期中信泰富、国航、东航燃油套保巨亏,金融创新备受指责,使得资产证券化和股指期货的推出一再延后,你是如何看待的?

黄明:不能把所有金融创新与衍生产品妖魔化,对衍生产品一定要一分为二:简单衍生品一定要发展,只有发展简单的衍生产品,我们的机构才不需要被迫到海外去被国际的投行、银行宰.

现在,国内简单的金融衍生产品几乎是一片空白,尤其是场内金融衍生品.中国应该发展简单基础衍生品,如期货互换、股指期货、资产证券化、债券市场衍生品、欧式期权等基础产品,为市场交易者提供更多的投资工具,帮助企业进行套期保值.

案例3 防范复杂衍生品陷阱[①]

中资企业成为复杂衍生产品的牺牲品,无疑是让人痛心的.更令人担忧的是,由于体制、文化、经营水平等原因,中信泰富的故事在中资企业中绝不是特例,而有着相当的普遍性.因此,如何防范复杂衍生产品投机带来的风险,已成为中国政府与企业亟须解决的重大课题.

需要指出的是,当前的全球金融危机告诉我们,复杂衍生产品和普通的简单衍生产品创新(如资产证券化、股指期货等)有着很大不同.过于复杂的衍生产品因其创新过快,远超现有监管体制可容纳的框架,多在场外进行,非标准化且极不透明,弊端显著,对金融市场与实体经济可能产生很大的负面冲击波.金融市场的发展固然离不开衍生产品的创新与发展,但对于复杂衍生产品则应加小心,慎之又慎,初涉市场者切不可对自己无法理解的复杂衍生产品轻易出手,一时自作聪明可能从此踏入万劫不复的深渊.

1. 解读中信泰富合约

根据公司公告与国际媒体报道的信息,导致中信泰富亏损的主要衍生产品是"含敲出障碍期权及看跌期权的澳元/美元累计远期合约"和更复杂的"含敲出障碍期权及看跌期权的欧元-澳元/美元双外汇累计远期合约".

中信泰富主要的澳元合约内容大致如下:早先,中信泰富与汇丰、花旗和法国巴黎百富勤等外资银行签约承诺,在此后两年多内,每月(部分是每日)以0.87美元/澳元的平均兑换汇率,向交易对手支付美元接收澳元,最高累计金额可达约94.4亿澳元.市场普遍认为,签约时的澳元市场价要高于0.87美元.

这些合约对中信泰富向上利润有限,但向下亏损却要加倍而无限:假如澳元高于0.87美元/澳元,中信泰富会获得利润,但其总利润被"敲出障碍期权"封顶,最多只能有4亿多港

[①] 黄明.防范复杂衍生品陷阱.财经,2008.10.

元.更可怕的是,一旦每月利润超过一定额度,则交易对手可选择取消合同,导致仅有的利润也化为乌有.但是,一旦澳元低于 0.87 美元/澳元时,中信泰富需要加倍以 0.87 美元的高价接澳元仓位,而且没有相应敲出条款给亏损封顶.这些极不对称的条款,在合约签订的一刻就已经注定了中信泰富盈利极其有限,但有可能蒙受巨额亏损.不幸的是,澳元最近已下跌到约 0.70 美元/澳元,从而导致约 155 亿港元亏损!

这类被称为累计期权(Accumulator)的衍生产品,在销售时很具有诱惑力:客户可以在此后几十个月低于签约时市场价格的价格买入澳元,而客户只需送给投行一个"敲出障碍期权"与一系列"看跌期权",这样也能"帮助"投行降价卖给客户澳元.喜欢"占便宜"的客户马上就会被诱惑,丝毫不知道这两大期权比所占"便宜"要贵重得多,也危险得多.

2. 中信泰富涉及的衍生产品有两个特点

第一个特点是复杂性.中信泰富签订的这类合约,在金融学上被称为奇异衍生产品,含有复杂的"敲出障碍期权"、"双外汇选低期权"与"看跌期权".这些产品,无论从定价到对冲机制上都很复杂,一般实体企业或机构投资者根本不知道这类产品应如何估值,不知道如何计算与控制风险,因此很容易在高价买进这类产品的同时,低估其潜在风险.而作为交易对手的投资银行或商业银行,则拥有大量专业人才,对于衍生产品的定价模型有着多年研究,充分掌握估值与风险对冲技术.因此,交易双方之间存在严重的知识与信息不对称.单从定价的角度考虑,与国际银行做复杂衍生产品交易,就好像普通人与乔丹一对一进行篮球比赛.

中信泰富相关衍生产品的第二个特点是其高倍杠杆和高风险性.所有衍生产品都是保证金交易,因而拥有高倍杠杆,但前述衍生产品尤其危险.首先,如上文所介绍,它的盈利空间与亏损风险因为"敲出障碍期权"条款而极其不对称.其次,长达 20 多个月的定期交换使得风险放大了数十倍.最后,在签订这一衍生产品合约的时候,企业需要交付的资本保证金数额一般不大,交易过程中一旦发生亏损,会给投资者造成一种仍在承受能力范围之内的错觉,因而诱使投资者不断补仓,直到把自有价值全部押进去.这与非杠杆的股票市场投资有很大区别.在衍生产品市场,只投入几千万的保证金,就可能要承受几十亿的风险,最终造成无可挽回的巨额亏损.

3. 不对称风险

中信泰富为什么做如此复杂与高风险的交易呢?该公司公告中称,交易是为对冲澳元升值风险,锁定公司位于澳洲铁矿项目开支成本.

这一解释难以自洽.首先,中信泰富的澳元开支预算只有 16 亿澳元,远低于它在衍生产品中接收澳元总额(94 亿澳元以上);其次,假如真为了套期保值,完全可以用最简单的远期货和外汇互换合约实现,这样不仅定价简单,而且符合会计准则中的对冲会计处理要求,即使衍生产品仓位有亏损也可以与开支预算合并,不必单独报亏损.更重要的是,中信泰富的复杂衍生产品根本不能"规避澳元上涨风险",假如澳元真的大幅上涨,也就是中信泰富最需要依赖此合约时,交易对手却可以通过"敲出障碍期权"而取消合约,完全消除其套期保值功能. 很显然,中信泰富是在做高杠杆投机,而非套期保值.

中信泰富进行投机的动机不得而知,但从一般经验来看,无外乎几种:一是确实以套期保值为初衷,但不懂衍生产品,过度相信了交易对手推荐的衍生产品,结果变成了高杠杆投机. 二是从一开始就在投机(甚至受不合理的内部激励机制驱动),有了小的亏损后,为了补回损失而放大赌博的额度,最终欲罢不能;在这过程中,也有可能是在对风险的估算方面被交易对手误导,甚至可能被欺诈. 无论什么原因,中信泰富的内部风险管理都没有起到"看门人"的作用.

事实上,衍生产品越复杂,国际机构的金融专业知识与定价能力优势就越大,而产品设计方之间的竞争也越少,因而设计者的潜在利润就会越高,当然,这也意味着买方的风险就越大.

一般企业买了衍生产品进行投机,往往是承受敞口风险,仓位随市场价格波动而承担风险. 但专业金融机构在兜售衍生产品后,会马上到衍生产品所挂钩的基础市场上做一个反向对冲. 比如,中信泰富的衍生产品对家就会在澳元与美元市场上建仓对冲,而对冲仓位数量则按照其研发出来的复杂数学模型而计算出来,而且随着市场价格变动(或时间推移)而计算并不断变动. 在这样一套对冲流程的支持下,衍生产品销售者就会锁定高价销售衍生产品带来的利润(衍生产品价格减去对冲衍生产品成本),而不承担市场价格波动的风险. 更有甚者,有时候银行或投行自身拥有相应的风险需要解脱,可以通过衍生产品而转嫁给客户,也避免了承担风险. 故而,在复杂衍生产品市场,买卖双方可能存在着极大的风险不对称. 从这个意义上说,衍生产品交易是具有极大知识含量的特殊交易. 简单的衍生产品(如场内期货、期权,和场外远期货、互换等)具有标准化特点,市场竞争激烈,容易定价,交易双方的知识不对称度偏低,利润有限;而复杂衍生产品交易中,银行或投行间竞争少,与客户的知识不对称也很大,利润空间较大.

中国企业在全球化环境中需要规避相应风险,较好的工具是简单的衍生产品,进入复杂衍生产品领域只会将自己置于劣势地位. 当然,无论何种性质的衍生产品,用于杠杆投机都意味着风险加倍放大. 巴林银行的交易员里森赌日本股指期货,中国国储局交易员刘其兵赌铜期货巨亏,都是足以使人铭心刻骨的先例.

4. 企业如何自保

对于中资企业而言,一方面需要用衍生产品套期保值规避风险,但另一方面,又需要防范交易员投机或被诱惑进入复杂衍生产品. 如何才能平衡两者的关系呢?

尽量采用简单衍生产品,场内产品都很简单,价格也由竞争产生,所以可尽量用场内产品. 对于只能靠场外产品来规避的风险,如远期货、互换(包括外汇互换与利率互换)等,很多企业没有能力鉴别简单与复杂衍生产品,因此,建议企业利用卖方之间的竞争来保护自己. 比如,有套期保值需求时,让多家投行和银行出简单方案并竞争报价,这样可以限制复杂衍生产品的交易,同时卖方竞争报价也更能避免过度定价亏损.只有一家或少数几家销售的特殊衍生产品,即可能是复杂衍生产品.

内部风险控制也很重要.即使是做套期保值,也可能因为交易员的个人原因,投机失控导致巨大风险.风险控制除了要进行规章制度建设外,还要做到以下几点:

第一,不懂的坚决不做.如果做,一定要有人才、有软件体系支持,有风险控制和定价、估值体系.

第二,每个重要的交易员身边一定要有实时实地的监控.从巴林银行倒闭和中航油(新加坡)等事件来看,交易员在遭受亏损后往往继续赌,希望扳平,从而失控导致巨大风险,因此需要实时实地监控,而且风险管理员的汇报线路、薪酬体制和考核应完全与交易员的汇报线路分开.

第三,薪酬体制和考核.一旦发现亏损,企业应该认真考虑平仓,否则会承担更大的市场风险,而且披露后有可能引来市场操纵与超前销售,从而加大企业亏损.所以,比较好的做法是以迅速与稳健的方式平仓.

5. 中资教训

在衍生产品市场中,中资企业往往凶险环生,主要是由以下几个方面造成的:

第一,中资企业在复杂衍生产品上没有人才.无论是从历史经验、运营体制还是薪酬激励上,都没有这方面的人才积累,因为无知而上当.

第二,中资企业风险管理体系不够健全,往往是少数人或某个人说了算,风险管理委员会容易搞形式主义,缺乏实质性的平衡制约与监控.

第三,中资国有企业普遍存在所谓"代理人"问题.掌控交易权的企业代理人本身有寻租的动机,而情况越复杂越利于寻租的进行;更坏的情况是,寻租人在寻租时并不知道自己的行为让国家承受了多大的损失.在这一点上,金融衍生产品的复杂性和欺诈性,天然契合体制内的寻租隐患.

第四,我们的法律和监管体制缺乏对于交易对手的有效制约.在国际案例中,因为过度销售金融衍生产品导致投资者巨大损失的机构,几乎都付出了巨额赔偿.例如,1994年,宝洁起诉美国的信孚银行(Bankers Trust),指控信孚银行通过欺诈手段对其销售复杂衍生产品,导致宝洁亏损1亿多美元.信孚银行最终被法庭判欺诈罪,信誉崩溃,最后被德意志银行收购.这种法律威慑,让国际投资者在本国内不敢过度误导与欺骗衍生产品的投资者,而转攻新兴市场.

§9.4 本章小结

在本章,我们首先介绍了一些专家学者从不同角度对本次金融危机的解读,然后介绍了在金融危机中扮演着重要角色的金融衍生证券的定价,最后提供了三个案例.

第9章 金融危机中的衍生证券

对于究竟是什么原因导致了本次金融危机,专家学者们的背景不同,观点也有所不同.但是,都不否认衍生证券在金融危机中扮演了重要的角色.本章介绍了在金融危机中充当导火索的几个衍生证券的定价,即 MBS(Mortgage Backed Securities)、CDO 和 CDS 的定价.本章的三个案例都是在相关报导和对话的基础上整理而成,可对读者了解金融危机,了解衍生证券在危机中的作用有所帮助.

金融衍生证券的定价问题是其核心问题,金融衍生证券的定价失效应该是导致这场危机爆发的重要因素.因此,要对已有的金融衍生证券的定价理论进行反思,要对衍生证券的定价问题予以高度重视.

附录　C++语言与编程

附录1仅介绍与本书相关的一些编程知识,主要包括:
- C++程序的结构;
- 类的概念;
- 常引用、向量容器、矩阵类等知识.

如果读者想学习更多的C++知识,可参阅相关的专业书籍.

一、C++程序的结构

1. 基本数据类型

本书所用到的基本数据类型主要有以下几种:

(1) bool(布尔型);

(2) char(字符型);

(3) int(整型);

(4) double(双精度浮点型,简称双精度型).

通过下面的例子,可以使读者对上述几种数据类型有一个初步了解:

```
bool this_is_true = true;        // 布尔型,这样定义是为了使用上的方便;
char A='a';                      // 字符型;
int i=0;                         // 整型变量;
double pi=3.1415926535897;       // 双精度型;
```

除了上述类型外,还可以在上述数据类型的基础上自定义数据类型.自定义数据类型是通过"类"来实现的.关于"类"的概念,请参见本附录1.2节.

2. 运算符及其重载

C++中的运算符包括基本运算符和自增、自减运算符.

(1) 基本运算符: +(算术加), -(算术减), *(乘法), /(除法), %(取模).

(2) 自增和自减运算符: ++(自增), --(自减)它们都有前置和后置两种,如 i++, --i 等. 在一般情况下,前置或后置的作用是一样的,都是将操作数的值增1(减1)后,重新写回该操作数在内存中的原有位置.

请看下面两个例子:

例1 int i=1; int a=i++;
结果是 i=2;a=1.

例2 int i=1;int a=++i;
结果是 i=2;a=2.

除了上述运算符外,C++的类支持运算符的重载(改变运算符自身的含义及运算方式),会出现同一个运算符在不同地方代表的含义不完全相同的现象.例如,"*"在不同的运算中有不同的意义.

请看下面的例子：

```
Matrix  A;
Matrix  B;
Matrix  C = A * B;          // 矩阵A和矩阵B相乘;
Matrix  D = B * A;          // 矩阵B和矩阵A相乘;
```

在这里,"*"不是两个简单变量的乘法,而是根据矩阵乘法规则进行的两个矩阵的相乘."*"的运算功能被改变了.

C++中运算符有优先级问题.但在运算符被重载后,优先级如何处理呢？在C++中,运算符被用户重新定义后,并不改变原运算符的优先级以及运算符的语法结构.也就是说,单目运算符重载后还是单目运算符,双目运算符也只能被重载成双目运算符.

3. 函数和系统函数

1) 函数

函数是C++程序中的基本抽象单元,是对功能的抽象.一个较为复杂的系统往往被划分为若干个子系统.在C++语言中,这些子程序体现为函数.函数必须被一个称之为主函数(main)的调用.主函数(main)是程序执行的开始点,通过主函数调用子函数、子函数调用其他子函数这种链锁形式来完成特定的功能.

函数的语法形式如下：

```
类型说明符  函数名（形式参数）
{
    语句系列；
}
```

例3 编写一个求6的平方的值.

```
#include <iostream.h>
double power(const double &x, const int & n);

void main (void)
{
```

```
        cout<<"6的平方是"<<power(6,2)<<endl;
            //函数调用作为一个表达式出现在输出语句中;
    }
    double power (const double &x, const int &n)
    {
        double val = 1.0;
        while (n--)
            val *= x;
        return(val);
    }
```

输出结果:
  6的平方是 36

2) 系统函数

  C++系统库中提供有几百个函数可供使用.充分利用库函数,可以大大减少编程的工作量,提高程序的运行效率和可靠性.在上述求 x 的 n 次方的计算中,我们也可以直接调用系统库中对应的函数给出计算结果.
  系统函数在调用之前必须先声明函数原型.系统函数的原型声明全部由系统提供,分类存在于不同的头文件中.我们需要做的事情就是用 include 指令嵌入相应的头文件,然后便可以使用系统函数.例如,要使用数学函数,就要嵌入头函数"math.h".

例 4 计算 2^2, e^3 的值.

```
    #include <math.h>
    #include <iostream.h>
    void main() {
    cout<<"2的平方是"<<power(2,2)<<endl;
            //函数调用作为一个表达式出现在输出语句中;
    cout<<"e的3次方是"<<exp(3)<<endl;
    }
```

输出结果:
  2 的平方是 4
  e 的 3 次方是 20.0855

4. C++的基本语句

  C++的基本语句包括:表达式语句、复合语句、选择语句、循环语句.下面是这些语句的简单介绍.
  (1) 表达式语句:C++中任何一个表达式加上分号就组成了一个表达式语句.如:

```
A = PI * pow(r,2);
double exp(r * time_to_maturty);
B = ln(a/b);
```

(2) 复合语句：由两条或两条以上语句组成为复合语句．复合语句由一对花括号{ }包裹起来．如：

```
if(a> = b)
{
    语句 1；
    ……
    语句 N
}
```

(3) 选择语句：

```
if(布尔表达式 = 真)
{
    执行代码块 A
}
else
{
    执行代码块 B
}
```

(4) 循环语句：C++中提供了三种循环语句：while，do－while，for．这些语句各有特点，在很多情况下可以互换使用．

① while 循环语句：

```
while(〈条件〉)
{
    代码块；
    需要直接跳出时可以用 break；提前结束循环
}
```

注 〈条件〉可以是布尔类型的变量或表达式．

② do-while 循环语句：

```
do
{
    代码块；
    需要直接跳出时可以用 break；提前结束循环
}
while(〈条件〉)
```

do-while 循环与 while 循环用法类似，但有一点区别需要注意，while 循环是先判断〈条件是否满足〉，也就是说，如果条件不满足循环体中的代码，可能一次也不被执行，而 do-while 循环是先执行代码块，然后再判断退出条件，这样无论〈条件〉是什么，代码段都会被执行一次。

例5 计算某只股票连续 10 天收盘价的均值。这六天的收盘价分别是：6.24，6.25，6.47，6.76，7.01，6.76，6.47，6.45，6.56，7.22。

```
#include<iostream.h>
#define STOCK_COUNT 10
    double stock_price[10]
                = {6.24,6.25,6.47,6.76,7.01,6.76,6.47,6.45,6.56,7.22};
    int main(int argc, char * argv[])
    {
        double sum = 0.00;
        int i(0);
        while(i<10)
        {
            sum += stock_price[i];
            i++;
        }
        double mean = sum/STOCK_COUNT;
        cout<<"平均数 = "<<mean<<endl;
        return 0;
    }
```

输出结果：
　　平均数 = 6.619

③ for 循环语句：

```
for(〈初始值变量〉;〈循环退出条件〉;〈初始值变量增减〉)
{
    代码块;
    需要直接跳出时可以用 break;提前结束循环;
}
```

for 循环语句的功能是先计算初始变量的值，用此值与退出条件进行比较，如果不满足就执行循环体中的代码，然后对初始变量值进行增减操作，并判断是否满足退出条件。上述计算平均值的程序用 for 循环实现的代码如下：（请注意比较两种循环的特点）

```
#include<iostream.h>
#define STOCK_COUNT 10
```

```
    double stock_price[10]
                    = {6.24,6.25,6.47,6.76,7.01,6.76,6.47,6.45,6.56,7.22};
    int main(int argc, char * argv[])
    {
        double sum = 0.00;
        for(int i = 0;i<10;i++)
        {
            sum + = stock_price[i];
        }
        double mean = sum/STOCK_COUNT;
        cout<<"平均数 = "<<mean<<endl;
        return 0;
    }
```

5. 名字空间

传统的C++中,通常只有单一的全局名字空间(global namespace).不同开发人员编写的程序在合并时可能会出现名字冲突,这就有必要引入名字空间的概念.名字空间维持了局部变量和局部函数与整个程序使用之间的匹配关系,避免了名字冲突,在大型程序开发中非常有用.因此,有必要知道任一函数在标准C++库中自己的名字空间,即标准名字空间.为了获得这些库函数,需要进行如下声明:

  using namespace std;

大多数C++程序是从标准头文件include语句开始,之后紧随着using声明.我们在本书中也同样采取这种方式,即

  # include <iostream.h>

  # include <math.h>

  using namespace std;

  ......

除了使用上述方法外,读者还可以采用其他方法声明名字空间.但这已远远超出本书的范围.从使用角度考虑,我们在编写程序时,均使用上述名字空间声明方法.

6. 基本输入和输出

在C++中,将数据从一个对象到另一个对象的流动抽象为"流".流在使用前要被建立,使用后要被删除.从流中获取数据的操作称为提取操作,向流中添加数据的操作称为插入操作.数据的输入和输出是通过I/O流实现的,cin和cout是被定义在iostream.h中的预定义

流类对象.cin 用来处理标准输入,即键盘输入;cout 用来处理标准输出,即屏幕输出.

例 6 从键盘中输入三个整数,然后将输入的三个数按顺序依次输出,最后一个输出其累加和.

```
#include "stdafx.h"
#include <iostream.h>
int main(int argc, char * argv[])
{
    int a,b,c;
    cout<<"请输入三个整型值：\n";
    cin>>a>>b>>c;
    cout<<"a = "<<a<<"\nb = "<<b<<"\nc = "<<c;
    cout<<"\n累加和 = "<<a+b+c<<endl;
    return 0;
}
```

输出结果：
　　请输入三个整型值：
　　1 3 5
　　a = 1
　　b = 3
　　c = 5
　　累加和 = 9

二、C++语言的扩展——类的概念

我们在前面已经介绍了 C++ 的几个基本变量类型.除了这些基本数据类型,C++还允许用户根据问题的需要自定义数据类型.这种用户自定义的数据类型称为类.类是面向对象程序设计的核心,是逻辑上相关函数与数据的封装,是对所要处理问题的抽象描述."类"拥有与基本数据类型(int,char,double)类似的特征.然而,与基本数据类型不同的是,类这种数据类型中同时包含了数据的操作函数.

在金融学领域有大量的金融产品,如股票、债券、期权、期货、互换、衍生证券等,如果能够针对这些金融产品定义变量,将会使有关问题的解决变得容易些.在这里,我们不打算像一般专业书籍那样系统地介绍类的概念及面向对象的程序设计,而是通过一些例子来介绍这种思想.

例1 证券历史价格类.

```cpp
class security_price_history          // 类名称：证券历史价格；
{
    vector<Stock> Number(2);
    private： // "私有成员"声明关键字；
        string company_name_;
        string security_name_;
        vector<date> dates_;
        vector<double> bids_;
        vector<double> trades_;
        vector<double> asks_;
    public： // "公有成员"声明关键字；
        security_price_history();
        security_price_history(const string &);
        security_price_history(const security_price_history &);
        security_price_history operator = (const security_price_history &);
        ~security_price_history();
        void clear();
        void clear_prices();
        void set_company_name(const string &);
        void set_security_name(const string &);
        void add_prices(const date &d, const double &bid, const double &trade, const double
            &ask);
        void set_bid (unsigned i, double bid);// to change current data.
        void set_trade (unsigned i, double trade);
        void set_ask (unsigned i, double ask);
        void erase(const date &);// delete on given dates
        void erase_before(const date &);
        void erase_between(const date &, const date &);
        void erase_after(const date &);
        bool contains(const date &) const;// check whether this date is present
    private： // "私有成员"声明关键字；
        int index_of_date(const date &) const;/ * searching through dates and
                            * return where in vector it is
                            */
```

265

```cpp
        int index_of_last_date_before(const date &) const;
        int index_of_first_date_after(const date &) const;
    public: // "公有成员"声明关键字;
        bool empty() const;
        int size() const { return dates_size(); };
        string company_name() const;
        string security_name() const;

        unsigned no_dates() const;
        unsigned no_prices() const;
        unsigned no_bids() const;
        unsigned no_trades() const;
        unsigned no_asks() const;
        unsigned no_prices_between(const date &, const date &) const;

        date date_at(const unsigned) const;
        double bid(const unsigned) const;
        double bid(const date &) const;
        double trade(const unsigned) const;
        double trade(const date &) const;
        double ask(const unsigned) const;
        double ask(const date &) const;

        date first_date() const;
        date last_date() const;
        double price(const date &) const;// price AT given data
        double current_price(const date &) const; // price AT or BEFORE given data
        double price(const unsigned &) const;
        double BuyPrice(const unsigned &) const;
        double SellPrice(const unsigned &) const;
}
```

例2 债券类定义．

```cpp
class bond
{
    public://"公有成员"声明关键字;
        bond();
        bond(const bond &);
```

```
    bond operator = (const bond &);
    virtual ~bond();

    virtual int no_coupons() const;
    virtual vector<double>coupon_amounts() const;
    virtual double coupon_amount(int i) const;
    virtual vector<double>coupon_times() const;
    virtual double coupon_time(int i) const;

    virtual int no_principal_payments() const;
    virtual vector<double> principal_amounts() const;
    virtual double principal_amount(int i) const;
    virtual vector<double> principal_times() const;
    virtual double principal_time(int i) const;

    virtual int no_cashflows() const;
    virtual vector<double>cashflow_amounts() const ;
    virtual double cashflow_amount(int i) const ;
    virtual vector<double>cashflow_times() const ;
    virtual double cashflow_time(int i) const ;

    double final_maturity_time() const;
}
```

由上述例子我们看到,类有如下的定义语法:

```
class 类名称
{
    public:                    //"公有成员"声明关键字;
            外部接口,包括公有成员数据和成员函数;
    protected:                 //"私有成员"声明关键字;
            保护型成员,包括保护型成员数据和成员函数;
    private:                   //"保护成员"声明关键字;
            私有成员,包括私有成员数据和成员函数;
}
```

类的成员(公有成员、保护型成员、私有成员)包括成员数据和成员函数.成员数据的定义方式与一般变量相同,只要将这个定义放在类中相应的位置即可,它与一般变量的区别是,其访问权限可以由类来控制,从而具有一般变量所无法拥有的特征.成员函数就是类中定义的描述类行为的成员,一般在类中说明原形,在类外定义函数的具体实现.

定义了类之后,就可以定义这种数据类型的变量—对象.对象定义和变量的定义相同,都采取如下形式：

  类名 对象名；

  定义了对象,就可以通过对象来使用其公有成员,达到对对象内部属性的了解和改变.这种访问所采取的形式如下：

  对象名.公有成员函数名(参数表)

  至此,我们已经对类和其对象有了一定的了解.下面通过一个典型的C++程序来说明面向对象的程序开发过程.

例3 面向对象编程示例

```
// 类声明：cat.h；
#include<iostream.h>
class cat
{
    public:
    cat ( int initialage);
    ~cat();
    int getage() const { return itsage;}      // 类成员函数的实现；
    void setage(int age) { itsage = age;}     // 类成员函数的实现；
    void meow() const { cout<< "meow.\n";}    // 类成员函数的实现；
    private:
    int itsage;
}

// 类成员函数的实现；
#include "cat.h"
cat::cat( int initialage)
{
    itsage = initialage;
}
cat ::~cat()
{
}

// 主函数；
int main
{
    cat frisky(5);
    frisky.meow();
```

```
        cout<< "frisky is a cat who is ";
        cout<< frisky.getage()<< "years old.\n";
        frisky.meow();
        frisky.setage(7);
        cout<< " now frisky is ";
        cout<< frisky.getage()<< "years old.\n";
}
```

由例 3 我们发现,典型的 C++程序基本上都有如下三部分构成:

(1) 类的声明:*.h;

(2) 类的成员函数的实现,对于较为简单的成员函数,可以采用内嵌实现的方式;

(3) 主函数.

关于"类"的概念更深入的讨论,可参阅相关专业书籍.

三、重要概念

本节的重要概念特指本书编写过程中经常用到的概念,如常引用、向量容器和矩阵类等.常引用和向量容器在每个程序中都要用到,而矩阵类则主要应用在投资组合理论、有限差分等较为复杂的计算中.

1. 常引用

如果在说明引用时使用 const 修饰,则被说明的引用为常引用.常引用所引用的对象不能被更新.用常引用做形参,不会意外地发生对实参的更改.

常引用的说明形式如下:

  const 类型说明符 & 引用名

下面两个表达方式是可相互替换的:

(1) some_function (double r);

(2) some_function (const double &r);

由于在金融领域经常处理海量数据且处理的变量非常多,所以应尽可能使用第二种函数调用形式.

2. 向量容器

标准模板库提供了一个容器类——向量容器(vector),它不仅可以代替数组,而且比数组功能更强大,使用起来更安全.向量容器是一个经过优化的、对其中的元素按照下标进行访问的容器.它在名字空间 namespace 的头文件〈vector〉中定义.

向量容器在必要时可自我增长,以便容纳更多的元素.假如我们已经建立了一个由10个元素构成的股票历史价格向量：

vector〈double〉 stock_history_price(10);

这时,编译器将为这10个变量分配足够的内存空间,每个变量都是double数据类型.这10个元素填满该向量后,如果再往向量中添加一个元素,向量将自动增大容量,容纳第11个元素.

向量容器中的元素数目可以用 stock_history_price.size() 进行检索.在本例中,stock_history_price.size() 将返回10.

向量中的下标是从0开始的.如果读者将股票价格20.268赋给了stock_history_price的第6个元素,则

stock_history_price[5]= 20.268;

将一个元素添加到向量中可以有多种方式,最常用的一种是 push_back():

stock_history_price.push_back(20.268);

3. 矩阵运算

矩阵运算在金融定量分析中应用非常普遍.投资组合优化、期权定价、风险管理、时间序列分析等许多方面都要用到矩阵运算.从技术方面来看,使用C++进行矩阵编程有一定难度,所以出现了许多关于矩阵方面的算法.这些算法尽管能够进行矩阵运算,但是在使用时面临编程上的许多困难,还存在书写不直观的问题.

为了减轻编程方面的压力,本书引入 newmat 矩阵类库.该类库是为满足矩阵运算而专门设计的一种类库,使用起来非常方便.读者在编写程序时,只需将"newmat"包含在头文件中,就可以按照一般的矩阵运算书写习惯进行矩阵的"+"、"−"、"*"、"求逆"等运算,从而省略了繁琐的编程过程.

关于 newmat 矩阵类库,感兴趣的读者可查阅相应的网站.

四、C++程序的开发过程

C++程序的开发,一般要经过"编辑—编译—连接—运行调试"这几个步骤(见图1).编辑是将源代码输入到计算机中,生成后缀为".cpp"的文件.编译是将程序源代码转换为机器语言代码.连接是将多个源程序文件及库中的某些文件连在一起,生成一个后缀为.exe的可执行文件.最后是对程序进行调试.

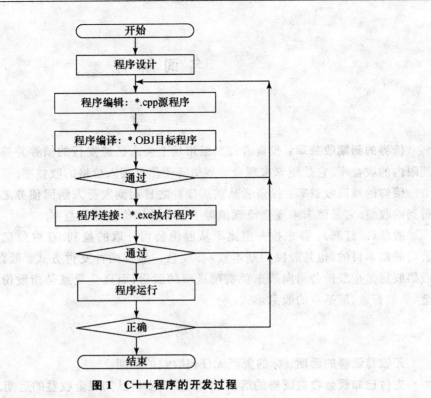

图1 C++程序的开发过程

在编译连接时,会对程序中的错误进行检查,并将查出的错误显示在屏幕上.编译阶段查出的错误是语法错,连接时查出的错误是连接错.

名词解释

第 一 章

债券的到期收益率：投资者在二级市场上买入已经发行的债券并持有到期满为止这个期限内的收益率.它是使未来现金流现值等于债券买入价格的收益率.

债券的赎回收益率：投资者从购买债券之日起到发行人购回债券之日止从债券投资中得到的收益.它是使未来现金流现值等于债券赎回价格的收益率.

股息（或红利）：股东按一定比率从股份公司分取的盈利.获取股息是股民投资于股份公司的基本目的,也是股民的基本权利.股息一般有两种支付方式：股票股息和现金股息.股票股息是指股份公司向股东免费赠送新的股份；而现金股息是指股份公司向股东支付现金,是最普通、最基本的股息形式.

第 二 章

无收益证券的远期：标的资产无任何收益的远期.

支付已知现金收益证券的远期：标的资产支付已知现金收益的远期.

支付已知红利率证券的远期：标的资产支付已知红利率的远期.

权利期间：当前时刻到远期截止时刻的时间.

远期的交割价格：远期合约的约定价格.

无风险利率：将资金投资于没有任何风险的资产所能得到的利率.

远期的价值：远期合约本身的价值.

远期的价格：远期合约生效后,合约规定的、使合约本身的价值为零的交割价格.

远期利率：隐含在给定的即期利率之中,从未来的某一时刻到另一时刻的利率.

利率的期限结构：某个时刻不同期限的即期利率与到期期限的关系及变化规律.

第 三 章

可行集：资本市场上风险资产可能形成的所有资产组合的总体,它包括了现实生活中所有可能的组合.也就是说,所有可能的组合将位于可行集的边界上或内部.

有效边界：在有效证券组合可行集的上方边缘部分,也称有效集.有效边界一定是向外凸的.在有效边界左方的投资组合是不可能的,而位于它右方的投资组合是没有效率的.因为在有效边界上的投资组合较其右方与之风险相同的投资组合有较高的收益率,而较其左方与之收益相同的投资组合有较低的风险.

名 词 解 释

无差异曲线：无差异曲线是对一个特定的投资者而言的，根据他对期望收益率和风险的偏好程度，按照期望收益率对风险补偿的要求，得到的一系列满意程度相同的（无差异）证券组合在均值-方差（或标准差）坐标系中所形成的曲线。无差异曲线的特征：(1) 无差异曲线是一条向右下方倾斜的曲线，斜率是负的；(2) 在同一个平面上可以有无数条无差异曲线，同一条曲线代表相同的效用，不同的曲线代表不同的效用；(3) 无差异曲线不能相交；(4) 无差异曲线凸向原点。

无风险资产：具有确定的收益率并且不存在违约风险的资产。从数理统计的角度看，无风险资产是指投资收益的方差或标准差为零的资产。无风险资产的收益率与风险资产的收益率之间的协方差及相关系数也为零。

超额收益率：指风险资产的收益率超过无风险资产收益率的部分。

第 四 章

风险厌恶：一个人接受一个有不确定收益的交易时相对于接受另外一个更保险但是也可能具有更低期望收益的交易的不情愿程度。在降低风险的成本与收益的权衡过程中，厌恶风险的人们在相同的成本下更倾向于做出低风险的选择。当对具有相同的预期回报率的投资项目进行选择时，风险厌恶者一般选择风险最低的项目。

预期效用：效用是指投资者通过投资使自己的需求、欲望等得到满足的程度，预期效用是效用的期望。

市场组合：所有证券构成的组合。在这个组合中，每一种证券构成比例正比于该证券的相对市值。

第 五 章

权利期间：期权的剩余有效时间。

除息日：股市中一个特定日期。如果某一上市公司宣布派发股息，在除息日之前一日持有它的股票的人（即股东）可享有该期股息，在除息日当日或以后才买入该公司股票的人则不能享有该期股息。

头寸：投资者拥有或借用的资金数量，也称为部位，确切的概念应该是市场约定的合约。例如，投资者买入一笔金融资产的多头头寸合约，就称这个投资者持有了一笔该金融资产的多头头寸；如果做空了一笔金融资产，则称这个投资者持有了一笔该金融资产的空头头寸。当投资者将手里持有的金融资产的空头头寸卖回给市场的时候，就称之为平仓。

风险对冲：通过投资或购买与标的资产收益波动负相关的某种资产或衍生产品，来冲销标的资产潜在的风险损失的一种风险管理策略。与风险分散策略不同，风险对冲可以管理系统风险和非系统风险，还可以根据投资者的风险承受能力和偏好，通过对冲比率的调节将风险降低到预期水平. 利用风险对冲策略,管理风险的关键问题在于对冲比率的确定,这一比率直接关系到风险管理的效果和成本.

第 六 章

蒙特卡罗法：使用随机数(或更常见的伪随机数)来解决很多计算问题的方法,也称统计模拟方法. 蒙特卡罗方法在金融工程学、宏观经济学等领域有着广泛的应用.

二叉树法：一种期权定价方法,主要用于计算美式期权的价格. 二叉树法和 Black-Scholes 定价公式模型是两种相互补充的方法. 二叉树法推导比较简单,不需要太多数学知识就可以计算期权价格. 二叉树法建立在一个基本假设基础上,即在给定的时间间隔内,证券的价格运动有两个可能的方向：上涨或者下跌. 虽然这一假设非常简单,但由于可以把一个给定的时间段细分为更小的时间单位,因而二叉树法适用于处理更为复杂的期权定价问题.

支付连续红利率：在期权有效期的每一时刻标的资产都支付红利率.

支付已知红利率：在期权有效期的某些时刻标的资产支付红利率.

支付已知红利额：在期权有效期的某些时刻标的资产支付确定的红利额.

有限差分法：将衍生证券所满足的微分方程转化为一系列差分方程来求解衍生价格的一种方法.

第 七 章

均值回复性：利率随着时间的推移而向某个长期平均水平收敛的趋势.

均衡模型：均衡模型一般先对经济变量进行假设,并推导出短期利率的变化过程,然后得出利率对债券价格和期权价格变化的影响. 在本章,所讨论 Rendleman-Bartter 模型和 Vasicek 模型就是均衡模型.

第 九 章

抵押货款支持证券(MBS)：以住房抵押贷款这种信贷资产为基础,以借款人对贷款进行偿付所产生的现金流为支撑,通过金融市场发行证券(大多是债券)融资的方式.

资产支持证券(ABS)：以非住房抵押贷款资产为支撑的证券化融资方式. 它实际上是 MBS 技术在其他资产上的推广和应用. ABS 的种类也日趋繁多,如汽车消费贷款证券化、学生贷款证券化、信用卡应收款证券化、保费收入证券化、知识产权证券化等. 随着资产证券化技术的不断发展,证券化资产的范围也在不断扩展.

参 考 文 献

[1] Jesse Liberty. 21天学通C++(第四版). 康博创作室,译. 北京:人民邮电出版社,2005.

[2] William H P,Saul A T,William T V,等. C++的数值算法(第二版). 胡健伟,赵志勇,薛运华,等,译. 北京:电子工业出版社,2005.

[3] Robert B Davies,NewMat C++ Matrix Class. [2006-04]. http://www.robertnz.net/ftp/newmat10.tar.gz.

[4] Bernt Arne Ødegaard. Financial Numerical Recipes (in C++). [2007-04]. http://finance.bi.no/~bernt.

[5] 吴岚,黄海. 金融数学引论. 北京:北京大学出版社,2005.

[6] 保罗·克鲁格曼. 过度储蓄是金融危机祸根. 21世纪经济报道,2009.3.

[7] 索罗斯. 放任市场导致金融危机. 中国证券网,2008.9.

[8] 林毅夫. 林毅夫剖析国际金融危机:"福兮,祸之所伏". [2008-10]. http://finance.people.com.cn/GB/8231666.html.

[9] 谢国忠. 美国人提前消费导致金融危机. [2008-09]. http://view.news.qq.com/a/20080917/000002.htm.

[10] 陈志武. 从美国次贷危机中学到什么. 21世纪经济报道,2008.5.

[11] 胡祖六. 如何看待全球金融危机的起因. 中国经济学教育科研网,2009.5.

[12] 黄明. 黄明做客华尔街金融危机解读系列讲座:国际金融危机与衍生产品. [2008-11]. http://www.frc.com.cn/upload/00153.pdf.

[13] 约翰·赫尔. 期货与期权市场导论(第5版). 王勇,索吾林,译. 北京:机械工业出版社,2009.2.

[14] 汤振宇,徐寒飞,李鑫. 固定收益证券定价理论. 上海:复旦大学出版社,2004.

[15] 约翰·赫尔. 期权、期货和衍生证券. 张陶伟,译. 北京:华夏出版社. 1997.1.

[16] 埃德温·J·埃尔顿等. 现代投资组合理论和投资分析. 向东,译. 北京:中国人民大学出版社. 2006.1.

[17] Frank J. Fabozzi. Fixed Income Mathematics, 3th,. IRWIN, Professional Publishing, 1993.

[18] Dunn K B, McConnell J J. A Comparison of Alternative Models for Pricing GNMA Mortgage-Backed Securities. Journal of Finance, 1981, 36: 471—483.

[19] Dunn K, Spatt C. The effect of refinancing costs and market imperfections on the optimal call policy and the pricing of debt contracts, unpublished manuscript. Carnegie Mellon University, 1986.

[20] McConnell, John J, Manoj Singh. Rational prepayments and the valuation of collateralized mortgage obligations. The Journal of Finance, 1994, 49: 891—921.

[21] Stanton R. Rational Prepayment and the value of mortgage-backed securities. The Review of Financial Studies, 1995, 8: 677—708.

[22] Kariya, Kobayashi. Pricing mortgage-backed securities. Asia-Pacific Financial Markets 2000, 7: 189—204.

[23] Fabozzi F J, Kalotay A, Yang D. An Option-Theoretic Prepayment Model for Mortgages and Mortgage-Backed Securities. Andrew Kalotay Associates, Inc, 2004:1—32.

[24] Titman S, Torous W N. Valuing commercial mortgages: An empirical investigation of the contingent2claims approach to pricing risky debt. The Journal of Finance, 1989, 44 (2): 345—373.

[25] Kau J B, Keenan D C, Muller W J, et al. A generalized valuation model for fixed2rate residential mortgages. Journal of Money, Credit and Banking, 1992, 24 (3): 279—299.

[26] Kau J B, Carlos Slawson V. Frictions, Heterogeneity and Optimality in Mortgage Modeling. The Journal of Real Estate Finance and Economics. 2002,24 (3):239—260.

[27] Downing C, Stanton R, Wallace N. An empirical test of a two factor mortgage valuation models: How much do house prices matter. Real Estate Economics, 2005, 33 (4): 681—710.

[28] Bennett P, Peach R, Peristiani S. Structural change in the mortgage market and the propensity to refinance. Journal of Money,Credit and Banking, 2001, 33 (4): 955—975.

[29] Cox D R, Oakes D. Analysis of Survival Data. London: Chapman and Hall, 1984.

[30] Green J, Shoven J. The effects of interest rates on mortgage prepayments. Journal of Money, Credit and Banking, 1986, 18:41—59.

[31] Quigley J M. Interest Rate Variations, Mortgage Prepayments and Household Mobility. Review of Economics and Statistics, 1987, 69(4): 636—643.

[32] Schwartz E, Torous W. Prepayment and the valuation of mortgage-backed securities. Journal of Finance, 1989,44, 375—392.

[33] Schwartz E, Torous W. Prepayment, Default, and the Valuation of Mortgage Pass-through Securities. Journal of Business,1992, 65, 221—239.

[34] Cifuentesa, O'connor. The Binomial Expension Method Applied to CBO / CLO Analysis. New York: Moody's Special Report, 1996.

[35] Schonbucher J, Schubert D. Copula-dependent default risk in intensity models. Working Paper, Department of Statistics, Bonn University,2001.

[36] Robert C, Merton. On the pricing of corporate debt: The risk structure of interest rates. Journal of Finance, 1974, 29:449—470.

[37] Sanjiv Ranjan Das. Credit Risk Derivatives. The Journal of Derivatives 1995,2(3): 7—23.

[38] Jarrow R,Turnbull S. Pricing Derivatives on Financial Securities Subject to Credit Risk. Journal of Finance, 1995, 50(1):53—85.

[39] Duffie D, Singleton K J. An Econometric Model of the Term Structure of Interest-Rate Swap Yields. Journal of Finance,1997, 52, 1287—1321.

[40] Madan D B, Unal H. Pricing the Risks of Default. Review of Derivatives Research, 1998, 2: 121—160.

参考文献

[41] Bakshi G, Madan D, Frank Zhang. Investigating the sources of default risk: Lessons from Empirically Evaluating Credit Risk Models. Finance and Economics Discussion Series 2001—15, Board of Governors of the Federal Reserve System (U. S.), 2001.

[42] Jessica Cariboni, Wim Schoutens. Pricing credit default swaps under Levy models. Journal of Computational Finance, 10(4):1—21, 2007.

[43] Zhou C. A Jump-diffusion Approach to Modeling Credit Risk and Valuing Defaultable Securities. Working Paper, Federal Reserve Board, Washington D C, 1997.